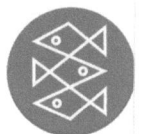

Kontaktadresse nach EU-Produktsicherheitsverordnung:
produktsicherheit@fischerverlage.de

William Shakespeare

Romeo und Julia

Aus dem Englischen von
August Wilhelm Schlegel

Othello

Aus dem Englischen von
Wolf Graf von Baudissin

Dramen

Fischer Taschenbuch Verlag

3. Auflage

© 2022 S. Fischer Verlag GmbH,
Hedderichstr. 114, 60596 Frankfurt am Main
Druck und Bindung: BoD – Books on Demand GmbH,
Norderstedt, Germany
ISBN 978-3-596-90166-1

Unsere Adresse im Internet:
www.fischerverlage.de
www.fischer-klassik.de

Inhalt

Romeo und Julia
7

Othello
109

Editorische Notiz
225

Daten zu Leben und Werk
227

Aus Kindlers Literatur Lexikon:

William Shakespeare,
›Romeo und Julia‹
231

William Shakespeare,
›Othello‹
236

ROMEO UND JULIA

Personen

ESCALUS, Prinz von Verona
Graf PARIS, Verwandter des Prinzen
MONTAGUE ⎫ Häupter zweier Häuser, welche in
CAPULET ⎭ Zwist mit einander sind
ROMEO, Montagues Sohn
MERCUTIO, Verwandter des Prinzen und Romeos Freund
BENVOLIO, Montagues Neffe und Romeos Freund
TYBALT, Neffe der Gräfin Capulet
Ein ALTER MANN, Capulets Oheim
Bruder LORENZO, ein Franziskaner
Bruder MARCUS, von demselben Orden
BALTHASAR, Romeos Diener
SIMSON ⎫
GREGORIO ⎭ Bediente Capulets
ABRAHAM, Bedienter Montagues
PETER
Drei Musikanten
Ein Page des Paris
Ein Offizier
Ein Apotheker

GRÄFIN MONTAGUE
GRÄFIN CAPULET
JULIA, Capulets Tochter
Juliens Amme

Bürger von Verona. Verschiedene Männer und Frauen,
Verwandte beider Häuser. Masken, Wachen und andres Gefolge.

Die Szene ist den größten Teil des Stücks hindurch in Verona;
zu Anfange des fünften Aufzugs in Mantua

Erster Aufzug

Erste Szene
Ein öffentlicher Platz
Simson und Gregorio, zwei Bediente Capulets, treten auf

Simson: Auf mein Wort, Gregorio, wir wollen nichts in die Tasche stecken.
Gregorio: Freilich nicht, sonst wären wir Taschenspieler.
Simson: Ich meine, ich werde den Koller kriegen und vom Leder ziehn.
Gregorio: Ne, Freund! deinen ledernen Koller mußt du bei Leibe nicht ausziehen.
Simson: Ich schlage geschwind zu, wenn ich aufgebracht bin.
Gregorio: Aber du wirst nicht geschwind aufgebracht.
Simson: Ein Hund aus Montagues Hause bringt mich schon auf.
Gregorio: Einen aufbringen, heißt: ihn von der Stelle schaffen. Um tapfer zu sein, muß man stand halten. Wenn du dich also aufbringen läßt, so läufst du davon.
Simson: Ein Hund aus dem Hause bringt mich zum Standhalten. Mit jedem Bedienten und jedem Mädchen Montagues will ich es aufnehmen.
Gregorio: Der Streit ist nur zwischen unseren Herrschaften und uns, ihren Bedienten. Es mit den Mädchen aufnehmen? Pfui doch! Du solltest dich lieber von ihnen aufnehmen lassen.
Simson: Einerlei! Ich will barbarisch zu Werke gehn. Hab' ich's mit den Bedienten erst ausgefochten, so will ich mir die Mädchen unterwerfen. Sie sollen die Spitze meines Degens fühlen, bis er stumpf wird.
Gregorio: Zieh' nur gleich von Leder: da kommen zwei aus dem Hause Montagues.
(Abraham und Balthasar treten auf)

SIMSON: Hier! mein Gewehr ist blank. Fang' nur Händel an, ich will den Rücken decken.
GREGORIO: Den Rücken? willst du Reißaus nehmen?
SIMSON: Fürchte nichts von mir!
GREGORIO: Ne, wahrhaftig! ich dich fürchten?
SIMSON: Laß uns das Recht auf unsrer Seite behalten, laß sie anfangen!
GREGORIO: Ich will ihnen im Vorbeigehn ein Gesicht ziehen, sie mögen's nehmen, wie sie wollen.
SIMSON: Wie sie dürfen, lieber. Ich will ihnen einen Esel bohren; wenn sie es einstecken, so haben sie den Schimpf.
ABRAHAM: Bohrt Ihr uns einen Esel, mein Herr?
SIMSON: Ich bohre einen Esel, mein Herr.
ABRAHAM: Bohrt Ihr uns einen Esel, mein Herr?
SIMSON: Ist das Recht auf unsrer Seite, wenn ich Ja sage?
GREGORIO: Nein.
SIMSON: Nein, mein Herr! Ich bohre Euch keinen Esel, mein Herr. Aber ich bohre einen Esel, mein Herr.
GREGORIO: Sucht Ihr Händel, mein Herr?
SIMSON: Wenn Ihr sonst Händel sucht, mein Herr: ich stehe zu Diensten. Ich bediene einen eben so guten Herrn wie Ihr.
ABRAHAM: Keinen bessern.
SIMSON: Sehr wohl, mein Herr!
(Benvolio tritt auf)
GREGORIO: Sag: »Einen bessern«; hier kömmt ein Vetter meiner Herrschaft.
SIMSON: Ja doch, einen bessern, mein Herr.
ABRAHAM: Ihr lügt!
SIMSON: Zieht, wo ihr Kerls seid! Frisch, Gregorio! denk' mir an deinen Schwadronierhieb! *(Sie fechten)*
BENVOLIO: Ihr Narren, fort! Steckt eure Schwerter ein; Ihr wißt nicht, was ihr tut.
(Tybalt tritt auf)
TYBALT: Was? ziehst du unter den verzagten Knechten? Hieher, Benvolio! Beut die Stirn dem Tode!

BENVOLIO: Ich stifte Frieden, steck' dein Schwert nur ein!
Wo nicht, so führ' es, diese hier zu trennen!
TYBALT: Was? Ziehn und Friede rufen? Wie die Hölle
Hass' ich das Wort, wie alle Montagues
Und dich! Wehr' dich, du Memme! *(Sie fechten)*
*(Verschiedene Anhänger beider Häuser kommen und mischen
sich in den Streit; dann Bürger mit Knitteln)*
EIN BÜRGER: He! Spieß' und Stangen her! Schlagt auf sie los!
Weg mit den Capulets! Weg mit den Montagues!
(Capulet im Schlafrock und Gräfin Capulet)
CAPULET: Was für ein Lärm? – Holla! mein langes Schwert!
GRÄFIN CAPULET:
Nein, Krücken! Krücken! Wozu soll ein Schwert!
CAPULET: Mein Schwert, sag' ich! Der alte Montague
Kommt dort, und wetzt die Klinge mir zum Hohn.
(Montague und Gräfin Montague)
MONTAGUE:
Du Schurke! Capulet! – Laßt los, laß mich gewähren!
GRÄFIN MONTAGUE:
Du sollst dich keinen Schritt dem Feinde nähern.
(Der Prinz mit Gefolge)
PRINZ: Aufrührische Vasallen! Friedensfeinde,
Die ihr den Stahl mit Nachbarblut entweiht! –
Wollt ihr nicht hören? – Männer! wilde Tiere!
Die ihr die Flammen eurer schnöden Wut
Im Purpurquell aus euren Adern löscht!
Zu Boden werft, bei Buß' an Leib und Leben,
Die mißgestählte Wehr aus blut'ger Hand!
Hört eures ungehaltnen Fürsten Spruch!
Drei Bürgerzwiste haben dreimal nun
Aus einem luft'gen Wort von euch erzeugt,
Du alter Capulet und Montague,
Den Frieden unsrer Straßen schon gebrochen.
Veronas graue Bürger mußten sich
Entladen ihres ehrenfesten Schmucks

Und alte Speer' in alten Händen schwingen,
Woran der Rost des langen Friedens nagte,
Dem Hasse, der euch nagt, zu widerstehn.
Verstört ihr jemals wieder unsre Stadt,
So zahl' eu'r Leben mir den Friedensbruch!
Für jetzt begebt euch, all ihr andern, weg!
Ihr aber, Capulet, sollt mich begleiten.
Ihr, Montague, kommt diesen Nachmittag
Zur alten Burg, dem Richtplatz unsres Banns,
Und hört, was hierin fürder mir beliebt.
Bei Todesstrafe sag' ich: alle fort!
*(Der Prinz, sein Gefolge, Capulet, Gräfin Capulet, Tybalt,
     die Bürger und Bediente gehen ab)*
MONTAGUE: Wer bracht' aufs neu' den alten Zwist in Gang?
Sagt, Neffe, wart Ihr da, wie er begann?
BENVOLIO: Die Diener Eures Gegners fochten hier
Erhitzt mit Euren schon, eh' ich mich nahte;
Ich zog, um sie zu trennen. Plötzlich kam
Der wilde Tybalt mit gezücktem Schwert,
Und schwang, indem er schnaubend Kampf mir bot,
Es um sein Haupt, und hieb damit die Winde,
Die unverwundet, zischend ihn verhöhnten.
Derweil wir Hieb' und Stöße wechseln, kamen
Stets mehr und mehr, und fochten mit einander;
Dann kam der Fürst und schied sie von einander.
GRÄFIN MONTAGUE: Ach, wo ist Romeo? Saht Ihr ihn heut?
Wie froh bin ich! Er war nicht bei dem Streit.
BENVOLIO: Schon eine Stunde, Gräfin, eh' im Ost
Die heil'ge Sonn' aus goldnem Fenster schaute,
Trieb mich ein irrer Sinn ins Feld hinaus.
Dort, in dem Schatten des Kastanienhains,
Der vor der Stadt gen Westen sich verbreitet,
Sah ich, so früh schon wandelnd, Euren Sohn.
Ich wollt' ihm nahn, er aber nahm mich wahr
Und stahl sich tiefer in des Waldes Dickicht.

    Ich maß sein Innres nach dem meinen ab,
Das in der Einsamkeit am regsten lebt,
Ging meiner Laune nach, ließ seine gehn,
Und gern vermied ich ihn, der gern mich floh.
MONTAGUE: Schon manchen Morgen ward er dort gesehn,
    Wie er den frischen Tau durch Tränen mehrte
    Und, tief erseufzend, Wolk' an Wolke drängte.
    Allein sobald im fernsten Ost die Sonne,
    Die all'erfreu'nde, von Auroras Bett
    Den Schattenvorhang wegzuziehn beginnt,
    Stiehlt vor dem Licht mein finstrer Sohn sich heim,
    Und sperrt sich einsam in sein Kämmerlein,
    Verschließt dem schönen Tageslicht die Fenster,
    Und schaffet künstlich Nacht um sich herum.
    In schwarzes Mißgeschick wird er sich träumen,
    Weiß guter Rat den Grund nicht wegzuräumen.
BENVOLIO: Mein edler Oheim, wisset Ihr den Grund?
MONTAGUE: Ich weiß ihn nicht und kann ihn nicht erfahren.
BENVOLIO: Lagt Ihr ihm jemals schon deswegen an?
MONTAGUE: Ich selbst sowohl als mancher andre Freund.
    Doch er, der eignen Neigungen Vertrauter,
    Ist gegen sich, wie treu will ich nicht sagen,
    Doch so geheim und in sich selbst gekehrt,
    So unergründlich forschendem Bemühn,
    Wie eine Knospe, die ein Wurm zernagt,
    Eh' sie der Luft ihr zartes Laub entfalten
    Und ihren Reiz der Sonne weihen kann.
    Erführen wir, woher sein Leid entsteht,
    Wir heilten es so gern, als wir's erspäht.
    (Romeo erscheint in einiger Entfernung)
BENVOLIO: Da kömmt er, seht! Geruht uns zu verlassen!
    Galt ich ihm je was, will ich schon ihn fassen.
MONTAGUE: Oh, beichtet' er für dein Verweilen dir
    Die Wahrheit doch! – Kommt, Gräfin, gehen wir!
    (Montague und Gräfin Montague gehen ab)

BENVOLIO: Ha, guten Morgen, Vetter!
ROMEO: Erst so weit?
BENVOLIO: Kaum schlug es neun.
ROMEO: Weh mir! Gram dehnt die Zeit.
  War das mein Vater, der so eilig ging?
BENVOLIO:
  Er war's. Und welcher Gram dehnt Euch die Stunden?
ROMEO: Daß ich entbehren muß, was sie verkürzt.
BENVOLIO: Entbehrt Ihr Liebe?
ROMEO: Nein.
BENVOLIO: So ward sie Euch zu teil?
ROMEO: Nein, Lieb' entbehr' ich, wo ich lieben muß.
BENVOLIO: Ach, daß der Liebesgott, so mild im Scheine,
  So grausam in der Prob' erfunden wird!
ROMEO: Ach, daß der Liebesgott, trotz seinen Binden,
  Zu seinem Ziel stets Pfade weiß zu finden!
  Wo speisen wir? – Ach, welch ein Streit war hier?
  Doch sagt mir's nicht, ich hört' es alles schon.
  Haß gibt hier viel zu schaffen, Liebe mehr.
  Nun dann: liebreicher Haß! streitsücht'ge Liebe!
  Du Alles, aus dem Nichts zuerst erschaffen!
  Schwermüt'ger Leichtsinn! ernste Tändelei!
  Entstelltes Chaos glänzender Gestalten!
  Bleischwinge! lichter Rauch und kalte Glut!
  Stets wacher Schlaf! dein eignes Widerspiel! –
  So fühl' ich Lieb', und hasse, was ich fühl'!
  Du lachst nicht?
BENVOLIO: Nein! das Weinen ist mir näher.
ROMEO: Warum, mein Herz?
BENVOLIO: Um deines Herzens Qual.
ROMEO: Das ist der Liebe Unbill nun einmal.
  Schon eignes Leid will mir die Brust zerpressen,
  Dein Gram um mich wird voll das Maß mir messen.
  Die Freundschaft, die du zeigst, mehrt meinen Schmerz;
  Denn, wie sich selbst, so quält auch dich mein Herz.

Lieb' ist ein Rauch, den Seufzerdämpf' erzeugten,
Geschürt, ein Feu'r, von dem die Augen leuchten,
Gequält, ein Meer, von Tränen angeschwellt;
Was ist sie sonst? Verständ'ge Raserei,
Und ekle Gall' und süße Spezerei.
Lebt wohl, mein Freund!
BENVOLIO: Sacht! Ich will mit Euch gehen:
Ihr tut mir Unglimpf, laßt Ihr so mich stehen.
ROMEO: Ach, ich verlor mich selbst; ich bin nicht Romeo.
Der ist nicht hier: er ist – ich weiß nicht wo.
BENVOLIO: Entdeckt mir ohne Mutwill, wen Ihr liebt!
ROMEO: Bin ich nicht ohne Mut und ohne Willen?
BENVOLIO: Nein, sagt mir's ohne Scherz!
ROMEO: Verscherzt ist meine Ruh': wie sollt' ich scherzen?
O überflüss'ger Rat bei so viel Schmerzen!
Hört, Vetter, denn im Ernst: ich lieb' ein Weib.
BENVOLIO: Ich traf's doch gut, da ich verliebt Euch glaubte.
ROMEO: Ein wackrer Schütz'! – Und, die ich lieb', ist schön.
BENVOLIO: Ein glänzend Ziel kann man am ersten treffen.
ROMEO: Dies Treffen traf dir fehl, mein guter Schütz':
Sie meidet Amors Pfeil, sie hat Dianens Witz.
Umsonst hat ihren Panzer keuscher Sitten
Der Liebe kindisches Geschoß bestritten.
Sie wehrt den Sturm der Liebesbitten ab,
Steht nicht dem Angriff kecker Augen, öffnet
Nicht ihren Schoß dem Gold, das Heil'ge lockt.
Oh, sie ist reich an Schönheit; arm allein,
Weil, wenn sie stirbt, ihr Reichtum hin wird sein.
BENVOLIO: Beschwor sie der Enthaltsamkeit Gesetze?
ROMEO: Sie tat's, und dieser Geiz vergeudet Schätze.
Denn Schönheit, die der Lust sich streng enthält,
Bringt um ihr Erb' die ungeborne Welt.
Sie ist zu schön und weis', um Heil zu erben,
Weil sie, mit Weisheit schön, mich zwingt zu sterben.
Sie schwor zu lieben ab, und dies Gelübd'

Ist Tod für den, der lebt, nur weil er liebt.
BENVOLIO: Folg' meinem Rat, vergiß an sie zu denken!
ROMEO: So lehre mir, das Denken zu vergessen!
BENVOLIO: Gib deinen Augen Freiheit, lenke sie
Auf andre Reize hin!
ROMEO: Das ist der Weg,
Mir ihren Reiz in vollem Licht zu zeigen.
Die Schwärze jener neidenswerten Larven,
Die schöner Frauen Stirne küssen, bringt
Uns in den Sinn, daß sie das Schöne bergen.
Der, welchen Blindheit schlug, kann nie das Kleinod
Des eingebüßten Augenlichts vergessen.
Zeigt mir ein Weib, unübertroffen schön:
Mir gilt ihr Reiz wie eine Weisung nur,
Worin ich lese, wer sie übertrifft.
Leb wohl! Vergessen lehrest du mir nie.
BENVOLIO:
Dein Schuldner sterb' ich, glückt mir nicht die Müh!

(Beide ab)

Zweite Szene
EINE STRASSE
Capulet, Paris und ein Bedienter kommen

CAPULET: Und Montague ist mit derselben Buße
Wie ich bedroht? Für Greise, wie wir sind,
Ist Frieden halten, denk' ich, nicht so schwer.
PARIS: Ihr geltet beid' als ehrenwerte Männer,
Und Jammer ist's um euren langen Zwiespalt.
Doch, edler Graf, wie dünkt Euch mein Gesuch?
CAPULET: Es dünkt mich so, wie ich vorhin gesagt:
Mein Kind ist noch ein Fremdling in der Welt,
Sie hat kaum vierzehn Jahre wechseln sehn.
Laßt noch zwei Sommer prangen und verschwinden,

Eh' wir sie reif, um Braut zu werden, finden!
PARIS: Noch jüngre wurden oft beglückte Mütter.
CAPULET: Wer vor der Zeit beginnt, der endigt früh.
All meine Hoffnungen verschlang die Erde;
Mir blieb nur dieses hoffnungsvolle Kind.
Doch werbt nur, lieber Graf! Sucht Euer Heil!
Mein Will' ist von dem ihren nur ein Teil.
Wenn sie aus Wahl in Eure Bitten willigt,
So hab' ich im voraus ihr Wort gebilligt.
Ich gebe heut ein Fest, von alters hergebracht,
Und lud darauf der Gäste viel zu Nacht,
Was meine Freunde sind: Ihr, der dazu gehöret,
Sollt hoch willkommen sein, wenn Ihr die Zahl vermehret.
In meinem armen Haus sollt Ihr des Himmels Glanz
Heut nacht verdunkelt sehn durch ird'scher Sterne Tanz.
Wie muntre Jünglinge mit neuem Mut sich freuen,
Wenn auf die Fersen nun der Fuß des holden Maien
Dem lahmen Winter tritt: die Lust steht Euch bevor,
Wann Euch in meinem Haus ein frischer Mädchenflor
Von jeder Seit' umgibt. Ihr hört, Ihr seht sie alle,
Daß, die am schönsten prangt, am meisten Euch gefalle.
Dann mögt Ihr in der Zahl auch meine Tochter sehn,
Sie zählt für eine mit, gilt sie schon nicht für schön.
Kommt, geht mit mir! – Du, Bursch, nimm dies Papier
                                      mit Namen;
Trab' in der Stadt herum, such' alle Herrn und Damen,
So hier geschrieben stehn, und sag mit Höflichkeit:
Mein Haus und mein Empfang steh' ihrem Dienst bereit!
(Capulet und Paris gehen ab)
DER BEDIENTE: Die Leute soll ich suchen, wovon die Namen hier geschrieben stehn? Es steht geschrieben, der Schuster soll sich um seine Elle kümmern, der Schneider um seinen Leisten, der Fischer um seinen Pinsel, der Maler um seine Netze. Aber mich schicken sie, um die Leute ausfündig zu machen, wovon die Namen hier geschrieben stehn, und ich kann doch gar

nicht ausfündig machen, was für Namen der Schreiber hier aufgeschrieben hat. Ich muß zu den Gelahrten – auf gut Glück!
(Benvolio und Romeo kommen)
BENVOLIO: Pah, Freund! Ein Feuer brennt das andre nieder;
Ein Schmerz kann eines andern Qualen mindern.
Dreh' dich im Schwindel, hilf durch Drehn dir wieder!
Fühl' andres Leid, das wird dein Leiden lindern!
Saug' in dein Auge neuen Zaubersaft,
So wird das Gift des alten fortgeschafft.
ROMEO: Ein Blatt vom Weg'rich dient dazu vortrefflich …
BENVOLIO: Ei, sag, wozu?
ROMEO: Für dein zerbrochnes Bein.
BENVOLIO: Was, Romeo, bist du toll?
ROMEO: Nicht toll, doch mehr gebunden wie ein Toller,
Gesperrt in einen Kerker, ausgehungert,
Gegeißelt und geplagt, und – *(Zu dem Bedienten)* Guten Abend, Freund!
DER BEDIENTE:
Gott grüß' Euch, Herr! Ich bitt' Euch, könnt Ihr lesen?
ROMEO: Ja wohl, in meinem Elend mein Geschick.
DER BEDIENTE: Vielleicht habt Ihr das auswendig gelernt. Aber sagt: könnt Ihr alles vom Blatte weglesen?
ROMEO: Ja freilich, wenn ich Schrift und Sprache kenne.
DER BEDIENTE: Ihr redet ehrlich. Gehabt Euch wohl!
ROMEO: Wart'! Ich kann lesen, Bursch.
(Er liest das Verzeichnis)
»Signor Martino und seine Frau und Tochter; Graf Anselm und seine reizenden Schwestern; die verwitwete Freifrau von Vitruvio; Signor Placentio und seine artigen Nichten; Mercutio und sein Bruder Valentio; mein Oheim Capulet, seine Frau und Töchter; meine schöne Nichte Rosalinde; Livia; Signor Valentio und sein Vetter Tybalt; Lucio und die muntre Helena.« *(Gibt das Papier zurück)*
Ein schöner Haufe! Wohin lädst du sie?

DER BEDIENTE: Hinauf.
ROMEO: Wohin?
DER BEDIENTE: Zum Abendessen in unser Haus.
ROMEO: Wessen Haus?
DER BEDIENTE: Meines Herrn.
ROMEO: Das hätt' ich freilich eher fragen sollen.
DER BEDIENTE: Nun will ich's Euch ohne Fragen erklären. Meine Herrschaft ist der große, reiche Capulet, und wenn Ihr nicht vom Hause der Montagues seid, so bitt' ich Euch, kommt, stecht eine Flasche Wein mit aus! Gehabt Euch wohl!
(Geht ab)
BENVOLIO: Auf diesem hergebrachten Gastgebot
Der Capulets speist deine Rosalinde
Mit allen Schönen, die Verona preist.
Geh hin, vergleich' mit unbefangnem Auge
Die andern, die du sehen sollst, mit ihr:
Was gilt's? Dein Schwan dünkt eine Krähe dir.
ROMEO: Höhnt meiner Augen frommer Glaube je
Die Wahrheit so: dann, Tränen, werdet Flammen!
Und *ihr*, umsonst ertränkt in manchem See,
Mag eure Lüg' als Ketzer euch verdammen!
Ein schönres Weib als sie? Seit Welten stehn,
Hat die allseh'nde Sonn' es nicht gesehn.
BENVOLIO: Ja, ja! du sahst sie schön, doch in Gesellschaft nie;
Du wogst nur mit sich selbst in jedem Auge sie.
Doch leg' einmal zugleich in die krystallnen Schalen
Der Jugendreize Bild, wovon auch andre strahlen,
Die ich dir zeigen will bei diesem Fest vereint:
Kaum leidlich scheint dir dann, was jetzt ein Wunder scheint.
ROMEO:
Gut, ich begleite dich. Nicht um des Schauspiels Freuden:
An meiner Göttin Glanz will ich allein mich weiden.
(Beide ab)

Dritte Szene
Ein Zimmer in Capulets Hause
Gräfin Capulet und die Wärterin

Gräfin Capulet: Ruft meine Tochter her: wo ist sie, Amme?
Wärterin: Bei meiner Jungferschaft im zwölften Jahr,
Ich rief sie schon. – He, Lämmchen! zartes Täubchen! –
Daß Gott! Wo ist das Kind? He, Juliette! *(Julia kommt)*
Julia: Was ist? Wer ruft mich?
Wärterin: Eure Mutter.
Julia: Hier bin ich, gnäd'ge Mutter! Was beliebt?
Gräfin: Die Sach' ist diese! – Amme, geh bei Seit',
Wir müssen heimlich sprechen. Amme, komm
Nur wieder her, ich habe mich besonnen:
Ich will dich mit zur Überlegung ziehn.
Du weißt, mein Kind hat schon ein hübsches Alter.
Wärterin: Das zähl' ich, meiner Treu, am Finger her.
Gräfin Capulet: Sie ist nicht vierzehn Jahre.
Wärterin: Ich wette vierzehn meiner Zähne drauf –
Zwar hab' ich nur vier Zähn', ich arme Frau –
Sie ist noch nicht vierzehn. Wie lang ist's bis Johannis?
Gräfin Capulet: Ein vierzehn Tag' und drüber.
Wärterin: Nu, drüber oder drunter. Just den Tag,
Johannistag zu Abend wird sie vierzehn.
Suschen und sie – Gott gebe jedem Christen
Das ew'ge Leben! – waren eines Alters.
Nun, Suschen ist bei Gott:
Sie war zu gut für mich. Doch wie ich sagte,
Johannistag zu Abend wird sie vierzehn.
Das wird sie, meiner Treu; ich weiß es recht gut.
Eilf Jahr ist's her, seit wir's Erdbeben hatten:
Und ich entwöhnte sie (mein Leben lang
Vergess' ich's nicht) just [auf] denselben Tag.
Ich hatte Wermut auf die Brust gelegt,
Und saß am Taubenschlage in der Sonne;

Die gnäd'ge Herrschaft war zu Mantua.
(Ja, ja! ich habe Grütz' im Kopf!) Nun, wie ich sagte:
Als es den Wermut auf der Warze schmeckte
Und fand ihn bitter – närr'sches, kleines Ding –,
Wie's böse ward und zog der Brust ein G'sicht!
Krach! sagt' der Taubenschlag; und ich, fürwahr,
Ich wußte nicht, wie ich mich tummeln sollte.
Und seit der Zeit ist's nun eilf Jahre her.
Denn damals stand sie schon allein; mein' Treu',
Sie lief und watschelt' euch schon flink herum.
Denn Tags zuvor fiel sie die Stirn entzwei,
Und da hob sie mein Mann – Gott hab ihn selig! –
Er war ein lust'ger Mann – vom Boden auf.
»Ei«, sagt' er, »fällst du so auf dein Gesicht?
Wirst rücklings fallen, wenn du klüger bist.
Nicht wahr, mein Kind?« Und, liebe heil'ge Frau!
Das Mädchen schrie nicht mehr, und sagte: »Ja.«
Da seh' man, wie so'n Spaß zum Vorschein kommt!
Und lebt' ich tausend Jahre lang, ich wette,
Daß ich es nie vergäß'. »Nicht wahr, mein Kind?« sagt' er,
Und's liebe Närrchen ward still, und sagte: »Ja.«
GRÄFIN CAPULET: Genug davon, ich bitte, halt' dich ruhig!
WÄRTERIN: Ja, gnäd'ge Frau. Doch lächert's mich noch immer,
Wie's Kind sein Schreien ließ und sagte: »Ja«.
Und saß ihm, meiner Treu, doch eine Beule,
So dick wie'n Hühnerei, auf seiner Stirn,
Recht g'fährlich dick! und es schrie bitterlich.
Mein Mann, der sagte: »Ei, fällst aufs Gesicht?
Wirst rücklings fallen, wenn du älter bist.
Nicht wahr, mein Kind?« Still ward's, und sagte: »Ja.«
JULIA: Ich bitt' dich, Amme, sei doch auch nur still!
WÄRTERIN: Gut, ich bin fertig. Gott behüte dich!
Du warst das feinste Püppchen, das ich säugte.
Erleb' ich deine Hochzeit noch einmal,
So wünsch' ich weiter nichts.

GRÄFIN CAPULET: Die Hochzeit, ja! das ist der Punkt, von dem
   Ich sprechen wollte. Sag mir, liebe Tochter,
   Wie steht's mit deiner Lust, dich zu vermählen?
JULIA: Ich träumte nie von dieser Ehre noch.
WÄRTERIN: Ein' Ehre! Hätt'st du eine andre Amme
   Als mich gehabt, so wollt' ich sagen: Kind,
   Du habest Weisheit mit der Milch gesogen.
GRÄFIN CAPULET: Gut, denke jetzt dran; jünger noch als du
   Sind angesehne Frau'n hier in Verona
   Schon Mütter worden. Ist mir recht, so war
   Ich deine Mutter in demselben Alter,
   Wo du noch Mädchen bist. Mit einem Wort:
   Der junge Paris wirbt um deine Hand.
WÄRTERIN: Das ist ein Mann, mein Fräulein! Solch ein Mann
   Als alle Welt – ein wahrer Zuckermann!
GRÄFIN CAPULET: Die schönste Blume von Veronas Flor.
WÄRTERIN: Ach ja, 'ne Blume! Gelt, 'ne rechte Blume!
GRÄFIN CAPULET: Was sagst du? Wie gefällt dir dieser Mann?
   Heut abend siehst du ihn bei unserm Fest.
   Dann lies im Buche seines Angesichts,
   In das der Schönheit Griffel Wonne schrieb;
   Betrachte seiner Züge Lieblichkeit,
   Wie jeglicher dem andern Zierde leiht.
   Was dunkel in dem holden Buch geblieben,
   Das lies in seinem Aug' am Rand geschrieben.
   Und dieses Freiers ungebundner Stand,
   Dies Buch der Liebe, braucht nur einen Band.
   Der Fisch lebt in der See, und doppelt teuer
   Wird äußres Schön' als innrer Schönheit Schleier.
   Das Buch glänzt allermeist im Aug' der Welt,
   Das goldne Lehr' in goldnen Spangen hält:
   So wirst du alles, was er hat, genießen,
   Wenn du ihn hast, ohn' etwas einzubüßen.
WÄRTERIN: Einbüßen? Nein, zunehmen wird sie eher;
   Die Weiber nehmen oft durch Männer zu.

Gräfin Capulet: Sag kurz: fühlst du dem Grafen dich geneigt?
Julia: Gern will ich sehn, ob Sehen Neigung zeugt:
    Doch weiter soll mein Blick den Flug nicht wagen,
    Als ihn die Schwingen Eures Beifalls tragen.
        (Ein Bedienter kommt)
Der Bediente: Gnädige Frau, die Gäste sind da, das Abendessen auf dem Tisch, Ihr werdet gerufen, das Fräulein gesucht, die Amme in der Speisekammer zum Henker gewünscht, und alles geht drunter und drüber. Ich muß fort, aufwarten: ich bitte Euch, kommt unverzüglich!
Gräfin Capulet:
    Gleich! – Paris wartet. Julia, komm geschwind!
Wärterin: Such' frohe Nächt' auf frohe Tage, Kind!   *(Ab)*

Vierte Szene
Eine Strasse
Romeo, Mercutio, Benvolio, mit fünf oder sechs Masken,
Fackelträgern und anderen

Romeo: Soll diese Red' uns zur Entschuld'gung dienen?
    Wie? oder treten wir nur grad' hinein?
Benvolio: Umschweife solcher Art sind nicht mehr Sitte.
    Wir wollen keinen Amor, mit der Schärpe
    Geblendet, der den buntbemalten Bogen
    Wie ein Tatar geschnitzt aus Latten trägt,
    Und wie ein Vogelscheu die Frauen schreckt;
    Auch keinen hergebeteten Prolog,
    Wobei viel zugeblasen wird, zum Eintritt.
    Laßt sie uns nur, wofür sie wollen, nehmen,
    Wir nehmen ein paar Tänze mit und gehn.
Romeo: Ich mag nicht springen; gebt mir eine Fackel!
    Da ich so finster bin, so will ich leuchten.
Mercutio: Nein, du mußt tanzen, lieber Romeo.
Romeo: Ich wahrlich nicht. Ihr seid so leicht von Sinn

Als leicht beschuht: mich drückt ein Herz von Blei
Zu Boden, daß ich kaum mich regen kann.
MERCUTIO: Ihr seid ein Liebender: borgt Amors Flügel,
Und schwebet frei in ungewohnten Höh'n!
ROMEO: Ich bin zu tief von seinem Pfeil durchbohrt,
Auf seinen leichten Schwingen hoch zu schweben.
Gewohnte Fesseln lassen mich nicht frei;
Ich sinke unter schwerer Liebeslast.
MERCUTIO: Und wolltet Ihr denn in die Liebe sinken?
Ihr seid zu schwer für ein so zartes Ding.
ROMEO: Ist Lieb' ein zartes Ding? Sie ist zu rauh,
Zu wild, zu tobend; und sie sticht wie Dorn.
MERCUTIO: Begegnet Lieb' Euch rauh, so tut desgleichen!
Stecht Liebe, wenn sie sticht: das schlägt sie nieder.
 (Zu einem andern aus dem Gefolge)
Gebt ein Gehäuse für mein Antlitz mir:
'Ne Larve für 'ne Larve! *(Bindet die Maske vor)*
 Nun erspähe
Die Neugier Mißgestalt: was kümmert's mich?
Erröten wird für mich dies Wachsgesicht. [drinnen,
BENVOLIO: Fort! Klopft, und dann hinein! Und sind wir
So rühre gleich ein jeder flink die Beine!
ROMEO: Mir eine Fackel! Leichtgeherzte Buben,
Die laßt das Estrich mit den Sohlen kitzeln:
Ich habe mich verbrämt mit einem alten
Großvaterspruch: »Wer's Licht hält, schauet zu!«
Nie war das Spiel so schön; doch ich bin matt.
MERCUTIO: Ja wohl zu matt, dich aus dem Schlamme – nein,
Der Liebe, wollt' ich sagen – dich zu ziehn,
Worin du leider steckst bis an die Ohren.
Macht fort! Wir leuchten ja dem Tage hier.
ROMEO: Das tun wir nicht.
MERCUTIO: Ich meine, wir verscherzen,
Wie Licht bei Tag', durch Zögern unsre Kerzen.
Nehmt meine Meinung nach dem guten Sinn,

Und sucht nicht Spiele des Verstandes drin!
ROMEO: Wir meinen's gut, da wir zum Balle gehen,
Doch es ist Unverstand.
MERCUTIO: Wie? laßt doch sehen!
ROMEO: Ich hatte diese Nacht' nen Traum.
MERCUTIO: Auch ich.
ROMEO: Was war der Eure?
MERCUTIO: Daß auf Träume sich
Nichts bauen läßt, daß Träume öfters lügen.
ROMEO: Sie träumen Wahres, weil sie schlafend liegen.
MERCUTIO: Nun seh' ich wohl, Frau Mab hat Euch besucht.
ROMEO: Frau Mab, wer ist sie?
MERCUTIO: Sie ist der Feenwelt Entbinderin.
Sie kömmt, nicht größer als der Edelstein
Am Zeigefinger eines Aldermanns,
Und fährt mit einem Spann von Sonnenstäubchen
Den Schlafenden quer auf der Nase hin.
Die Speichen sind gemacht aus Spinnenbeinen,
Des Wagens Deck' aus eines Heupferds Flügeln,
Aus feinem Spinngewebe das Geschirr,
Die Zügel aus des Mondes feuchtem Strahl;
Aus Heimchenknochen ist der Peitsche Griff,
Die Schnur aus Fasern; eine kleine Mücke
Im grauen Mantel sitzt als Fuhrmann vorn,
Nicht halb so groß als wie ein kleines Würmchen,
Das in des Mädchens müß'gem Finger nistet.
Die Kutsch' ist eine hohle Haselnuß,
Vom Tischler Eichhorn oder Meister Wurm
Zurecht gemacht, die seit uralten Zeiten
Der Feen Wagner sind. In diesem Staat
Trabt sie dann Nacht für Nacht; befährt das Hirn
Verliebter, und sie träumen dann von Liebe;
Des Schranzen Knie, der schnell von Reverenzen,
Des Anwalts Finger, der von Sporteln gleich,
Der schönen Lippen, die von Küssen träumen

(Oft plagt die böse Mab mit Bläschen diese,
Weil ihren Odem Näscherei verdarb).
Bald trabt sie über eines Hofmanns Nase,
Dann wittert er im Traum sich Ämter aus.
Bald kitzelt sie mit eines Zinshahns Federn
Des Pfarrers Nase, wenn er schlafend liegt:
Von einer bessern Pfründe träumt ihm dann.
Bald fährt sie über des Soldaten Nacken:
Der träumt sofort von Niedersäbeln, träumt
Von Breschen, Hinterhalten, Damaszenern,
Von manchem klaftertiefen Ehrentrunk;
Nun trommelt's ihm ins Ohr; da fährt er auf,
Und flucht in seinem Schreck ein paar Gebete,
Und schläft von neuem. Eben diese Mab
Verwirrt der Pferde Mähnen in der Nacht,
Und flicht in strupp'ges Haar die Weichselzöpfe,
Die, wiederum entwirrt, auf Unglück deuten.
Dies ist die Hexe, welche Mädchen drückt,
Die auf dem Rücken ruhn, und ihnen lehrt,
Als Weiber einst die Männer zu ertragen.
Dies ist sie –
Romeo: Still, o still, Mercutio!
Du sprichst von einem Nichts.
Mercutio: Wohl wahr, ich rede
Von Träumen, Kindern eines müß'gen Hirns,
Von nichts als eitler Phantasie erzeugt,
Die aus so dünnem Stoff als Luft besteht
Und flücht'ger wechselt, als der Wind, der bald
Um die erfrorne Brust des Nordens buhlt
Und, schnell erzürnt, hinweg von dannen schnaubend,
Die Stirn zum taubeträuften Süden kehrt.
Benvolio: Der Wind, von dem Ihr sprecht, entführt uns selbst.
Man hat gespeist; wir kamen schon zu spät.
Romeo: Zu früh, befürcht' ich; denn mein Herz erbangt,
Und ahndet ein Verhängnis, welches, noch

Verborgen in den Sternen, heute nacht
Bei dieser Lustbarkeit den furchtbar'n Zeitlauf
Beginnen, und das Ziel des läst'gen Lebens,
Das meine Brust verschließt, mir kürzen wird
Durch irgend einen Frevel frühen Todes:
Doch er, der mir zur Fahrt das Steuer lenkt,
Richt' auch mein Segel! – Auf, ihr lust'gen Freunde!
BENVOLIO: Rührt Trommeln! *(Gehen ab)*

Fünfte Szene
EIN SAAL IN CAPULETS HAUS
Musikanten. Bediente kommen

ERSTER BEDIENTE: Wo ist Schmorpfanne, daß er nicht abräumen hilft? Daß dich! mit seinem Tellermausen, seinem Tellerlecken!

ZWEITER BEDIENTE: Wenn die gute Lebensart in eines oder zweier Menschen Händen sein soll, die noch obendrein ungewaschen sind, – 's ist ein unsaubrer Handel.

ERSTER BEDIENTE: Die Lehnstühle fort! Rückt den Schenktisch beiseit! Seht nach dem Silberzeuge! Kamerad, heb mir ein Stück Marzipan auf, und wo du mich lieb hast, sag dem Pförtner, daß er Suse Mühlstein und Lene hereinläßt. Anton! Schmorpfanne!

(Andre Bediente kommen)

BEDIENTE: Hier, Bursch, wir sind parat.

ERSTER BEDIENTE: Im großen Saale verlangt man euch, vermißt man euch, sucht man euch.

BEDIENTE: Wir können nicht zugleich hier und dort sein. – Lustig, Kerle! Haltet euch brav; wer am längsten lebt, kriegt den ganzen Bettel.

(Sie ziehen sich in den Hintergrund zurück)
(Capulet u.s.w. mit den Gästen und Masken)

CAPULET: Willkommen, meine Herren! Wenn eure Füße

Kein Leichdorn plagt, ihr Damen, flink ans Werk!
He, he, ihr schönen Frau'n! Wer von euch allen
Schlägt's nun wohl ab zu tanzen? Ziert sich eine, – die,
Ich wette, die hat Hühneraugen. Nun,
Hab' ich's euch nah gelegt? Ihr Herrn, willkommen!
Ich weiß die Zeit, da ich 'ne Larve trug
Und einer Schönen eine Weis' ins Ohr
Zu flüstern wußte, die ihr wohlgefiel.
Das ist vorbei, vorbei! Willkommen, Herren!
Kommt, Musikanten, spielt! Macht Platz da, Platz!
Ihr Mädchen, frisch gesprungen!
    (Musik und Tanz. Zu den Bedienten:)
Mehr Licht, ihr Schurken, und bei Seit' die Tische!
Das Feuer weg! Das Zimmer ist zu heiß. –
Ha, recht gelegen kömmt der unverhoffte Spaß.
Na, setzt Euch, setzt Euch, Vetter Capulet!
Wir beide sind ja übers Tanzen hin.
Wie lang' ist's jetzo, seit wir uns zuletzt
In Larven steckten?

ZWEITER CAPULET: Dreißig Jahr, mein' Seel'.

CAPULET: Wie, Schatz? So lang' noch nicht, so lang' noch nicht!
Denn seit der Hochzeit des Lucentio
Ist's etwa fünfundzwanzig Jahr, sobald
Wir Pfingsten haben; und da tanzten wir.

ZWEITER CAPULET: 'S ist mehr, 's ist mehr! Sein Sohn ist
  Sein Sohn ist dreißig.   [älter, Herr:

CAPULET: Sagt mir das doch nicht!
Sein Sohn war noch nicht mündig vor zwei Jahren.

ROMEO *(zu einem Bedienten aus seinem Gefolge)*:
Wer ist das Fräulein, welche dort den Ritter
Mit ihrer Hand beehrt?

DER BEDIENTE: Ich weiß nicht, Herr.

ROMEO: Oh, sie nur lehrt den Kerzen, hell zu glühn!
Wie in dem Ohr des Mohren ein Rubin,
So hängt der Holden Schönheit an den Wangen

Der Nacht: zu hoch, zu himmlisch dem Verlangen!
Sie stellt sich unter den Gespielen dar
Als weiße Taub' in einer Krähenschar.
Schließt sich der Tanz, so nah' ich ihr: ein Drücken
Der zarten Hand soll meine Hand beglücken.
Liebt' ich wohl je? Nein, schwör' es ab, Gesicht!
Du sahst bis jetzt noch wahre Schönheit nicht.
TYBALT: Nach seiner Stimm' ist dies ein Montague.
(Zu einem Bedienten)
Hol' meinen Degen, Bursch! – Was? wagt der Schurk',
Vermummt in eine Fratze herzukommen,
Zu Hohn und Schimpfe gegen unser Fest?
Fürwahr, bei meines Stammes Ruhm und Adel!
Wer tot ihn schlüg', verdiente keinen Tadel!
CAPULET: Was habt Ihr, Vetter? Welch ein Sturm? Wozu?
TYBALT: Seht, Oheim! der da ist ein Montague.
Der Schurke drängt sich unter Eure Gäste
Und macht sich einen Spott an diesem Feste.
CAPULET: Ist es der junge Romeo?
TYBALT: Der Schurke Romeo.
CAPULET: Seid ruhig, Herzensvetter! Laßt ihn gehn!
Er hält sich wie ein wackrer Edelmann:
Und in der Tat, Verona preiset ihn
Als einen sitt'gen, tugendsamen Jüngling.
Ich möchte nicht für alles Gut der Stadt
In meinem Haus ihm einen Unglimpf tun.
Drum seid geduldig: merket nicht auf ihn!
Das ist mein Will', und wenn du diesen ehrst,
So zeig' dich freundlich, streif' die Runzeln weg,
Die übel sich bei einem Feste ziemen!
TYBALT: Kömmt solch ein Schurk' als Gast, so stehn sie wohl.
Ich leid' ihn nicht.
CAPULET: Er soll gelitten werden,
Er soll! – Herr Junge, hört er das? Nur zu!
Wer ist hier Herr? Er oder ich? Nur zu!

So? will er ihn nicht leiden! – Helf' mir Gott! –
Will Hader unter meinen Gästen stiften?
Den Hahn im Korbe spielen? Seht mir doch!
TYBALT: Ist's nicht 'ne Schande, Oheim?
CAPULET: Zu! Nur zu!
Ihr seid ein kecker Bursch. Ei, seht mir doch!
Der Streich mag Euch gereun: ich weiß schon was.
Ihr macht mir's bunt! Traun, das käm' eben recht! –
Brav, Herzenskinder! – Geht, Ihr seid ein Hase!
Seid ruhig, sonst – Mehr Licht, mehr Licht, zum Kuckuck! –
Will ich zur Ruh' Euch bringen! – Lustig, Kinder!
TYBALT: Mir kämpft Geduld aus Zwang mit will'ger Wut
Im Innern und empört mein siedend Blut.
Ich gehe: doch so frech sich aufzudringen,
Was Lust ihm macht, soll bittern Lohn ihm bringen. *(Geht ab)*
ROMEO *(tritt zu Julien)*: Entweihet meine Hand verwegen dich,
O Heil'genbild; so will ich's lieblich büßen.
Zwei Pilger, neigen meine Lippen sich,
Den herben Druck im Kusse zu versüßen.
JULIA: Nein, Pilger, lege nichts der Hand zu schulden
Für ihren sittsam-andachtvollen Gruß.
Der Heil'gen Rechte darf Berührung dulden,
Und Hand in Hand ist frommer Waller Kuß.
ROMEO: Hat nicht der Heil'ge Lippen wie der Waller?
JULIA: Ja, doch Gebet ist die Bestimmung aller.
ROMEO: Oh, so vergönne, teure Heil'ge, nun,
Daß auch die Lippen wie die Hände tun.
Voll Inbrunst beten sie zu dir: erhöre,
Daß Glaube nicht sich in Verzweiflung kehre!
JULIA: Du weißt, ein Heil'ger pflegt sich nicht zu regen,
Auch wenn er eine Bitte zugesteht.
ROMEO: So reg' dich, Holde, nicht, wie Heil'ge pflegen,
Derweil mein Mund dir nimmt, was er erfleht.   *(Er küßt sie)*
Nun hat dein Mund ihn aller Sünd' entbunden.
JULIA: So hat mein Mund zum Lohn sie für die Gunst?

ROMEO: Zum Lohn die Sünd'? O Vorwurf, süß erfunden!
  Gebt sie zurück! *(Küßt sie wieder)*
JULIA: Ihr küßt recht nach der Kunst.
WÄRTERIN: Mama will Euch ein Wörtchen sagen, Fräulein.
ROMEO: Wer ist des Fräuleins Mutter?
WÄRTERIN: Ei nun, Junker,
  Das ist die gnäd'ge Frau vom Hause hier,
  Gar eine wackre Frau, und klug und ehrsam.
  Die Tochter, die Ihr spracht, hab' ich gesäugt.
  Ich sag' Euch, wer sie habhaft werden kann,
  Ist wohl gebettet.
ROMEO: Sie ein' Capulet? O teurer Preis! mein Leben
  Ist meinem Feind als Schuld dahingegeben.
BENVOLIO: Fort! Laßt uns gehn; die Lust ist bald dahin.
ROMEO: Ach, leider wohl! Das ängstet meinen Sinn.
CAPULET: Nein, liebe Herrn, denkt noch ans Weggehn nicht!
  Ein kleines, schlechtes Mahl ist schon bereitet. –
  Muß es denn sein? – Nun wohl, ich dank' euch allen;
  Ich dank' euch, edle Herren! Gute Nacht!
  Mehr Fackeln her! – Kommt nun, bringt mich zu Bett!
  ⟨Wahrhaftig, es wird spät; ich will zur Ruh'.⟩
                  (Alle ab, außer Julia und die Wärterin)
JULIA: Komm zu mir, Amme: wer ist dort der Herr?
WÄRTERIN: Tiberios, des alten, Sohn und Erbe.
JULIA: Wer ist's, der eben aus der Türe geht?
WÄRTERIN: Das, denk' ich, ist der junge Marcellin.
JULIA: Wer folgt ihm da, der gar nicht tanzen wollte?
WÄRTERIN: Ich weiß nicht.
JULIA: Geh, frage, wie er heißt. – Ist er vermählt,
  So ist das Grab zum Brautbett mir erwählt.   [tague,
WÄRTERIN *(kommt zurück)*: Sein Nam ist Romeo, ein Mon-
  Und Eures großen Feindes ein'ger Sohn.
JULIA: So ein'ge Lieb' aus großem Haß entbrannt!
  Ich sah zu früh, den ich zu spät erkannt.
  Oh, Wunderwerk! ich fühle mich getrieben,

Den ärgsten Feind aufs zärtlichste zu lieben.
WÄRTERIN: Wieso? wieso?
JULIA: Es ist ein Reim, den ich von einem Tänzer
Soeben lernte. *(Man ruft drinnen*: »Julia!«*)*
WÄRTERIN: Gleich! wir kommen ja.
Kommt, laßt uns gehn; kein Fremder ist mehr da.   *(Ab)*

Zweiter Aufzug

Erste Szene
Ein offner Platz, der an Capulets Garten stösst
Romeo tritt auf

Romeo: Kann ich von hinnen, da mein Herz hier bleibt?
Geh, frost'ge Erde, suche deine Sonne!
(Er ersteigt die Mauer und springt hinunter)
(Benvolio und Mercutio treten auf)
Benvolio: He, Romeo! he, Vetter!
Mercutio: Er ist klug,
Und hat, mein' Seel', sich heim ins Bett gestohlen.
Benvolio: Er lief hieher und sprang die Gartenmauer
Hinüber. Ruf' ihn, Freund Mercutio!
Mercutio: Ja, auch beschwören will ich. Romeo!
Was? Grillen! Toller! Leidenschaft! Verliebter!
Erscheine du, gestaltet wie ein Seufzer;
Sprich nur ein Reimchen, so genügt mir's schon;
Ein Ach nur jammre, paare Lieb' und Triebe;
Gib der Gevatt'rin Venus ein gut Wort,
Schimpf' eins auf ihren blinden Sohn und Erben,
Held Amor, der so flink gezielt, als König
Kophetua das Bettlermädchen liebte.
Er höret nicht, er regt sich nicht, er rührt sich nicht.
Der Aff' ist tot; ich muß ihn wohl beschwören.
Nun wohl: Bei Rosalindens hellem Auge,
Bei ihrer Purpurlipp' und hohen Stirn,
Bei ihrem zarten Fuß, dem schlanken Bein,
Den üpp'gen Hüften und der Region,
Die ihnen nahe liegt, beschwör' ich dich,
Daß du in eigner Bildung uns erscheinest.
Benvolio: Wenn er dich hört, so wird er zornig werden.

MERCUTIO: Hierüber kann er's nicht; er hätte Grund,
Bannt' ich hinauf in seiner Dame Kreis
Ihm einen Geist von seltsam eigner Art,
Und ließe den da stehn, bis sie den Trotz
Gezähmt und nieder ihn beschworen hätte.
Das wär' Beschimpfung! Meine Anrufung
Ist gut und ehrbar; mit der Liebsten Namen
Beschwör' ich ihn, bloß um ihn aufzurichten.
BENVOLIO: Kommt! Er verbarg sich unter jenen Bäumen,
Und pflegt des Umgangs mit der feuchten Nacht.
Die Lieb' ist blind, das Dunkel ist ihr recht.
MERCUTIO: Ist Liebe blind, so zielt sie freilich schlecht.
Nun sitzt er wohl an einen Baum gelehnt,
Und wünscht, sein Liebchen wär' die reife Frucht,
Und fiel' ihm in den Schoß. Doch, gute Nacht,
Freund Romeo! Ich will ins Federbett,
Das Feldbett ist zum Schlafen mir zu kalt.
Kommt, gehn wir!
BENVOLIO: Ja, es ist vergeblich, ihn
Zu suchen, der nicht will gefunden sein.   *(Ab)*

Zweite Szene
CAPULETS GARTEN
Romeo kommt

ROMEO: Der Narben lacht, wer Wunden nie gefühlt.
(Julia erscheint oben an einem Fenster)
Doch still, was schimmert durch das Fenster dort?
Es ist der Ost, und Julia die Sonne! –
Geh auf, du holde Sonn'! Ertöte Lunen,
Die neidisch ist und schon vor Grame bleich,
Daß du viel schöner bist, obwohl ihr dienend.
Oh, da sie neidisch ist, so dien' ihr nicht!
Nur Toren gehn in ihrer blassen, kranken

Vestalentracht einher: wirf du sie ab!
Sie ist es, meine Göttin! meine Liebe!
O wüßte sie, daß sie es ist! –
Sie spricht, doch sagt sie nichts: was schadet das?
Ihr Auge red't, ich will ihm Antwort geben. –
Ich bin zu kühn, es redet nicht zu mir.
Ein Paar der schönsten Stern' am ganzen Himmel
Wird ausgesandt, und bittet Juliens Augen,
In ihren Kreisen unterdes zu funkeln.
Doch wären ihre Augen dort, die Sterne
In ihrem Antlitz? Würde nicht der Glanz
Von ihren Wangen jene so beschämen,
Wie Sonnenlicht die Lampe? Würd' ihr Aug'
Aus luft'gen Höh'n sich nicht so hell ergießen,
Daß Vögel sängen, froh den Tag zu grüßen?
Oh, wie sie auf die Hand die Wange lehnt!
Wär' ich der Handschuh doch auf dieser Hand,
Und küßte diese Wange!

JULIA: Weh mir!
ROMEO: Horch!
   Sie spricht! Oh, sprich noch einmal, holder Engel!
Denn über meinem Haupt erscheinest du
Der Nacht so glorreich, wie ein Flügelbote
Des Himmels dem erstaunten, über sich
Gekehrten Aug' der Menschensöhne, die
Sich rücklings werfen, um ihm nachzuschaun,
Wenn er dahin fährt auf den trägen Wolken
Und auf der Luft gewölbtem Busen schwebt.

JULIA: O Romeo! warum denn Romeo?
   Verleugne deinen Vater, deinen Namen!
   Willst du das nicht, schwör' dich zu meinem Liebsten,
   Und ich bin länger keine Capulet!
ROMEO *(für sich)*: Hör' ich noch länger, oder soll ich reden?
JULIA: Dein Nam' ist nur mein Feind. Du bliebst du selbst,
   Und wärst du auch kein Montague. Was ist

Denn Montague? Es ist nicht Hand, nicht Fuß,
Nicht Arm noch Antlitz, noch ein andrer Teil.
Was ist ein Name? Was uns Rose heißt,
Wie es auch hieße, würde lieblich duften;
So Romeo, wenn er auch anders hieße,
Er würde doch den köstlichen Gehalt
Bewahren, welcher sein ist ohne Titel.
O Romeo, leg' deinen Namen ab,
Und für den Namen, der dein Selbst nicht ist,
Nimm meines ganz!

ROMEO *(indem er näher hinzutritt)*: Ich nehme dich beim Wort.
Nenn' Liebster mich, so bin ich neu getauft,
Und will hinfort nicht Romeo mehr sein.

JULIA: Wer bist du, der du, von der Nacht beschirmt,
Dich drängst in meines Herzens Rat?

ROMEO: Mit Namen
Weiß ich dir nicht zu sagen, wer ich bin.
Mein eigner Name, teure Heil'ge, wird,
Weil er dein Feind ist, von mir selbst gehaßt.
Hätt' ich ihn schriftlich, so zerriss' ich ihn.

JULIA: Mein Ohr trank keine hundert Worte noch
Von diesen Lippen, doch es kennt den Ton.
Bist du nicht Romeo, ein Montague?

ROMEO: Nein, Holde; keines, wenn dir eins mißfällt.

JULIA: Wie kamst du her? o sag mir, und warum?
Die Gartenmau'r ist hoch, schwer zu erklimmen;
Die Stätt' ist Tod, bedenk' nur, wer du bist,
Wenn einer meiner Vettern dich hier findet.

ROMEO: Der Liebe leichte Schwingen trugen mich;
Kein steinern Bollwerk kann der Liebe wehren;
Und Liebe wagt, was irgend Liebe kann:
Drum hielten deine Vettern mich nicht auf.

JULIA: Wenn sie dich sehn, sie werden dich ermorden.

ROMEO: Ach, deine Augen drohn mir mehr Gefahr
Als zwanzig ihrer Schwerter; blick' du freundlich,

So bin ich gegen ihren Haß gestählt.
JULIA: Ich wollt' um alles nicht, daß sie dich sähn.
ROMEO: Vor ihnen hüllt mich Nacht in ihren Mantel.
Liebst du mich nicht, so laß sie nur mich finden:
Durch ihren Haß zu sterben wär' mir besser,
Als ohne deine Liebe Lebensfrist.
JULIA: Wer zeigte dir den Weg zu diesem Ort?
ROMEO: Die Liebe, die zuerst mich forschen hieß.
Sie lieh mir Rat, ich lieh ihr meine Augen.
Ich bin kein Steuermann; doch wärst du fern
Wie Ufer, von dem fernsten Meer bespült,
Ich wagte mich nach solchem Kleinod hin.
JULIA: Du weißt, die Nacht verschleiert mein Gesicht,
Sonst färbte Mädchenröte meine Wangen
Um das, was du vorhin mich sagen hörtest.
Gern hielt' ich streng auf Sitte, möchte gern
Verleugnen, was ich sprach: doch weg mit Förmlichkeit!
Sag, liebst du mich? Ich weiß, du wirst's bejahn,
Und will dem Worte traun; doch wenn du schwörst,
So kannst du treulos werden; wie sie sagen,
Lacht Jupiter des Meineids der Verliebten.
O holder Romeo! wenn du mich liebst:
Sag's ohne Falsch! Doch dächtest du, ich sei
Zu schnell besiegt, so will ich finster blicken,
Will widerspenstig sein, und Nein dir sagen,
So du dann werben willst: sonst nicht um alles!
Gewiß, mein Montague, ich bin zu herzlich;
Du könntest denken, ich sei leichten Sinns.
Doch glaube, Mann, ich werde treuer sein
Als sie, die fremd zu tun geschickter sind.
Auch ich, bekenn' ich, hätte fremd getan,
Wär' ich von dir, eh' ich's gewahrte, nicht
Belauscht in Liebesklagen. Drum vergib!
Schilt diese Hingebung nicht Flatterliebe,
Die so die stille Nacht verraten hat!

ROMEO: Ich schwöre, Fräulein, bei dem heil'gen Mond,
Der silbern dieser Bäume Wipfel säumt ...
JULIA: O schwöre nicht beim Mond, dem Wandelbaren,
Der immerfort in seiner Scheibe wechselt,
Damit nicht wandelbar dein Lieben sei!
ROMEO: Wobei denn soll ich schwören?
JULIA: Laß es ganz!
Doch willst du, schwör' bei deinem edlen Selbst,
Dem Götterbilde meiner Anbetung!
So will ich glauben.
ROMEO: Wenn die Herzensliebe ...
JULIA: Gut, schwöre nicht: Obwohl ich dein mich freue,
Freu' ich mich nicht des Bundes dieser Nacht.
Er ist zu rasch, zu unbedacht, zu plötzlich;
Gleicht allzusehr dem Blitz, der nicht mehr ist,
Noch eh' man sagen kann: »Es blitzt.« – Schlaf' süß!
Des Sommers warmer Hauch kann diese Knospe
Der Liebe wohl zur schönen Blum' entfalten,
Bis wir das nächste Mal uns wiedersehn.
Nun gute Nacht! So süße Ruh' und Frieden,
Als mir im Busen wohnt, sei dir beschieden!
ROMEO: Ach, du verlässest mich so unbefriedigt?
JULIA: Was für Befriedigung begehrst du noch?
ROMEO: Gib deinen treuen Liebesschwur für meinen!
JULIA: Ich gab ihn dir, eh' du darum gefleht:
Und doch, ich wollt', er stünde noch zu geben.
ROMEO: Wollt'st du ihn mir entziehn? Wozu das, Liebe?
JULIA: Um unverstellt ihn dir zurückzugeben.
Allein ich wünsche, was ich habe, nur.
So grenzenlos ist meine Huld, die Liebe
So tief ja wie das Meer. Je mehr ich gebe,
Je mehr auch hab' ich: beides ist unendlich.
Ich hör' im Haus Geräusch; leb wohl, Geliebter!
(Die Wärterin ruft hinter der Szene)
Gleich, Amme! Holder Montague, sei treu!

Wart' einen Augenblick': ich komme wieder. *(Sie geht zurück)*
ROMEO: O sel'ge, sel'ge Nacht! Nur fürcht' ich, weil
Mich Nacht umgibt, dies alles sei nur Traum,
Zu schmeichelnd süß, um wirklich zu bestehn.
(Julia erscheint wieder am Fenster)
JULIA: Drei Worte, Romeo; dann gute Nacht!
Wenn deine Liebe, tugendsam gesinnt,
Vermählung wünscht, so laß mich morgen wissen
Durch jemand, den ich zu dir senden will,
Wo du und wann die Trauung willst vollziehn.
Dann leg' ich dir mein ganzes Glück zu Füßen,
Und folge durch die Welt dir als Gebieter. –
(Die Wärterin hinter der Szene: »Fräulein!«*)*
Ich komme; gleich! – Doch meinst du es nicht gut,
So bitt' ich dich … *(Die Wärterin hinter der Szene*: »Fräulein!«*)*
        Im Augenblick: ich komme! –
… Hör' auf zu werben, laß mich meinem Gram!
Ich sende morgen früh –
ROMEO: Beim ew'gen Heil –
JULIA: Nun tausend gute Nacht! *(Geht zurück)*
ROMEO: Raubst du dein Licht ihr, wird sie bang durchwacht.
Wie Knaben aus der Schul', eilt Liebe hin zum Lieben,
Wie Knaben an ihr Buch, wird sie hinweg getrieben.
(Er entfernt sich langsam. Julia erscheint wieder am Fenster)
JULIA: St! Romeo, st! – Oh, eines Jägers Stimme,
Den edlen Falken wieder herzulocken!
Abhängigkeit ist heiser, wagt nicht laut
Zu reden, sonst zersprengt' ich Echos Kluft,
Und machte heis'rer ihre luft'ge Kehle,
Als meine, mit dem Namen Romeo.   [ruft.
ROMEO *(umkehrend)*: Mein Leben ist's, das meinen Namen
Wie silbersüß tönt bei der Nacht die Stimme
Der Liebenden, gleich lieblicher Musik
Dem Ohr des Lauschers!
JULIA: Romeo!

ROMEO: Mein Fräulein?
JULIA: Um welche Stunde soll ich morgen schicken?
ROMEO: Um neun.
JULIA: Ich will nicht säumen: zwanzig Jahre
   Sind's bis dahin. Doch ich vergaß, warum
   Ich dich zurückgerufen.
ROMEO: Laß hier mich stehn, derweil du dich bedenkst.
JULIA: Auf daß du stets hier weilst, werd' ich vergessen,
   Bedenkend, wie mir deine Näh' so lieb.
ROMEO: Auf daß du stets vergessest, werd' ich weilen,
   Vergessend, daß ich irgend sonst daheim.
JULIA: Es tagt beinah', ich wollte nun, du gingst:
   Doch weiter nicht, als wie ein tändelnd Mädchen
   Ihr Vögelchen der Hand entschlüpfen läßt,
   Gleich einem Armen in der Banden Druck,
   Und dann zurück ihn zieht am seidnen Faden;
   So liebevoll mißgönnt sie ihm die Freiheit.
ROMEO: Wär' ich dein Vögelchen!
JULIA: Ach, wärst du's, Lieber!
   Doch hegt' und pflegt' ich dich gewiß zu Tod.
   Nun gute Nacht! So süß ist Trennungswehe,
   Ich rief' wohl gute Nacht, bis ich den Morgen sähe.
                                        (Sie geht zurück)
ROMEO: Schlaf wohn' auf deinem Aug', Fried' in der Brust!
   O wär' ich Fried' und Schlaf, und ruht' in solcher Lust!
   Ich will zur Zell' des frommen Vaters gehen,
   Mein Glück ihm sagen, und um Hülf' ihn flehen.   *(Ab)*

Dritte Szene
EIN KLOSTERGARTEN
Bruder Lorenzo mit einem Körbchen

LORENZO: Der Morgen lächelt froh der Nacht ins Angesicht
   Und säumet das Gewölk im Ost mit Streifen Licht.

Die matte Finsternis flieht wankend, wie betrunken,
Von Titans Pfad, besprüht von seiner Rosse Funken.
Eh' höher nun die Sonn' ihr glühend Aug' erhebt,
Den Tau der Nacht verzehrt und neu die Welt belebt,
Muß ich dies Körbchen hier voll Kraut und Blumen lesen,
Voll Pflanzen gift'ger Art, und diensam zum Genesen.
Die Mutter der Natur, die Erd', ist auch ihr Grab,
Und was ihr Schoß gebar, sinkt tot in ihn hinab.
Und Kinder mannigfalt, so all ihr Schoß empfangen,
Sehn wir, gesäugt von ihr, an ihren Brüsten hangen;
An vielen Tugenden sind viele drunter reich,
Ganz ohne Wert nicht eins, doch keins dem andern gleich.
Oh, große Kräfte sind's, weiß man sie recht zu pflegen,
Die Pflanzen, Kräuter, Stein' in ihrem Innern hegen.
Was nur auf Erden lebt, da ist auch nichts so schlecht,
Daß es der Erde nicht besondern Nutzen brächt'.
Doch ist auch nichts so gut, das, diesem Ziel entwendet,
Abtrünnig seiner Art, sich nicht durch Mißbrauch schändet.
 In Laster wandelt sich selbst Tugend, falsch geübt,
Wie Ausführung auch wohl dem Laster Würde gibt.
Die kleine Blume hier beherbergt gift'ge Säfte
In ihrer zarten Hüll' und milde Heilungskräfte!
Sie labt den Geruch, und dadurch jeden Sinn;
Gekostet, dringt sie gleich zum Herzen tötend hin.
Zwei Feinde lagern so im menschlichen Gemüte
Sich immerdar im Kampf: verderbter Will' und Güte;
Und wo das Schlechte herrscht mit siegender Gewalt,
Dergleichen Pflanze frißt des Todes Wurm gar bald.
(Romeo tritt auf)
ROMEO: Mein Vater, guten Morgen!
LORENZO: Sei der Herr gesegnet!
  Wes ist der frühe Gruß, der freundlich mir begegnet?
  Mein junger Sohn, es zeigt, daß wildes Blut dich plagt,
  Daß du dem Bett so früh schon Lebewohl gesagt.
  Die wache Sorge lauscht im Auge jedes Alten,

Und Schlummer bettet nie sich da, wo Sorgen walten.
Doch da wohnt goldner Schlaf, wo mit gesundem Blut
Und grillenfreiem Hirn die frische Jugend ruht.
Drum läßt mich sicherlich dein frühes Kommen wissen,
Daß innre Unordnung vom Lager dich gerissen.
Wie? oder hätte gar mein Romeo die Nacht
(Nun rat' ich's besser) nicht im Bette hingebracht?
ROMEO: So ist's, ich wußte mir viel süßre Ruh' zu finden.
LORENZO: Verzeih' die Sünde Gott! Warst du bei Rosalinden?
ROMEO: Bei Rosalinden, ich? Ehrwürd'ger Vater, nein!
Vergessen ist der Nam' und dieses Namens Pein.
LORENZO:
Das ist mein wackrer Sohn! Allein wo warst du? sage!
ROMEO: So hör': ich spare gern dir eine zweite Frage.
Ich war bei meinem Feind auf einem Freudenmahl,
Und da verwundete mich jemand auf einmal.
Desgleichen tat ich ihm, und für die beiden Wunden
Wird heil'ge Arzenei bei deinem Amt gefunden.
Ich hege keinen Groll, mein frommer, alter Freund:
Denn sieh! zu statten kömmt die Bitt' auch meinem Feind.
LORENZO:
Einfältig, lieber Sohn! Nicht Sylben fein gestochen!
Wer Rätsel beichtet, wird in Rätseln losgesprochen.
ROMEO: So wiss' einfältiglich: ich wandte Seel' und Sinn
In Lieb' auf Capulets holdsel'ge Tochter hin.
Sie gab ihr ganzes Herz zurück mir für das meine,
Und uns Vereinten fehlt zum innigsten Vereine
Die heil'ge Trauung nur: doch wie und wo und wann
Wir uns gesehn, erklärt, und Schwur um Schwur getan,
Das alles will ich dir auf unserm Weg erzählen;
Nur bitt' ich, will'ge drein, noch heut uns zu vermählen!
LORENZO: O heiliger Sankt Franz! Was für ein Unbestand!
Ist Rosalinde schon aus deiner Brust verbannt,
Die du so heiß geliebt? Liegt junger Männer Liebe
Denn in den Augen nur, nicht in des Herzens Triebe?

O heiliger Sankt Franz! wie wusch ein salzig Naß
Um Rosalinden dir so oft die Wange blaß!
Und löschen konnten doch so viele Tränenfluten
Die Liebe nimmer dir: sie schürten ihre Gluten.
Noch schwebt der Sonn' ein Dunst von deinen Seufzern vor;
Dein altes Stöhnen summt mir noch im alten Ohr.
Sieh, auf der Wange hier ist noch die Spur zu sehen
Von einer alten Trän', die noch nicht will vergehen.
Und warst du je du selbst, und diese Schmerzen dein,
So war der Schmerz und du für Rosalind' allein.
Und so verwandelt nun? Dann leide, daß ich spreche:
Ein Weib darf fallen, wohnt in Männern solche Schwäche.
ROMEO: Oft schmältest du mit mir um Rosalinden schon.
LORENZO:
Weil sie dein Abgott war; nicht weil du liebtest, Sohn.
ROMEO: Und mahntest oft mich an, die Liebe zu besiegen.
LORENZO: Nicht um in deinem Sieg der zweiten zu erliegen.
ROMEO:
Ich bitt' dich, schmäl' nicht! Sie, der jetzt mein Herz gehört,
Hat Lieb' um Liebe mir und Gunst um Gunst gewährt.
Das tat die andre nie.
LORENZO: Sie wußte wohl, dein Lieben
Sei zwar ein köstlich Wort, doch nur in Sand geschrieben.
Komm, junger Flattergeist! Komm nur, wir wollen gehn;
Ich bin aus *einem* Grund geneigt, dir beizustehn:
Vielleicht, daß dieser Bund zu großem Glück sich wendet,
Und eurer Häuser Groll durch ihn in Freundschaft endet.
ROMEO: O laß uns fort von hier! Ich bin in großer Eil'.
LORENZO: Wer hastig läuft, der fällt: drum eile nur mit Weil'!
(Beide ab)

Vierte Szene
Eine Strasse
Benvolio und Mercutio kommen

MERCUTIO: Wo Teufel kann der Romeo stecken? Kam er heute nacht nicht zu Hause?

BENVOLIO: Nach seines Vaters Hause nicht; ich sprach seinen Bedienten.

MERCUTIO: Ja, dies hartherz'ge Frauenbild, die Rosalinde, Sie quält ihn so, er wird gewiß verrückt.

BENVOLIO: Tybalt, des alten Capulet Verwandter, Hat dort ins Haus ihm einen Brief geschickt.

MERCUTIO: Eine Ausforderung, so wahr ich lebe.

BENVOLIO: Romeo wird ihm die Antwort nicht schuldig bleiben.

MERCUTIO: Auf einen Brief kann ein jeder antworten, wenn er schreiben kann.

BENVOLIO: Nein, ich meine, er wird dem Briefsteller zeigen, daß er Mut hat, wenn man ihm so was zumutet.

MERCUTIO: Ach, der arme Romeo! Er ist ja schon tot! durchbohrt von einer weißen Dirne schwarzem Auge; durchs Ohr geschossen mit einem Liebesliedchen; seine Herzensscheibe durch den Pfeil des kleinen blinden Schützen mitten entzwei gespalten! Ist er der Mann darnach, es mit dem Tybalt aufzunehmen?

BENVOLIO: Nun, was ist Tybalt denn Großes?

MERCUTIO: Kein papierner Held, das kann ich dir sagen. Oh, er ist ein beherzter Zeremonienmeister der Ehre. Er ficht, wie Ihr ein Liedlein singt: hält Takt und Maß und Ton. Er beobachtet seine Pausen: eins – zwei – drei: – dann sitzt Euch der Stoß in der Brust. Er bringt Euch einen seidnen Knopf unfehlbar ums Leben. Ein Raufer! ein Raufer! Ein Ritter vom ersten Range, der Euch alle Gründe eines Ehrenstreits an den Fingern herzuzählen weiß: Ach, die göttliche Passade! die doppelte Finte! Der! –

BENVOLIO: Der – was?

MERCUTIO: Der Henker hole diese phantastischen, gezierten, lispelnden Eisenfresser! Was sie für neue Töne anstimmen! – »Eine sehr gute Klinge! – Ein sehr wohlgewachsner Mann! – Eine sehr gute Hure!« – Ist das nicht ein Elend, Urältervater, daß wir mit diesen ausländischen Schmetterlingen heimgesucht werden, mit diesen Modenarren, diesen *Pardonnez-moi*, die so stark auf neue Weise halten, ohne jemals weise zu werden?

(Romeo tritt auf)

BENVOLIO: Da kommt Romeo, da kommt er!

MERCUTIO: Ohne seinen Rogen, wie ein gedörrter Hering. O Fleisch! Fleisch! wie bist du verfischt worden! Nun liebt er die Melodien, in denen sich Petrarca ergoß; gegen sein Fräulein ist Laura nur eine Küchenmagd – Wetter! sie hatte doch einen bessern Liebhaber, um sie zu bereimen; – Dido, eine Trutschel; Kleopatra, eine Zigeunerin; Helena und Hero, Metzen und lose Dirnen; Thisbe, ein artiges Blauauge oder sonst so was, will aber nichts vorstellen. Signor Romeo, *bon jour*! Da habt Ihr einen französischen Gruß für Eure französischen Pumphosen! Ihr spielet uns diese Nacht einen schönen Streich.

ROMEO: Guten Morgen, meine Freunde! Was für einen Streich?

MERCUTIO: Einen Diebesstreich. Ihr stahlt Euch unversehens davon.

ROMEO: Verzeihung, guter Mercutio: Ich hatte etwas Wichtiges vor, und in einem solchen Falle tut man wohl einmal der Höflichkeit Gewalt an.

MERCUTIO: Wie nun? Du sprichst ja ganz menschlich. Wie kommt es, daß du auf einmal deine aufgeweckte Zunge und deine muntern Augen wieder gefunden hast? So hab' ich dich gern. Ist das nicht besser als das ewige Liebesgekrächze?

ROMEO: Seht den prächtigen Aufzug!

(Die Wärterin und Peter hinter ihr)

MERCUTIO: Was kömmt da angesegelt?

WÄRTERIN: Peter!
PETER: Was beliebt?
WÄRTERIN: Meinen Fächer, Peter!
MERCUTIO: Gib ihn ihr, guter Peter, um ihr Gesicht zu verstecken: Ihr Fächer ist viel hübscher wie ihr Gesicht.
WÄRTERIN: Schönen guten Morgen, ihr Herren!
MERCUTIO: Schönen guten Abend, schöne Dame!
WÄRTERIN: Warum guten Abend?
MERCUTIO: Euer Brusttuch deutet auf Sonnenuntergang.
WÄRTERIN: Pfui, was ist das für ein Mensch?
ROMEO: Einer, den der Teufel plagt, um andre zu plagen.
WÄRTERIN: Schön gesagt, bei meiner Seele! Um andre zu plagen! Ganz recht! Aber, ihr Herren, kann mir keiner von euch sagen, wo ich den jungen Romeo finde?
ROMEO: Ich kann's Euch sagen; aber der junge Romeo wird älter sein, wenn Ihr ihn gefunden habt, als er war, da Ihr ihn suchtet. Ich bin der Jüngste, der den Namen führt, weil kein schlechterer da war.
WÄRTERIN: Gut gegeben!
MERCUTIO: So? ist das Schlechteste gut gegeben? Nun wahrhaftig: gut begriffen! sehr vernünftig!
WÄRTERIN: Wenn Ihr Romeo seid, mein Herr, so wünsche ich Euch insgeheim zu sprechen.
BENVOLIO: Sie wird ihn irgendwohin auf den Abend bitten.
MERCUTIO: Eine Kupplerin! eine Kupplerin! Ho, ho!
BENVOLIO: Was witterst du?
MERCUTIO: Neue Jagd! neue Jagd! – Romeo, kommt zu Eures Vaters Hause, wir wollen zu Mittag da essen.
ROMEO: Ich komme euch nach.
MERCUTIO: Lebt wohl, alte Schöne! Lebt wohl, o Schöne! – Schöne! – Schöne! *(Benvolio und Mercutio gehen ab)*
WÄRTERIN: Sagt mir doch, was war das für ein unverschämter Gesell, der nichts als Schelmstücke im Kopfe hatte?
ROMEO: Jemand, der sich selbst gern reden hört, meine gute Frau, und der in einer Minute mehr spricht, als er in einem Monate verantworten kann.

WÄRTERIN: Ja, und wenn er auf mich was zu sagen hat, so will ich ihn bei den Ohren kriegen, und wäre er auch noch vierschrötiger, als er ist, und zwanzig solcher Hasenfüße obendrein; und kann ich's nicht, so können's andre. So'n Lausekerl! Ich bin keine von seinen Kreaturen, ich bin keine von seinen Karnuten. *(Zu Peter)* Und du mußt auch dabei stehen und leiden, daß jeder Schuft sich nach Belieben über mich hermacht!

PETER: Ich habe nicht gesehn, daß sich jemand über Euch hergemacht hätte; sonst hätte ich geschwind vom Leder gezogen, das könnt Ihr glauben. Ich kann so gut ausziehen wie ein andrer, wo es einen ehrlichen Zank gibt und das Recht auf meiner Seite ist.

WÄRTERIN: Nu, weiß Gott, ich habe mich so geärgert, daß ich am ganzen Leibe zittre. So'n Lausekerl! – Seid so gütig, mein Herr, auf ein Wort! Und was ich Euch sagte: mein junges Fräulein befahl mir, Euch zu suchen. Was sie mir befahl, Euch zu sagen, das will ich für mich behalten; aber erst laßt mich Euch sagen, wenn Ihr sie wolltet bei der Nase herum führen, so zu sagen, das wäre eine unartige Aufführung, so zu sagen. Denn seht! das Fräulein ist jung; und also, wenn Ihr falsch gegen sie zu Werke gingt, das würde sich gar nicht gegen ein Fräulein schicken, und wäre ein recht nichtsnutziger Handel.

ROMEO: Empfiehl mich deinem Fräulein! Ich beteure dir –

WÄRTERIN: Du meine Zeit! Gewiß und wahrhaftig, das will ich ihr wieder sagen. O Jemine! sie wird sich vor Freude nicht zu lassen wissen.

ROMEO: Was willst du ihr sagen, gute Frau? Du gibst nicht Achtung.

WÄRTERIN: Ich will ihr sagen, daß Ihr beteuert, und ich meine, das ist recht wie ein Kavalier gesprochen.

ROMEO: Sag ihr, sie mög' ein Mittel doch ersinnen,
Zur Beichte diesen Nachmittag zu gehn.
Dort in Lorenzos Zelle soll alsdann,
Wenn sie gebeichtet, unsre Trauung sein.
Hier ist für deine Müh'.

WÄRTERIN: Nein wahrhaftig, Herr! keinen Pfennig!
ROMEO: Nimm, sag' ich dir; du mußt!
WÄRTERIN: Heut nachmittag? Nun gut, sie wird Euch treffen.
ROMEO: Du, gute Frau, wart' hinter der Abtei;
Mein Diener soll dir diese Stunde noch,
Geknüpft aus Seilen, eine Leiter bringen,
Die zu dem Gipfel meiner Freuden ich
Hinan will klimmen in geheimer Nacht.
Leb wohl! Sei treu, so lohn' ich deine Müh',
Leb wohl, empfiehl mich deinem Fräulein!
WÄRTERIN: Nun, Gott der Herr gesegn' es! — Hört, noch eins!
ROMEO: Was willst du, gute Frau?
WÄRTERIN: Schweigt Euer Diener? Habt Ihr nie vernommen:
Wo zwei zu Rate gehn, laßt keinen Dritten kommen?
ROMEO: Verlass' dich drauf, der Mensch ist treu wie Gold.
WÄRTERIN: Nun gut, Herr! Meine Herrschaft ist ein allerliebstes Fräulein. O Jemine! als sie noch so ein kleines Dingelchen war — Oh, da ist ein Edelmann in der Stadt, einer, der Paris heißt, der gern einhaken möchte; aber das gute Herz mag eben so lieb eine Kröte sehn, eine rechte Kröte, als ihn. Ich ärgre sie zuweilen und sag' ihr: Paris wär' doch der hübscheste; aber Ihr könnt mir's glauben, wenn ich das sage, so wird sie so blaß wie ein Tischtuch. Fängt nicht Rosmarin und Romeo mit demselben Buchstaben an?
ROMEO: Ja, gute Frau; beide mit einem R.
WÄRTERIN: Ach, Spaßvogel, warum nicht gar? Das schnurrt ja wie'n Spinnrad. Nein, ich weiß wohl, es fängt mit einem andern Buchstaben an, und sie hat die prächtigsten Reime und Sprichwörter darauf, daß Euch das Herz im Leibe lachen tät', wenn Ihr's hörtet.
Romeo: Empfiehl mich deinem Fräulein! *(Ab)*
WÄRTERIN: Ja wohl, viel tausendmal! — Peter!
PETER: Was beliebt?
WÄRTERIN: Peter, nimm meinen Fächer, und geh vorauf!
(Beide ab)

Fünfte Szene
Capulets Garten
Julia tritt auf

Julia: Neun schlug die Glock', als ich die Amme sandte.
In einer halben Stunde wollte sie
Schon wieder hier sein. Kann sie ihn vielleicht
Nicht treffen? Nein, das nicht. Oh, sie ist lahm!
Zu Liebesboten taugen nur Gedanken,
Die zehnmal schneller fliehn als Sonnenstrahlen,
Wenn sie die Nacht von finstern Hügeln scheuchen.
Deswegen ziehn ja leichtbeschwingte Tauben
Der Liebe Wagen, und Cupido hat
Windschnelle Flügel. Auf der steilsten Höh'
Der Tagereise steht die Sonne jetzt;
Von neun bis zwölf, drei lange Stunden sind's;
Und dennoch bleibt sie aus. O hätte sie
Ein Herz und warmes jugendliches Blut,
Sie würde wie ein Ball behende fliegen,
Es schnellte sie mein Wort dem Trauten zu,
Und seines mir.
Doch Alte tun, als lebten sie nicht mehr,
Träg', unbehülflich, und wie Blei so schwer.
(Die Wärterin und Peter kommen)
O Gott, sie kömmt! Was bringst du, goldne Amme?
Trafst du ihn an? Schick' deinen Diener weg!
Wärterin: Wart' vor der Türe, Peter!
Julia: Nun, Mütterchen? Gott, warum blickst du traurig?
Ist dein Bericht schon traurig, gib ihn fröhlich;
Und klingt er gut, verdirb die Weise nicht,
Indem du sie mit saurer Miene spielst!
Wärterin: Ich bin ermattet; laßt ein Weilchen mich!
Das war 'ne Jagd! das reißt in Gliedern mir!
Julia: Ich wollt', ich hätte deine Neuigkeit,
Du meine Glieder. Nun, so sprich geschwind!

Ich bitt' dich, liebe, liebe Amme, sprich!
WÄRTERIN: Was für 'ne Hast! Könnt Ihr kein Weilchen warten?
Seht Ihr nicht, daß ich außer Atem bin?
JULIA: Wie außer Atem, wenn du Atem hast,
Um mir zu sagen, daß du keinen hast?
Der Vorwand deines Zögerns währt ja länger,
Als der Bericht, den du dadurch verzögerst.
Gib Antwort: bringst du Gutes oder Böses?
Nur das, so wart' ich auf das Näh're gern.
Beruh'ge mich! Ist's Gutes oder Böses?
WÄRTERIN: Ei, Ihr habt mir eine recht einfältige Wahl getroffen; Ihr versteht auch einen Mann auszulesen! *Romeo* – ja, das ist der rechte! – Er hat zwar ein hübscher Gesicht wie andre Leute; aber seine Beine gehn über alle Beine, und Hand, und Fuß, und die ganze Positur: – es läßt sich eben nicht viel davon sagen, aber man kann sie mit nichts vergleichen. Er ist kein Ausbund von feinen Manieren, doch wett' ich drauf, wie ein Lamm so sanft. – Treib's nur so fort, Kind, und fürchte Gott! – Habt ihr diesen Mittag zu Hause gegessen?
JULIA: Nein, nein! Doch all' dies wußt' ich schon zuvor.
Was sagt er von der Trauung? Hurtig: was?
WÄRTERIN: O je, wie schmerzt der Kopf mir! Welch ein Kopf!
Er schlägt, als wollt' er gleich in Stücke springen.
Da hier mein Rücken, o mein armer Rücken!
Gott sei Euch gnädig, daß Ihr hin und her
So viel mich schickt, mich bald zu Tode hetzt!
JULIA: Im Ernst, daß du nicht wohl bist, tut mir leid.
Doch, beste, beste Amme, sage mir:
Was macht mein Liebster?
WÄRTERIN: Eu'r Liebster sagt, so wie ein wackrer Herr, – und ein artiger, und ein freundlicher, und ein hübscher Herr, und, auf mein Wort, ein tugendsamer Herr. – Wo ist denn Eure Mutter?
JULIA: Wo meine Mutter ist? Nun, sie ist drinnen;
Wo wär' sie sonst? Wie seltsam du erwiderst:

»Eu'r Liebster sagt, so wie ein wackrer Herr –
Wo ist denn Eure Mutter?«
WÄRTERIN: Jemine!
    Seid Ihr so hitzig? Seht doch! kommt mir nur!
    Ist das die Bähung für mein Gliederweh?
    Geht künftig selbst, wenn Ihr 'ne Botschaft habt!
JULIA: Das ist 'ne Not! Was sagt er? Bitte, sprich!
WÄRTERIN: Habt Ihr Erlaubnis, heut zu beichten?
JULIA: Ja.
WÄRTERIN: So macht Euch auf zu Eures Paters Zelle,
    Da harrt ein Mann, um Euch zur Frau zu machen.
    Nun steigt das lose Blut Euch in die Wangen;
    Gleich sind sie Scharlach, wenn's was Neues gibt.
    Eilt Ihr ins Kloster: ich muß sonst wohin,
    Die Leiter holen, die der Liebste bald
    Zum Nest hinan, wenn's Nacht wird, klimmen soll.
    Ich bin das Lasttier, muß für Euch mich plagen,
    Doch Ihr sollt Eure Last zu Nacht schon tragen.
    Ich will zur Mahlzeit erst; eilt Ihr zur Zelle hin!
JULIA: Zu hohem Glücke, treue Pflegerin!   *(Beide ab)*

Sechste Szene
BRUDER LORENZOS ZELLE
Lorenzo und Romeo

LORENZO: Der Himmel lächle so dem heil'gen Bund,
    Daß künft'ge Tag' uns nicht durch Kummer schelten!
ROMEO: Amen! So sei's! Doch laß den Kummer kommen,
    So sehr er mag: wiegt er die Freuden auf,
    Die mir in ihrem Anblick eine flücht'ge
    Minute gibt? Füg' unsre Hände nur
    Durch deinen Segensspruch in eins, dann tue
    Sein Äußerstes der Liebeswürger Tod:
    Genug, daß ich nur mein sie nennen darf.

LORENZO: So wilde Freude nimmt ein wildes Ende,
  Und stirbt im höchsten Sieg, wie Feu'r und Pulver
  Im Kusse sich verzehrt. Die Süßigkeit
  Des Honigs widert durch ihr Übermaß,
  Und im Geschmack erstickt sie unsre Lust.
  Drum liebe mäßig; solche Lieb' ist stät:
  Zu hastig und zu träge kommt gleich spät.
      (Julia tritt auf)
  Hier kommt das Fräulein, sieh!
  Mit leichtem Tritt, der keine Blume biegt;
  Sieh, wie die Macht der Lieb' und Wonne siegt!
JULIA: Ehrwürd'ger Herr! ich sag' Euch guten Abend.
LORENZO: Für mich und sich dankt Romeo, mein Kind.
JULIA: Es gilt ihm mit, sonst wär' sein Dank zu viel.
ROMEO: Ach, Julia! Ist deiner Freude Maß
  Gehäuft wie meins, und weißt du mehr die Kunst,
  Ihr Schmuck zu leihn, so würze rings die Luft
  Durch deinen Hauch; laß des Gesanges Mund
  Die Seligkeit verkünden, die wir beide
  Bei dieser teuren Näh' im andern finden.
JULIA: Gefühl, an Inhalt reicher als an Worten,
  Ist stolz auf seinen Wert und nicht auf Schmuck.
  Nur Bettler wissen ihres Guts Betrag.
  Doch meine treue Liebe stieg so hoch,
  Daß keine Schätzung ihre Schätz' erreicht.   [Sache.
LORENZO: Kommt, kommt mit mir! wir schreiten gleich zur
  Ich leide nicht, daß ihr allein mir bleibt,
  Bis euch die Kirch' einander einverleibt.   *(Alle ab)*

Dritter Aufzug

Erste Szene
EIN ÖFFENTLICHER PLATZ
Mercutio, Benvolio, Page und Bediente

BENVOLIO: Ich bitt' dich, Freund, laß uns nach Hause gehn!
Der Tag ist heiß, die Capulets sind draußen,
Und treffen wir, so gibt es sicher Zank:
Denn bei der Hitze tobt das tolle Blut.
MERCUTIO: Du bist mir so ein Zeisig, der, sobald er die Schwelle eines Wirtshauses betritt, mit dem Degen auf den Tisch schlägt und ausruft:»Gebe Gott, daß ich dich nicht nötig habe!« und wenn ihm das zweite Glas im Kopfe spukt, so zieht er gegen den Kellner, wo er es freilich nicht nötig hätte.
BENVOLIO: Bin ich so ein Zeisig?
MERCUTIO: Ja, ja! Du bist in deinem Zorn ein so hitziger Bursch, als einer in ganz Italien; eben so ungestüm in deinem Zorn, und eben so zornig in deinem Ungestüm.
BENVOLIO: Nun, was weiter?
MERCUTIO: Ei, wenn es euer zwei gäbe, so hätten wir bald gar keinen, sie brächten sich unter einander um. Du! Wahrhaftig, du zankst mit einem, weil er ein Haar mehr oder weniger im Barte hat wie du. Du zankst mit einem, der Nüsse knackt, aus keinem andern Grunde, als weil du nußbraune Augen hast. Dein Kopf ist so voll Zänkereien, wie ein Ei voll Dotter, und doch ist dir der Kopf für dein Zanken schon dotterweich geschlagen. Du hast mit einem angebunden, der auf der Straße hustete, weil er deinen Hund aufgeweckt, der in der Sonne schlief. Hast du nicht mit einem Schneider Händel gehabt, weil er sein neues Wams vor Ostern trug? Mit einem andern, weil er neue Schuhe mit einem alten Bande zuschnürte? Und doch willst du mich über Zänkereien hofmeistern!

BENVOLIO: Ja, wenn ich so leicht zankte wie du, so würde niemand eine Leibrente auf meinen Kopf nur für anderthalb Stunden kaufen wollen.

MERCUTIO: Auf deinen Kopf? O Tropf!

(Tybalt und andre kommen)

BENVOLIO: Bei meinem Kopf! Da kommen die Capulets.

MERCUTIO: Bei meiner Sohle! Mich kümmert's nicht.

TYBALT *(zu seinen Leuten)*: Schließt euch mir an, ich will mit ihnen reden. – Guten Tag, ihr Herren! Ein Wort mit euer einem!

MERCUTIO: Nur ein Wort mit einem von uns? Gebt noch was zu: laßt es ein Wort und einen Schlag sein!

TYBALT: Dazu werdet Ihr mich bereit genug finden, wenn Ihr mir Anlaß gebt.

MERCUTIO: Könntet Ihr ihn nicht nehmen, ohne daß wir ihn gäben?

TYBALT: Mercutio, du harmonierst mit Romeo.

MERCUTIO: Harmonierst? Was? Machst du uns zu Musikanten? Wenn du uns zu Musikanten machen willst, so sollst du auch nichts als Dissonanzen zu hören kriegen. Hier ist mein Fiedelbogen; wart'! der soll euch tanzen lehren. Alle Wetter! Über das Harmonieren!

BENVOLIO: Wir reden hier auf öffentlichem Markt:
Entweder sucht euch einen stillern Ort,
Wo nicht, besprecht euch kühl von eurem Zwist!
Sonst geht! Hier gafft ein jedes Aug' auf uns.

MERCUTIO: Zum Gaffen hat das Volk die Augen: laßt sie!
Ich weich' und wank' um keines willen, ich!

(Romeo tritt auf)

TYBALT: Herr, zieht in Frieden! Hier kömmt mein Gesell.

MERCUTIO:
Ich will gehängt sein, Herr! wenn Ihr sein Meister seid.
Doch stellt Euch nur, er wird sich zu Euch halten;
In dem Sinn mögen Eure Gnaden wohl
Gesell ihn nennen.

TYBALT: Hör', Romeo! Der Haß, den ich dir schwur,

Gönnt diesen Gruß dir nur: du bist ein Schurke!
ROMEO: Tybalt, die Ursach', die ich habe, dich
Zu lieben, mildert sehr die Wut, die sonst
Auf diesen Gruß sich ziemt': Ich bin kein Schurke,
Drum lebe wohl! Ich seh', du kennst mich nicht.
⟨TYBALT: Nein, Knabe, dies entschuldigt nicht den Hohn,
Den du mir angetan; kehr' um und zieh'!
ROMEO: Ich schwöre dir, nie tat ich Hohn dir an.
Ich liebe mehr dich, als du denken kannst,
Bis du die Ursach' meiner Liebe weißt.
Drum, guter Capulet, dein Name, den
Ich wert wie meinen halte, – sei zufrieden!⟩
MERCUTIO: O zahme, schimpfliche, verhaßte Demut!
Die Kunst des Raufers trägt den Sieg davon. – *(Er zieht)*
Tybalt, du Ratzenfänger! willst du dran?
TYBALT: Was willst du denn von mir?
MERCUTIO: Wollt Ihr bald Euren Degen bei den Ohren aus der Scheide ziehn? Macht zu, sonst habt Ihr meinen um die Ohren, eh' er heraus ist.
TYBALT: Ich steh' zu Dienst. *(Er zieht)*
ROMEO: Lieber Mercutio, steck' den Degen ein!
MERCUTIO: Kommt, Herr! Laßt Eure Finten sehn! *(Sie fechten)*
ROMEO: Zieh', Benvolio!
Schlag' zwischen ihre Degen! Schämt euch doch
Und haltet ein mit Wüten! Tybalt! Mercutio!
Der Prinz verbot ausdrücklich solchen Aufruhr
In Veronas Gassen. Halt, Tybalt! Freund Mercutio!
(Tybalt entfernt sich mit seinen Anhängern)
MERCUTIO: Ich bin verwundet. –
Zum Teufel beider Sippschaft! Ich bin hin.
Und ist er fort? und hat nichts abgekriegt?
BENVOLIO: Bist du verwundet? wie?
MERCUTIO: Ja, ja! geritzt! geritzt! – Wetter, 's ist genug. –
Wo ist mein Bursch? – Geh, Schurk'! hol' einen Wundarzt!
(Der Page geht ab)

ROMEO: Sei guten Muts, Freund! Die Wunde kann nicht beträchtlich sein.
MERCUTIO: Nein, nicht so tief wie ein Brunnen, noch so weit wie eine Kirchtüre; aber es reicht eben hin: Fragt morgen nach mir, und Ihr werdet einen stillen Mann an mir finden. Für diese Welt, glaubt's nur, ist mir der Spaß versalzen. – Hol' der Henker eure beiden Häuser! – Was? von einem Hunde, einer Maus, einer Ratze, einer Katze zu Tode gekratzt zu werden! Von so einem Prahler, einem Schuft, der nach dem Rechenbuche ficht! – Warum Teufel! kamt Ihr zwischen uns? Unter Eurem Arm wurde ich verwundet.
ROMEO: Ich dacht' es gut zu machen.
MERCUTIO: O hilf mir in ein Haus hinein, Benvolio,
Sonst sink' ich hin. – Zum Teufel eure Häuser!
Sie haben Würmerspeis' aus mir gemacht.
Ich hab' es tüchtig weg: verdammte Sippschaft!
(Mercutio und Benvolio ab)
ROMEO: Um meinetwillen wurde dieser Ritter,
Dem Prinzen nah verwandt, mein eigner Freund,
Verwundet auf den Tod; mein Ruf befleckt
Durch Tybalts Lästerungen, Tybalts, der
Seit einer Stunde mir verschwägert war.
O süße Julia! deine Schönheit hat
So weibisch mich gemacht; sie hat den Stahl
Der Tapferkeit in meiner Brust erweicht.
(Benvolio kommt zurück)
BENVOLIO: O Romeo! der wackre Freund ist tot.
Sein edler Geist schwang in die Wolken sich,
Der allzufrüh der Erde Staub verschmäht.
ROMEO: Nichts kann den Unstern dieses Tages wenden;
Er hebt das Weh an, andre müssen's enden.
(Tybalt kommt zurück)
BENVOLIO: Da kommt der grimm'ge Tybalt wieder her.
ROMEO: Am Leben! siegreich und mein Freund erschlagen!
Nun flieh gen Himmel, schonungsreiche Milde!

Entflammte Wut, sei meine Führerin!
Nun, Tybalt, nimm den Schurken wieder, den du
Mir eben gabst! Der Geist Mercutios
Schwebt nah noch über unsern Häuptern hin
Und harrt, daß deiner sich ihm zugeselle.
Du oder ich! sonst folgen wir ihm beide.
TYBALT: Elendes Kind! hier hieltest du's mit ihm,
Und sollst mit ihm von hinnen!
ROMEO: Dies entscheide! *(Sie fechten, Tybalt fällt)*
BENVOLIO: Flieh', Romeo! Die Bürger sind in Wehr
Und Tybalt tot. Steh so versteinert nicht!
Flieh', flieh'! Der Prinz verdammt zum Tode dich,
Wenn sie dich greifen. Fort! Hinweg mit dir!
ROMEO: Weh mir, ich Narr des Glücks!
BENVOLIO: Was weilst du noch? *(Romeo ab)*
(Bürger u. s. w. treten auf)
EIN BÜRGER: Wo lief er hin, der den Mercutio tot schlug?
Der Mörder Tybalt? – Hat ihn wer gesehn?
BENVOLIO: Da liegt der Tybalt.
EIN BÜRGER: Herr, gleich müßt Ihr mit mir gehn.
Gehorcht! Ich mahn' Euch von des Fürsten wegen.
*(Der Prinz mit Gefolge, Montague, Capulet,
ihre Gemahlinnen und andre)*
PRINZ: Wer durfte freventlich hier Streit erregen?
BENVOLIO: O edler Fürst, ich kann verkünden, recht
Nach seinem Hergang, dies unselige Gefecht.
Der deinen wackern Freund Mercutio
Erschlagen, liegt hier tot, entleibt vom Romeo.
GRÄFIN CAPULET:
Mein Vetter! Tybalt! Meines Bruders Kind! –
O Fürst! O mein Gemahl! O seht, noch rinnt
Das teure Blut! – Mein Fürst, bei Ehr' und Huld,
Im Blut der Montagues tilg' ihre Schuld! –
O Vetter, Vetter!
PRINZ: Benvolio, sprich! Wer hat den Streit erregt? –

BENVOLIO: Der tot hier liegt, vom Romeo erlegt.
Viel gute Worte gab ihm Romeo,
Hieß ihn bedenken, wie gering der Anlaß,
Wie sehr zu fürchten Euer höchster Zorn.
Dies alles, vorgebracht mit sanftem Ton,
Gelaßnem Blick, bescheidner Stellung, konnte
Nicht Tybalts ungezähmte Wut entwaffnen.
Dem Frieden taub, berennt mit scharfem Stahl
Er die entschloßne Brust Mercutios;
Der kehrt gleich rasch ihm Spitze gegen Spitze
Und wehrt mit Kämpfertrotz mit einer Hand
Den kalten Tod ab, schickt ihn mit der andern
Dem Gegner wieder, des Behendigkeit
Zurück ihn schleudert. Romeo ruft laut:
»Halt Freunde! aus einander!« Und geschwinder
Als seine Zunge schlägt sein rüst'ger Arm,
Dazwischen stürzend, beider Mordstahl nieder.
Recht unter diesem Arm traf des Mercutio Leben
Ein falscher Stoß vom Tybalt. Der entfloh,
Kam aber gleich zum Romeo zurück,
Der eben erst der Rache Raum gegeben.
Nun fallen sie mit Blitzeseil' sich an;
Denn eh' ich ziehen konnt', um sie zu trennen,
War der beherzte Tybalt umgebracht.
Er fiel, und Romeo, bestürzt, entwich.
Ich rede wahr, sonst führt zum Tode mich!
GRÄFIN CAPULET: Er ist verwandt mit Montagues Geschlecht
Aus Freundschaft spricht er falsch, verletzt das Recht.
Die Fehd' erhoben sie zu ganzen Horden,
Und alle konnten nur *ein* Leben morden.
Ich fleh' um Recht; Fürst, weise mich nicht ab:
Gib Romeon, was er dem Tybalt gab!
PRINZ: Er hat Mercutio, ihn Romeo erschlagen:
Wer soll die Schuld des teuren Blutes tragen?

GRÄFIN MONTAGUE:
  Fürst, nicht mein Sohn, der Freund Mercutios;
  Was dem Gesetz doch heimfiel, nahm er bloß,
  Das Leben Tybalts.
PRINZ: Weil er das verbrochen,
  Sei über ihn sofort der Bann gesprochen.
  Mich selber trifft der Ausbruch eurer Wut,
  Um euren Zwiespalt fließt mein eignes Blut;
  Allein ich will dafür so streng euch büßen,
  Daß mein Verlust euch ewig soll verdrießen.
  Taub bin ich jeglicher Beschönigung;
  Kein Flehn, kein Weinen kauft Begnadigung;
  Drum spart sie: Romeo flieh' schnell von hinnen!
  Greift man ihn, soll er nicht dem Tod entrinnen.
  Tragt diese Leiche weg! Vernehmt mein Wort:
  Wenn Gnade Mörder schont, verübt sie Mord!   *(Alle ab)*

Zweite Szene
EIN ZIMMER IN CAPULETS HAUSE
Julia tritt auf

JULIA: Hinab, du flammenhufiges Gespann,
  Zu Phöbus' Wohnung! Solch ein Wagenlenker
  Wie Phaeton jagt' euch gen Westen wohl,
  Und brächte schnell die wolk'ge Nacht herauf. –
  Verbreite deinen dichten Vorhang, Nacht!
  Du Liebespflegerin! damit das Auge
  Der Neubegier sich schließ', und Romeo
  Mir unbelauscht in diese Arme schlüpfe. –
  Verliebten g'nügt zu der geheimen Weihe
  Das Licht der eignen Schönheit; oder wenn
  Die Liebe blind ist, stimmt sie wohl zur Nacht. –
  Komm, ernste Nacht, du züchtig stille Frau,
  Ganz angetan mit Schwarz, und lehre mir
  Ein Spiel, wo jedes reiner Jugend Blüte

Zum Pfande setzt, gewinnend zu verlieren!
Verhülle mit dem schwarzen Mantel mir
Das wilde Blut, das in den Wangen flattert,
Bis scheue Liebe kühner wird und nichts
Als Unschuld sieht in inn'ger Liebe Tun.
Komm, Nacht! – Komm, Romeo, du Tag in Nacht!
Denn du wirst ruhn auf Fittigen der Nacht
Wie frischer Schnee auf eines Raben Rücken. –
Komm, milde, liebevolle Nacht! Komm, gib
Mir meinen Romeo! Und stirbt er einst,
Nimm ihn, zerteil' in kleine Sterne ihn:
Er wird des Himmels Antlitz so verschönen,
Daß alle Welt sich in die Nacht verliebt
Und niemand mehr der eiteln Sonne huldigt. –
Ich kaufte einen Sitz der Liebe mir,
Doch ach! besaß ihn nicht; ich bin verkauft,
Doch noch nicht übergeben. Dieser Tag
Währt so verdrießlich lang mir, wie die Nacht
Vor einem Fest dem ungeduld'gen Kinde,
Das noch sein neues Kleid nicht tragen durfte.
(Die Wärterin mit einer Strickleiter)
Da kommt die Amme ja: die bringt Bericht;
Und jede Zunge, die nur Romeon
Beim Namen nennt, spricht so beredt wie Engel.
Nun, Amme? Sag, was gibt's, was hast du da?
Die Stricke, die dich Romeo hieß holen?
WÄRTERIN: Ja, ja, die Stricke! *(Sie wirft sie auf die Erde)*
JULIA: Weh mir! Was gibt's? Was ringst du so die Hände?
WÄRTERIN: Daß Gott erbarm'! Er ist tot, er ist tot, er ist tot!
Wir sind verloren, Fräulein, sind verloren!
O weh uns! Er ist hin! ermordet! tot!
JULIA: So neidisch kann der Himmel sein?
WÄRTERIN: Ja, das kann Romeo; der Himmel nicht.
O Romeo, wer hätt' es je gedacht?
O Romeo! Romeo!

JULIA: Wer bist du, Teufel, der du so mich folterst?
Die grause Hölle nur brüllt solche Qual.
Hat Romeo sich selbst ermordet? Sprich!
Ist er entleibt: sag ja! wo nicht: sag nein!
Ein kurzer Laut entscheidet Wonn' und Pein.
WÄRTERIN: Ich sah die Wunde, meine Augen sahn sie –
Gott helf' ihm! – hier auf seiner tapfern Brust;
Die blut'ge Leiche, jämmerlich und blutig,
Bleich, bleich wie Asche, ganz mit Blut besudelt –
Ganz starres Blut – weg schwiemt' ich, da ich's sah.
JULIA: O brich, mein Herz! verarmt auf einmal, brich!
Ihr Augen, ins Gefängnis! Blicket nie
Zur Freiheit wieder auf! Elende Erde, kehre
Zur Erde wieder! Pulsschlag, hemme dich!
Ein Sarg empfange Romeo und mich!
WÄRTERIN: O Tybalt, Tybalt! O mein bester Freund!
Leutsel'ger Tybalt! wohlgesinnter Herr!
So mußt' ich leben, um dich tot zu sehn?
JULIA: Was für ein Sturm tobt so von jeder Seite?
Ist Romeo erschlagen? Tybalt tot?
Mein teurer Vetter? teuerster Gemahl? –
Dann töne nur des Weltgerichts Posaune!
Wer lebt noch, wenn dahin die beiden sind?
WÄRTERIN: Dahin ist Tybalt, Romeo verbannt;
Verbannt ist Romeo, der ihn erschlug.
JULIA: Gott! seine Hand, vergoß sie Tybalts Blut?
WÄRTERIN: Sie tat's! sie tat's! O weh uns, weh! Sie tat's!
JULIA: O Schlangenherz, von Blumen überdeckt!
Wohnt' in so schöner Höhl' ein Drache je?
Holdsel'ger Wüt'rich! engelgleicher Unhold!
Ergrimmte Taube! Lamm mit Wolfesgier!
Verworfne Art in göttlicher Gestalt!
Das rechte Gegenteil des, was mit Recht
Du scheinest: ein verdammter Heiliger!
Ein ehrenwerter Schurke! – O Natur!

Was hattest du zu schaffen in der Hölle,
Als du des holden Leibes Paradies
Zum Lustsitz einem Teufel übergabst?
War je ein Buch, so arger Dinge voll,
So schön gebunden? Oh, daß Falschheit doch
Solch herrlichen Palast bewohnen kann!
WÄRTERIN: Kein Glaube, keine Treu', noch Redlichkeit
Ist unter Männern mehr. Sie sind meineidig;
Falsch sind sie, lauter Schelme, lauter Heuchler! –
Wo ist mein Diener? Gebt mir Aquavit! –
Die Not, die Angst, der Jammer macht mich alt.
Zu schanden werde Romeo!
JULIA: Die Zunge
Erkranke dir für einen solchen Wunsch!
Er war zur Schande nicht geboren; Schande
Weilt mit Beschämung nur auf seiner Stirn.
Sie ist ein Thron, wo man die Ehre mag
Als Allbeherrscherin der Erde krönen.
O wie unmenschlich war ich, ihn zu schelten!
WÄRTERIN: Von Eures Vetters Mörder sprecht Ihr Gutes?
JULIA: Soll ich von meinem Gatten Übles reden?
Ach, armer Gatte! Welche Zunge wird
Wohl deinem Namen Liebes tun, wenn ich,
Dein Weib von wenig Stunden, ihn zerrissen?
Doch, Arger, was erschlugst du meinen Vetter? –
Der Arge wollte den Gemahl erschlagen.
Zurück zu eurem Quell, verkehrte Tränen!
Dem Schmerz gebühret eurer Tropfen Zoll,
Ihr bringt aus Irrtum ihn der Freude dar.
Mein Gatte lebt, den Tybalt fast getötet,
Und tot ist Tybalt, der ihn töten wollte.
Dies alles ist ja Trost: was wein' ich denn?
Ich hört' ein schlimmres Wort als Tybalts Tod,
Das mich erwürgte; ich vergäß' es gern;
Doch ach! es drückt auf mein Gedächtnis schwer,

Wie Freveltaten auf des Sünders Seele.
»Tybalt ist tot, und Romeo verbannt!«
O dies *»verbannt«*, dies *eine* Wort *»verbannt«*
Erschlug zehntausend Tybalts. Tybalts Tod
War g'nug des Wehes, hätt' es da geendet!
Und liebt das Leid Gefährten, reiht durchaus
An andre Leiden sich: warum denn folgte
Auf ihre Botschaft: *»tot ist Tybalt«*, nicht:
Dein Vater, deine Mutter, oder beide?
Das hätte sanft're Klage wohl erregt.
Allein dies Wort: *»verbannt ist Romeo«*,
Aus jenes Todes Hinterhalt gesprochen,
Bringt Vater, Mutter, Tybalt, Romeo
Und Julien um! *»Verbannt ist Romeo!«*
Nicht Maß noch Ziel kennt dieses Wortes Tod,
Und keine Zung' erschöpfet meine Not. –
Wo mag mein Vater, meine Mutter sein?
WÄRTERIN: Bei Tybalts Leiche heulen sie und schrein.
Wollt Ihr zu ihnen gehn? Ich bring' Euch hin.
JULIA: So waschen sie die Wunden ihm mit Tränen?
Ich spare meine für ein bängres Sehnen.
Nimm diese Seile auf! – Ach, armer Strick,
Getäuscht wie ich! wer bringt ihn uns zurück?
Zum Steg der Liebe knüpft' er deine Bande,
aber sterb' als Braut im Witwenstande.
Komm, Amme, komm! Ich will ins Brautbett! fort!
Nicht Romeo, den Tod umarm' ich dort.
WÄRTERIN: Geht nur ins Schlafgemach! Zum Troste find' ich
Euch Romeon: ich weiß wohl, wo er steckt.
Hört! Romeo soll Euch zu Nacht erfreuen;
Ich geh' zu ihm: beim Pater wartet er.
JULIA: O such' ihn auf! Gib diesen Ring dem Treuen;
Bescheid' aufs letzte Lebewohl ihn her! *(Beide ab)*

Dritte Szene
BRUDER LORENZOS ZELLE
Lorenzo und Romeo kommen

LORENZO: Komm, Romeo! Hervor, du Mann der Furcht!
Bekümmernis hängt sich mit Lieb' an dich,
Und mit dem Mißgeschick bist du vermählt.
ROMEO: Vater, was gibt's? Wie heißt des Prinzen Spruch?
Wie heißt der Kummer, der sich zu mir drängt,
Und noch mir fremd ist?
LORENZO: Zu vertraut, mein Sohn,
Bist du mit solchen widrigen Gefährten.
Ich bring' dir Nachricht von des Prinzen Spruch.
ROMEO: Und hat sein Spruch mir nicht den Stab gebrochen?
LORENZO: Ein mildres Urteil floß von seinen Lippen:
Nicht Leibes Tod, nur leibliche Verbannung.
ROMEO: Verbannung? Sei barmherzig! Sage: Tod!
Verbannung trägt der Schrecken mehr im Blick,
Weit mehr als Tod! – O sage nicht »Verbannung«!
LORENZO: Hier aus Verona bist du nur verbannt:
Sei ruhig, denn die Welt ist groß und weit.
ROMEO: Die Welt ist nirgends außer diesen Mauern;
Nur Fegefeuer, Qual, die Hölle selbst.
Von hier verbannt ist aus der Welt verbannt,
Und solcher Bann ist Tod: drum gibst du ihm
Den falschen Namen. – Nennst du Tod Verbannung,
Enthauptest du mit goldnem Beile mich,
Und lächelst zu dem Streich, der mich ermordet.
LORENZO: O schwere Sünd'! O undankbarer Trotz!
Dein Fehltritt heißt nach unsrer Satzung Tod;
Doch dir zu Lieb' hat sie der güt'ge Fürst
Bei Seit' gestoßen, und Verbannung nur
Statt jenes schwarzen Wortes ausgesprochen.
Und diese teure Gnad' erkennst du nicht?
ROMEO: Nein, Folter – Gnade nicht. Hier ist der Himmel,
Wo Julia lebt, und jeder Hund und Katze

Und kleine Maus, das schlechteste Geschöpf,
Lebt hier im Himmel, darf ihr Antlitz sehn;
Doch Romeo darf nicht. Mehr Würdigkeit,
Mehr Ansehn, mehr gefäll'ge Sitte lebt
In Fliegen, als in Romeo. Sie dürfen
Das Wunderwerk der weißen Hand berühren
Und Himmelswonne rauben ihren Lippen,
Die sittsam, in Vestalenunschuld, stets
Erröten, gleich als wäre Sünd' ihr Kuß.
Dies dürfen Fliegen tun, ich muß entfliehn;
Sie sind ein freies Volk, ich bin verbannt:
Und sagst du noch: Verbannung sei nicht Tod?
So hattest du kein Gift gemischt, kein Messer
Geschärft, kein schmählich Mittel schnellen Todes,
Als dies »*verbannt*«, zu töten mich? »*Verbannt*«!
O Mönch! Verdammte sprechen in der Hölle
Dies Wort mit Heulen aus: hast du das Herz,
Da du ein heil'ger Mann, ein Beicht'ger bist,
Ein Sündenlöser, mein erklärter Freund,
Mich zu zermalmen mit dem Wort »Verbannung«?
LORENZO: Du kindisch blöder Mann, hör' doch ein Wort!
ROMEO: Oh, du willst wieder von Verbannung sprechen!
LORENZO: Ich will dir eine Wehr dagegen leihn,
Der Trübsal süße Milch, Philosophie,
Um dich zu trösten, bist du gleich verbannt.
ROMEO: Und noch »verbannt«? Hängt die Philosophie!
Kann sie nicht schaffen eine Julia,
Aufheben eines Fürsten Urteilspruch,
Verpflanzen eine Stadt: so hilft sie nicht,
So taugt sie nicht; so rede länger nicht!
LORENZO: Nun seh' ich wohl, Wahnsinnige sind taub.
ROMEO: Wär's anders möglich? Sind doch Weise blind.
LORENZO: Laß über deinen Fall mit dir mich rechten!
ROMEO: Du kannst von dem, was du nicht fühlst, nicht reden.
Wärst du so jung wie ich, und Julia dein,

Vermählt seit einer Stund', erschlagen Tybalt,
Wie *ich* von Lieb' entglüht, wie ich verbannt:
Dann möchtest du nur reden, möchtest nur
Das Haar dir raufen, dich zu Boden werfen
Wie ich, und so dein künft'ges Grab dir messen.
(Er wirft sich an den Boden. Man klopft draußen)
LORENZO: Steh auf, man klopft; verbirg dich, lieber Freund.
ROMEO: O nein, wo nicht des bangen Stöhnens Hauch,
Gleich Nebeln, mich vor Späheraugen schirmt. (Man klopft)
LORENZO: Horch, wie man klopft! – Wer da? – Fort, Romeo!
Man wird dich fangen. – Wartet doch ein Weilchen! –
Steh auf und rett' ins Lesezimmer dich! –   *(Man klopft)*
Ja, ja! im Augenblick! – Gerechter Gott,
Was für ein starrer Sinn! – Ich komm', ich komme:
Wer klopft so stark? Wo kommt Ihr her? Was wollt Ihr?
WÄRTERIN *(draußen)*:
Laßt mich hinein, so sag' ich Euch die Botschaft.
Das Fräulein Julia schickt mich.
LORENZO: Seid willkommen!
(Die Wärterin tritt herein)
WÄRTERIN: O heil'ger Herr! o sagt mir, heil'ger Herr:
Des Fräuleins Liebster, Romeo, wo ist er?
LORENZO: Am Boden dort, von eignen Tränen trunken.
WÄRTERIN: Oh, es ergeht wie meiner Herrschaft ihm,
Ganz so wie ihr!
LORENZO: O Sympathie des Wehs!
Bedrängte Gleichheit!
WÄRTERIN: Gerade so liegt sie,
Winselnd und wehklagend, wehklagend und winselnd.
Steht auf! steht auf! Wenn Ihr ein Mann seid, steht!
Um Juliens willen, ihr zu Lieb', steht auf!
Wer wollte so sich niederwerfen lassen?
ROMEO: Gute Frau!
WÄRTERIN: Ach, Herr! Herr! Mit dem Tod ist alles aus.
ROMEO: Sprachst du von Julien? Wie steht's mit ihr?

Hält sie mich nicht für einen alten Mörder,
Da ich mit Blut, dem ihrigen so nah,
Die Kindheit unsrer Wonne schon befleckt?
Wo ist sie? und was macht sie? und was sagt
Von dem zerstörten Bund die kaum Verbundne?
WÄRTERIN: Ach, Herr! sie sagt kein Wort, sie weint und weint.
Bald fällt sie auf ihr Bett; dann fährt sie auf,
Ruft: »Tybalt!« aus, schreit dann nach Romeo,
Und fällt dann wieder hin.
ROMEO: Als ob der Name,
Aus tödlichem Geschütz auf sie gefeuert,
Sie mordete, wie sein unsel'ger Arm
Den Vetter ihr gemordet. Sag mir, Mönch,
O sage mir: in welchem schnöden Teil
Beherbergt dies Gerippe meinen Namen?
Sag, daß ich den verhaßten Sitz verwüste!
(Er zieht den Degen)
LORENZO: Halt' ein die tolle Hand! Bist du ein Mann?
Dein Äußres ruft, du seist es: deine Tränen
Sind weibisch, deine wilden Taten zeugen
Von eines Tieres unvernünft'ger Wut.
Entartet Weib in äußrer Mannesart!
Entstelltes Tier, in beide nur verstellt!
Ich staun' ob dir: bei meinem heil'gen Orden!
Ich glaubte, dein Gemüt sei bessern Stoffs.
Erschlugst du Tybalt? Willst dich selbst erschlagen?
Auch deine Gattin, die in dir nur lebt,
Durch so verruchten Haß, an dir verübt?
Was schiltst du auf Geburt, auf Erd' und Himmel?
In dir begegnen sie sich alle drei,
Die du auf einmal von dir schleudern willst.
Du schändest deine Bildung, deine Liebe
Und deinen Witz. O pfui! Gleich einem Wuch'rer
Hast du an allem Überfluß, und brauchst
Doch nichts davon zu seinem echten Zweck,

Der Bildung, Liebe, Witz erst zieren sollte.
Ein Wachsgepräg' ist deine edle Bildung,
Wenn sie der Kraft des Manns abtrünnig wird;
Dein teurer Liebesschwur ein hohler Meineid,
Wenn du die tötest, der du Treu' gelobt;
Dein Witz, die Zier der Bildung und der Liebe,
Doch zum Gebrauche beider mißgeartet,
Fängt Feuer durch dein eignes Ungeschick,
Wie Pulver in nachläss'ger Krieger Flasche;
Und was dich schirmen soll, zerstückt dich selbst.
Auf, sei ein Mann! denn deine Julia lebt,
Sie, der zu Lieb' du eben tot hier lagst:
Das ist ein Glück. Dich wollte Tybalt töten,
Doch du erschlugst ihn: das ist wieder Glück.
Dein Freund wird das Gesetz, das Tod dir drohte,
Und mildert ihn in Bann: auch das ist Glück.
Auf deine Schultern läßt sich eine Last
Von Segen nieder, und es wirbt um dich
Glückseligkeit in ihrem besten Schmuck;
Doch wie ein ungezognes, laun'sches Mädchen
Schmollst du mit deinem Glück und deiner Liebe;
O hüte dich! denn solche sterben elend.
Geh hin zur Liebsten, wie's beschlossen war;
Ersteig' ihr Schlafgemach: fort! tröste sie!
Nur weile nicht, bis man die Wachen stellt,
Sonst kömmst du nicht mehr durch nach Mantua.
Dort lebst du dann, bis wir die Zeit ersehn,
Die Freunde zu versöhnen, euren Bund
Zu offenbaren, von dem Fürsten Gnade
Für dich zu flehn, und dich zurück zu rufen
Mit zwanzig hunderttausendmal mehr Freude,
Als du mit Jammer jetzt von hinnen ziehst.
Geh, Wärterin, voraus, grüß' mir dein Fräulein;
Heiß' sie das ganze Haus zu Bette treiben,
Wohin der schwere Gram von selbst sie treibt:

Denn Romeo soll kommen.
WÄRTERIN: O je! ich blieb' hier gern die ganze Nacht,
Und hörte gute Lehr'. Da sieht man doch,
Was die Gelahrtheit ist! Nun, gnäd'ger Herr,
Ich will dem Fräulein sagen, daß Ihr kommt.
ROMEO: Tu' das, und sag der Holden, daß sie sich
Bereite, mich zu schelten!
WÄRTERIN: Gnäd'ger Herr,
Hier ist ein Ring, den sie für Euch mir gab.
Eilt Euch, macht fort! sonst wird es gar zu spät.   *(Ab)*
ROMEO: Wie ist mein Mut nun wieder neu belebt!
LORENZO: Geh! gute Nacht! Und hieran hängt dein Los:
Entweder geh, bevor man Wachen stellt,
Wo nicht, verkleidet in der Frühe fort:
Verweil' in Mantua; ich forsch' indessen
Nach deinem Diener, und er meldet dir
Von Zeit zu Zeit ein jedes gute Glück,
Das hier begegnet. – Gib mir deine Hand!
Es ist schon spät: fahr wohl denn! Gute Nacht!
ROMEO: Mich rufen Freuden über alle Freuden,
Sonst wär's ein Leid, von dir so schnell zu scheiden.
Leb wohl!   *(Beide ab)*

Vierte Szene
EIN ZIMMER IN CAPULETS HAUSE
Capulet, Gräfin Capulet, Paris

CAPULET: Es ist so schlimm ergangen, Graf, daß wir
Nicht Zeit gehabt, die Tochter anzumahnen.
Denn seht, sie liebte herzlich ihren Vetter;
Das tat ich auch: nun, einmal stirbt man doch. –
Es ist schon spät, sie kommt nicht mehr herunter;
Ich sag' Euch, wär's nicht der Gesellschaft wegen,
Seit einer Stunde läg' ich schon im Bett.

PARIS: So trübe Zeit gewährt nicht Zeit zum Frein;
  Gräfin, schlaft wohl, empfehlt mich Eurer Tochter!
GRÄFIN: Ich tu's, und forsche morgen früh sie aus:
  Heut Nacht verschloß sie sich mit ihrem Gram.
CAPULET: Graf Paris, ich vermesse mich zu stehn
  Für meines Kindes Lieb'; ich denke wohl,
  Sie wird von mir in allen Stücken sich
  Bedeuten lassen, ja ich zweifle nicht.
  Frau, geh noch zu ihr, eh' du schlafen gehst,
  Tu' meines Sohnes Paris Lieb' ihr kund
  Und sag ihr, merk' es wohl: auf nächsten Mittwoch –
  Still, was ist heute?
PARIS: Montag, edler Herr.
CAPULET: Montag? So so! Gut, Mittwoch ist zu früh.
  Sei's Donnerstag! – Sag ihr: am Donnerstag
  Wird sie vermählt mit diesem edlen Grafen.
  Wollt Ihr bereit sein? Liebt Ihr diese Eil'?
  Wir tun's im Stillen ab; nur ein paar Freunde.
  Denn seht, weil Tybalt erst erschlagen ist,
  So dächte man, er läg' uns nicht am Herzen
  Als unser Blutsfreund, schwärmten wir zu viel.
  Drum laßt uns ein halb Dutzend Freunde laden,
  Und damit gut. Wie dünkt Euch Donnerstag?
PARIS: Mein Graf, ich wollte, Donnerstag wär' morgen.
CAPULET: Gut, geht nur heim! Sei's denn am Donnerstag!
  Geh, Frau, zu Julien, eh' du schlafen gehst,
  Bereite sie auf diesen Hochzeittag!
  Lebt wohl, mein Graf! *(Paris ab)*
                  He! Licht auf meine Kammer!
  Nach meiner Weise ist's so spät, daß wir
  Bald früh es nennen können. Gute Nacht!
                  (Capulet und die Gräfin ab)

Fünfte Szene
Juliens Zimmer
Romeo und Julia

Julia: Willst du schon gehn? Der Tag ist ja noch fern.
Es war die Nachtigall, und nicht die Lerche,
Die eben jetzt dein banges Ohr durchdrang;
Sie singt des Nachts auf dem Granatbaum dort.
Glaub', Lieber, mir: es war die Nachtigall.
Romeo: Die Lerche war's, die Tagverkünderin,
Nicht Philomele; sieh den neid'schen Streif,
Der dort im Ost der Frühe Wolken säumt:
Die Nacht hat ihre Kerzen ausgebrannt,
Der muntre Tag erklimmt die dunst'gen Höh'n:
Nur Eile rettet mich, Verzug ist Tod.
Julia: Trau' mir, das Licht ist nicht des Tages Licht,
Die Sonne hauchte dieses Luftbild aus,
Dein Fackelträger diese Nacht zu sein,
Dir auf dem Weg nach Mantua zu leuchten;
Drum bleibe noch: zu gehn ist noch nicht Not.
Romeo: Laß sie mich greifen, ja, laß sie mich töten!
Ich gebe gern mich drein, wenn du es willst.
Nein, jenes Grau ist nicht des Morgens Auge,
Der bleiche Abglanz nur von Cynthias Stirn.
Das ist auch nicht die Lerche, deren Schlag
Hoch über uns des Himmels Wölbung trifft.
Ich bleibe gern: zum Gehn bin ich verdrossen. –
Willkommen, Tod! hat Julia dich beschlossen. –
Nun, Herz? Noch tagt es nicht, noch plaudern wir.
Julia: Es tagt, es tagt! Auf! eile! fort von hier!
Es ist die Lerche, die so heiser singt
Und falsche Weisen, rauhen Mißton gurgelt.
Man sagt, der Lerche Harmonie sei süß;
Nicht diese: sie zerreißt die unsre ja.
Die Lerche, sagt man, wechselt mit der Kröte

Die Augen: möchte sie doch auch die Stimme!
Die Stimm' ist's ja, die Arm aus Arm uns schreckt,
Dich von mir jagt, da sie den Tag erweckt.
Stets hell und heller wird's: wir müssen scheiden.
ROMEO: Hell? Dunkler stets und dunkler unsre Leiden!
(Die Wärterin kommt herein)
WÄRTERIN: Fräulein!
JULIA: Amme?
WÄRTERIN: Die gnäd'ge Gräfin kömmt in Eure Kammer;
Seid auf der Hut: schon regt man sich im Haus. *(Wärterin ab)*
JULIA *(das Fenster öffnend)*:
Tag, schein' herein! und Leben, flieh' hinaus!
ROMEO: Ich steig' hinab: laß dich noch einmal küssen!
(Er steigt aus dem Fenster)
JULIA *(aus dem Fenster ihm nachsehend)*:
Freund! Gatte! Trauter! Bist du mir entrissen?
Gib Nachricht jeden Tag zu jeder Stunde;
Schon die Minut' enthält der Tage viel.
Ach, so zu rechnen, bin ich hoch in Jahren,
Eh' meinen Romeo ich wiederseh'.
ROMEO *(außerhalb)*:
Leb wohl! Kein Mittel lass' ich aus den Händen,
Um dir, du Liebe, meinen Gruß zu senden.
JULIA: O denkst du, daß wir je uns wiedersehn?
ROMEO: Ich zweifle nicht, und all dies Leiden dient
In Zukunft uns zu süßerem Geschwätz.
JULIA: O Gott! ich hab' ein Unglück ahndend Herz.
Mir deucht, ich säh' dich, da du unten bist,
Als lägst du tot in eines Grabes Tiefe.
Mein Auge trügt mich oder du bist bleich.
ROMEO: So, Liebe, scheinst du meinen Augen auch.
Der Schmerz trinkt unser Blut. Leb wohl! leb wohl! *(Ab)*
JULIA: O Glück! ein jeder nennt dich unbeständig;
Wenn du es bist: was tust du mit dem Treuen?
Sei unbeständig, Glück! Dann hältst du ihn

Nicht lange, hoff' ich, sendest ihn zurück.
GRÄFIN CAPULET *(hinter der Szene)*: He, Tochter, bist du auf?
JULIA: Wer ruft mich? Ist es meine gnäd'ge Mutter?
Wacht sie so spät noch, oder schon so früh?
Welch ungewohnter Anlaß bringt sie her?
(Die Gräfin Capulet kommt herein)
GRÄFIN CAPULET: Nun, Julia! wie geht's?
JULIA: Mir ist nicht wohl.
GRÄFIN CAPULET: Noch immer weinend um des Vetters Tod?
Willst du mit Tränen aus der Gruft ihn waschen?
Und könntest du's, das rief' ihn nicht ins Leben:
Drum laß das; trauern zeugt von vieler Liebe,
Doch zu viel trauern zeugt von wenig Witz.
JULIA: Um einen Schlag, der so empfindlich traf,
Erlaubt zu weinen mir!
GRÄFIN CAPULET: So trifft er dich;
Der Freund empfindet nichts, den du beweinst.
JULIA: Doch ich empfind', und muß den Freund beweinen.
GRÄFIN CAPULET:
Mein Kind, nicht seinen Tod so sehr beweinst du,
Als daß der Schurke lebt, der ihn erschlug.
JULIA: Was für ein Schurke?
GRÄFIN CAPULET: Nun, der Romeo.
JULIA *(beiseit)*: Er und ein Schurk' sind himmelweit entfernt. –
(Laut) Vergeb' ihm Gott! Ich tu's von ganzem Herzen;
Und dennoch kränkt kein Mann, wie er, mein Herz.
GRÄFIN CAPULET: Ja freilich, weil der Meuchelmörder lebt.
JULIA: Ja, wo ihn diese Hände nicht erreichen! –
O rächte niemand doch als ich den Vetter!
GRÄFIN CAPULET: Wir wollen Rache nehmen, sorge nicht:
Drum weine du nicht mehr! Ich send' an jemand
Zu Mantua, wo der Verlaufne lebt;
Der soll ein kräftig Tränkchen ihm bereiten,
Das bald ihn zum Gefährten Tybalts macht:
Dann wirst du hoffentlich zufrieden sein.

JULIA: Fürwahr, ich werde nie mit Romeo
  Zufrieden sein, erblick' ich ihn nicht – tot –,
  Wenn so mein Herz um einen Blutsfreund leidet.
  Ach, fändet Ihr nur jemand, der ein Gift
  Ihm reichte, gnäd'ge Frau: ich wollt' es mischen,
  Daß Romeo, wenn er's genommen, bald
  In Ruhe schliefe. – Wie mein Herz es haßt,
  Ihn nennen hören – und nicht zu ihm können –,
  Die Liebe, die ich zu dem Vetter trug,
  An dem, der ihn erschlagen hat, zu büßen!   [Mann.
GRÄFIN CAPULET: Findst du das Mittel, find' ich wohl den
  Doch bring' ich jetzt dir frohe Zeitung, Mädchen.
JULIA: In so bedrängter Zeit kommt Freude recht.
  Wie lautet sie? Ich bitt' Euch, gnäd'ge Mutter!
GRÄFIN CAPULET: Nun, Kind, du hast 'nen aufmerksamen
  Um dich von deinem Trübsinn abzubringen,   [Vater:
  Ersann er dir ein plötzlich Freudenfest,
  Des ich so wenig mich versah, wie du.
JULIA: Ei, wie erwünscht! Was wär' das, gnäd'ge Mutter?
GRÄFIN CAPULET:
  Ja, denk' dir, Kind! Am Donnerstag früh morgens
  Soll der hochedle, wackre junge Herr,
  Graf Paris, in Sankt Peters Kirche dich
  Als frohe Braut an den Altar geleiten.
JULIA: Nun, bei Sankt Peters Kirch' und Petrus selbst!
  Er soll mich nicht als frohe Braut geleiten.
  Mich wundert diese Eil', daß ich vermählt
  Muß werden, eh' mein Freier kömmt zu werben.
  Ich bitt' Euch, gnäd'ge Frau, sagt meinem Vater
  Und Herrn, ich wolle noch mich nicht vermählen;
  Und wenn ich's tue, schwör' ich: Romeo,
  Von dem Ihr wißt, ich hass' ihn, soll es lieber
  Als Paris sein. – Fürwahr, das ist wohl Zeitung!
GRÄFIN CAPULET: Da kommt dein Vater: sag du selbst ihm das;
  Sieh, wie er sich's von dir gefallen läßt.

(Capulet und die Wärterin kommen)
CAPULET: Die Luft sprüht Tau beim Sonnenuntergang,
Doch bei dem Untergange meines Neffen,
Da gießt der Regen recht.
Was? Eine Traufe, Mädchen? Stets in Tränen?
Stets Regenschauer? In so kleinem Körper
Spielst du auf einmal See und Wind und Kahn,
Denn deine Augen ebben stets und fluten
Von Tränen wie die See; dein Körper ist der Kahn,
Der diese salze Flut befährt; die Seufzer
Sind Winde, die, mit deinen Tränen tobend,
Wie die mit ihnen, wenn nicht Stille plötzlich
Erfolgt, den hin- und hergeworfnen Körper
Zertrümmern werden. – Nun, wie steht es, Frau?
Hast du ihr unsern Ratschluß hinterbracht?
GRÄFIN CAPULET: Ja, doch sie will es nicht, sie dankt Euch sehr.
Wär' doch die Törin ihrem Grab vermählt! *(Will gehen)*
CAPULET: Sacht, nimm mich mit dir, nimm mich mit dir, Frau.
Was? Will sie nicht? Weiß sie uns keinen Dank?
Ist sie nicht stolz? Schätzt sie sich nicht beglückt,
Daß wir solch einen würd'gen Herrn vermocht,
Trotz ihrem Unwert, ihr Gemahl zu sein?
JULIA: Nicht stolz darauf, doch dankbar, daß Ihr's tatet.
Stolz kann ich nie auf das sein, was ich hasse;
Doch dankbar selbst für Haß, gemeint wie Liebe.
CAPULET: Ei, seht mir! seht mir! Kramst du Weisheit aus?
Stolz – und ich dank' Euch – und ich dank' Euch nicht –
Und doch nicht stolz – Hör' Fräulein Zierlich du,
Nichts da gedankt von Dank, stolziert von Stolz!
Rück' nur auf Donnerstag dein zart Gestell zurecht,
Mit Paris nach Sankt Peters Kirch' zu gehn,
Sonst schlepp' ich dich auf einer Schleife hin.
Pfui, du bleichsücht'ges Ding! du lose Dirne!
Du Talggesicht!
GRÄFIN CAPULET: O pfui! seid Ihr von Sinnen?

JULIA: Ich fleh' Euch auf den Knie'n, mein guter Vater:
   Hört mit Geduld ein einzig Wort nur an!
CAPULET: Geh mir zum Henker, widerspenst'ge Dirne!
   Ich sage dir's: zur Kirch' auf Donnerstag,
   Sonst komm mir niemals wieder vor's Gesicht!
   Sprich nicht! erwidre nicht! gib keine Antwort!
   Die Finger jucken mir. O Weib! Wir glaubten
   Uns kaum genug gesegnet, weil uns Gott
   Dies *eine* Kind nur sandte; doch nun seh' ich,
   Dies *eine* war um *eines* schon zu viel,
   Und nur ein Fluch ward uns in ihr beschert.
   Du Hexe!
WÄRTERIN: Gott im Himmel segne sie!
   Eu'r Gnaden tun nicht wohl, sie so zu schelten.
CAPULET: Warum, Frau Weisheit? Haltet Euren Mund,
   Prophetin! Schnattert mit Gevatterinnen!
WÄRTERIN: Ich sage keine Schelmstück'.
CAPULET: Geht mit Gott!
WÄRTERIN: Darf man nicht sprechen?
CAPULET: Still doch, altes Waschmaul,
   Spart Eure Predigt zum Gevatterschmaus:
   Hier brauchen wir sie nicht.
GRÄFIN CAPULET: Ihr seid zu hitzig.
CAPULET: Gotts Sakrament! es macht mich toll. Bei Tag,
   Bei Nacht, spät, früh, allein und in Gesellschaft,
   Zu Hause, draußen, wachend und im Schlaf,
   War meine Sorge stets, sie zu vermählen.
   Nun, da ich einen Herrn ihr ausgemittelt,
   Von fürstlicher Verwandtschaft, schönen Gütern,
   Jung, edel auferzogen, ausstaffiert,
   Wie man wohl sagt, mit ritterlichen Gaben:
   Und dann ein albern, winselndes Geschöpf,
   Ein weinerliches Püppchen da zu haben,
   Die, wenn ihr Glück erscheint, zur Antwort gibt:
   »Heiraten will ich nicht, ich kann nicht lieben,

Ich bin zu jung, – ich bitt', entschuldigt mich!« –
Gut, wollt Ihr nicht, Ihr sollt entschuldigt sein:
Grast, wo Ihr wollt, Ihr sollt bei mir nicht hausen.
Seht zu! bedenkt: ich pflege nicht zu spaßen.
Der Donnerstag ist nah: die Hand aufs Herz!
Und bist du mein, so soll mein Freund dich haben;
Wo nicht: geh, bettle, hungre, stirb am Wege!
Denn nie, bei meiner Seel', erkenn' ich dich,
Und nichts, was mein, soll dir zu gute kommen.
Bedenk' dich! glaub', ich halte, was ich schwur! *(Ab)*
JULIA: Und wohnt kein Mitleid droben in den Wolken,
  Das in die Tiefe meines Jammers schaut?
  O süße Mutter, stoß' mich doch nicht weg!
  Nur einen Monat, eine Woche Frist!
  Wo nicht, bereite mir das Hochzeitbette
  In jener düstern Gruft, wo Tybalt liegt!
GRÄFIN CAPULET: Sprich nicht zu mir, ich sage nicht ein Wort:
  Tu', was du willst, du gehst mich nichts mehr an. *(Ab)*
JULIA: O Gott! wie ist dem vorzubeugen, Amme?
  Mein Gatt' auf Erden, meine Treu' im Himmel –
  Wie soll die Treu' zur Erde wiederkehren,
  Wenn sie der Gatte nicht, der Erd' entweichend,
  Vom Himmel sendet? – Tröste! rate! hilf!
  Weh, weh mir, daß der Himmel solche Tücken
  An einem sanften Wesen übt wie ich!
  Was sagst du? hast du kein erfreuend Wort,
  Kein Wort des Trostes?
WÄRTERIN: Meiner Seel', hier ist's.
  Er ist verbannt, und tausend gegen eins,
  Daß er sich nimmer wieder her getraut,
  Euch anzusprechen; oder tät' er es,
  So müßt' es schlechterdings verstohlen sein.
  Nun, weil denn so die Sachen stehn, so denk' ich,
  Das beste wär', daß Ihr den Grafen nähmt.
  Ach, er ist solch ein allerliebster Herr!

Ein Lump ist Romeo nur gegen ihn.
Ein Adlersauge, Fräulein, ist so grell,
So schön, so feurig nicht, wie Paris seins.
Ich will verwünscht sein, ist die zweite Heirat
Nicht wahres Glück für Euch; weit vorzuziehn
Ist sie der ersten. Oder wär' sie's nicht?
Der erste Mann ist tot, so gut als tot;
Denn lebt er schon, habt Ihr doch nichts von ihm.
JULIA: Sprichst du von Herzen?
WÄRTERIN: Und von ganzer Seele,
Sonst möge Gott mich strafen!
JULIA: Amen!
WÄRTERIN: Was?
JULIA: Nun ja, du hast mich wunderbar getröstet.
Geh, sag der Mutter, weil ich meinen Vater
Erzürnt, so woll' ich nach Lorenzos Zelle,
Zu beichten und Vergebung zu empfahn.
WÄRTERIN: Gewiß, das will ich. Ihr tut weislich dran. *(Ab)*
JULIA: O alter Erzfeind! höllischer Versucher!
Ist's ärgre Sünde, so zum Meineid mich
Verleiten, oder meinen Gatten schmähn
Mit eben dieser Zunge, die zuvor
Viel tausendmal ihn ohne Maß und Ziel
Gepriesen hat? – Hinweg, Ratgeberin!
Du und mein Busen sind sich künftig fremd. –
Ich will zum Mönch, ob er nicht Hülfe schafft:
Schlägt alles fehl, hab' ich zum Sterben Kraft. *(Ab)*

Vierter Aufzug

Erste Szene
BRUDER LORENZOS ZELLE
Lorenzo und Paris

LORENZO: Auf Donnerstag? Die Frist ist kurz, mein Graf.
PARIS: Mein Vater Capulet verlangt es so,
 Und meine Säumnis soll die Eil' nicht hemmen.
LORENZO: Ihr sagt, Ihr kennt noch nicht des Fräuleins Sinn:
 Das ist nicht grade Bahn; so lieb' ich's nicht.
PARIS: Unmäßig weint sie über Tybalts Tod,
 Und darum sprach ich wenig noch von Liebe:
 Im Haus der Tränen lächelt Venus nicht.
 Nun hält's ihr Vater, würd'ger Herr, gefährlich,
 Daß sie dem Grame so viel Herrschaft gibt,
 Und treibt in weiser Vorsicht auf die Heirat,
 Um ihrer Tränen Ströme zu vertrocknen.
 ⟨Das nimmt vielleicht Gesellschaft von ihr,
 Worein sie Einsamkeit zu tief versenkt.⟩
 Jetzt wißt Ihr um die Ursach' dieser Eil'.
LORENZO *(beiseit)*: Wüßt' ich nur nicht, was ihr im Wege steht!
 (Laut) Seht, Graf! das Fräulein kommt in meine Zelle.
 (Julia tritt auf)
PARIS: Ha, schön getroffen, meine liebe Braut!
JULIA: Das werd' ich dann erst sein, wenn man uns traut.
PARIS: Man wird, man soll uns Donnerstag vermählen.
JULIA: Was sein soll, wird geschehn.
LORENZO: Das kann nicht fehlen.
PARIS: Kommt Ihr, die Beicht' dem Vater abzulegen?
JULIA: Gäb' ich Euch Antwort, legt' ich Euch sie ab.
PARIS: Verleugnet es ihm nicht, daß Ihr mich liebt!
JULIA: Bekennen will ich Euch, ich liebe ihn.

PARIS: Gewiß bekennt Ihr auch, Ihr liebet mich.
JULIA: Tu' ich's, so hat es, hinter Eurem Rücken
 Gesprochen, höhern Wert als ins Gesicht.
PARIS: Du Arme! dein Gesicht litt sehr von Tränen.
JULIA: Die Tränen dürfen sich des Siegs nicht rühmen:
 Es taugte wenig, eh' sie's angefochten.
PARIS: Dies Wort tut, mehr als Tränen, ihm zu nah.
JULIA: Doch kann die Wahrheit nicht Verleumdung sein.
 Was ich gesagt, sagt' ich mir ins Gesicht.
PARIS: Doch mein ist das Gesicht, das du verleumdest.
JULIA: Das mag wohl sein, denn es ist nicht mein eigen. –
 Ehrwürd'ger Vater, habt Ihr Muße jetzt?
 Wie, oder soll ich um die Vesper kommen?
LORENZO: Jetzt hab' ich Muße, meine ernste Tochter.
 Vergönnt Ihr uns, allein zu bleiben, Graf?
PARIS: Verhüte Gott, daß ich die Andacht störe!
 Früh Donnerstags will ich Euch wecken, Fräulein:
 So lang' lebt wohl! Nehmt diesen heil'gen Kuß!   *(Ab)*
JULIA: O schließ' die Tür, und wenn du das getan,
 Komm, wein' mit mir: Trost, Hoffnung, Hülf' ist hin!
LORENZO: Ach, Julia! ich kenne schon dein Leid,
 Es drängt aus allen Sinnen mich heraus;
 Du mußt, und nichts, so hör' ich, kann's verzögern,
 Am Donnerstag dem Grafen dich vermählen.
JULIA: Sag mir nicht, Vater, daß du das gehört,
 Wofern du nicht auch sagst, wie ich's verhindre:
 Kann deine Weisheit keine Hülfe leihn,
 So nenne weise meinen Vorsatz nur,
 Und dieses Messer hilft mir auf der Stelle.
 Gott fügt' in eins mein Herz und Romeos,
 Die Hände du; und ehe diese Hand,
 Die du dem Romeo versiegelt, dient
 Zur Urkund' eines andern Bundes, oder
 Mein treues Herz von ihm zu einem andern
 Verrät'risch abfällt, soll dies beide töten.

Drum gib aus der Erfahrung langer Zeiten
Mir augenblicklich Rat; wo nicht, so sieh,
Wie dieses blut'ge Messer zwischen mir
Und meiner Drangsal richtet, das entscheidend,
Was deiner Jahr' und deiner Kunst Gewicht
Zum Ausgang nicht mit Ehren bringen konnte.
O zaudre nicht so lang'! Den Tod verlang' ich,
Wenn deine Antwort nicht von Hülfe spricht.

LORENZO: Halt, Tochter! Ich erspähe was wie Hoffnung:
Allein es auszuführen heischt Entschluß,
Verzweifelt, wie das Übel, das wir fliehn.
Hast du die Willensstärke, dich zu töten,
Eh' du dem Grafen Paris dich vermählst,
Dann zweifl' ich nicht, du unternimmst auch wohl
Ein Ding wie Tod, die Schmach hinwegzutreiben,
Der zu entgehn du selbst den Tod umarmst;
Und wenn du's wagst, so biet' ich Hülfe dir.

JULIA: Oh, lieber als dem Grafen mich vermählen,
Heiß' von der Zinne jenes Turms mich springen,
Da gehn, wo Räuber streifen, Schlangen lauern,
Und kette mich an wilde Bären fest;
Birg bei der Nacht mich in ein Totenhaus
Voll rasselnder Gerippe, Moderknochen
Und gelber Schädel mit entzahnten Kiefern;
Heiß' in ein frisch gemachtes Grab mich gehn
Und in das Leichentuch des Toten hüllen!
Sprach man sonst solche Dinge, bebt' ich schon;
Doch tu' ich ohne Furcht und Zweifel sie,
Des süßen Gatten reines Weib zu bleiben.

LORENZO: Wohl denn! Geh heim, sei fröhlich, will'ge drein,
Dich zu vermählen: morgen ist es Mittwoch;
Sieh, wie du morgen Nacht allein magst ruhn;
Laß nicht die Amm' in deiner Kammer schlafen:
Nimm dieses Fläschchen dann mit dir zu Bett,
Und trink' den Kräutergeist, den es verwahrt.

Dann rinnt alsbald ein kalter, matter Schauer
Durch deine Adern und bemeistert sich
Der Lebensgeister; den gewohnten Gang
Hemmt jeder Puls und hört zu schlagen auf.
Kein Odem, keine Wärme zeugt von Leben;
Der Lippen und der Wangen Rosen schwinden
Zu bleicher Asche; deiner Augen Vorhang
Fällt, wie wenn Tod des Lebens Tag verschließt.
Ein jedes Glied, gelenker Kraft beraubt,
Soll steif und starr und kalt wie Tod erscheinen.
Als solch ein Ebenbild des dürren Todes
Sollst du verharren zweiundvierzig Stunden,
Und dann erwachen wie von süßem Schlaf.
Wenn nun der Bräutigam am Morgen kommt
Und dich vom Lager ruft, da liegst du tot;
Dann (wie die Sitte unsres Landes ist)
Trägt man auf einer Bahr' in Feierkleidern
Dich unbedeckt in die gewölbte Gruft,
Wo alle Capulets von Alters ruhn.
Zur selben Zeit, wenn du erwachen wirst,
Soll Romeo aus meinen Briefen wissen,
Was wir erdacht' und sich hieher begeben.
Wir wollen beid' auf dein Erwachen harren;
Und in derselben Nacht soll Romeo
Dich fort von hier nach Mantua geleiten.
Das rettet dich von dieser droh'nden Schmach,
Wenn schwacher Unbestand und weib'sche Furcht
Dir in der Ausführung den Mut nicht dämpft.
JULIA: Gib mir, o gib mir! Rede nicht von Furcht!
LORENZO: Nimm, geh mit Gott, halt' fest an dem Entschluß!
   Ich send' indes mit Briefen einen Bruder
   In Eil' nach Mantua zu deinem Treuen.
JULIA: Gib, Liebe, Kraft mir! Kraft wird Hülfe leihen.
   Lebt wohl, mein teurer Vater! *(Beide ab)*

Zweite Szene
EIN ZIMMER IN CAPULETS HAUSE
Capulet, Gräfin Capulet, Wärterin, Bediente

CAPULET:
So viele Gäste lad', als hier geschrieben! *(Ein Bedienter ab)*
Du, Bursch, geh', miet' mir zwanzig tücht'ge Köche!
BEDIENTER: Ihr sollt gewiß keine schlechten kriegen, gnädger Herr; denn ich will erst zusehn, ob sie sich die Finger ablecken können.
CAPULET: Was soll das für eine Probe sein?
BEDIENTER: Ei, gnädiger Herr, das wäre ein schlechter Koch, der seinen eignen Finger nicht ablecken könnte. Drum, wer das nicht kann, der geht nicht mit mir.
CAPULET: Geh, mach fort! – *(Bedienter ab)*
Die Zeit ist kurz, es wird an manchem fehlen. –
Wie ist's? Ging meine Tochter hin zum Pater?
WÄRTERIN: Ja, wahrhaftig.
CAPULET: Wohl! Gutes stiftet er vielleicht bei ihr:
Sie ist ein albern, eigensinnig Ding. *(Julia tritt auf)*
WÄRTERIN: Seht, wie sie fröhlich aus der Beichte kömmt!
CAPULET: Nun, Starrkopf? Sag, wo bist herumgeschwärmt?
JULIA: Wo ich gelernt, die Sünde zu bereun
Hartnäck'gen Ungehorsams gegen Euch
Und Eu'r Gebot, und wo der heil'ge Mann
Mir auferlegt, vor Euch mich hinzuwerfen,
Vergebung zu erflehn. – Vergebt, ich bitt' Euch:
Von nun an will ich stets Euch folgsam sein.
CAPULET: Schickt nach dem Grafen, geht und sagt ihm dies:
Gleich morgen früh will ich dies Band geknüpft sehn.
JULIA: Ich traf den jungen Grafen bei Lorenzo,
Und alle Huld und Lieb' erwies ich ihm,
So das Gesetz der Zucht nicht übertritt.
CAPULET: Nun wohl! das freut mich, das ist gut. – Steh auf!
So ist es recht. – Laßt mich den Grafen sehn!

Potztausend! Geht, sag' ich, und holt ihn her! –
So wahr Gott lebt, der würd'ge fromme Pater,
Von unsrer ganzen Stadt verdient er Dank.
JULIA: Kommt, Amme! Wollt Ihr mit mir auf mein Zimmer,
Mir helfen Putz erlesen, wie Ihr glaubt,
Daß mir geziemt, ihn morgen anzulegen?
GRÄFIN CAPULET: Nein, nicht vor Donnerstag; es hat noch Zeit.
CAPULET: Geh mit ihr, Amme! Morgen geht's zur Kirche.
GRÄFIN CAPULET: *(Julia und die Amme ab)*
Die Zeit wird kurz zu unsrer Anstalt fallen:
Es ist fast Nacht.
CAPULET: Blitz! ich will frisch mich rühren,
Und alles soll schon gehn, Frau, dafür steh' ich.
Geh du zu Julien, hilf an ihrem Putz!
Ich gehe nicht zu Bett: laßt mich gewähren,
Ich will die Hausfrau diesmal machen. – Heda! –
Kein Mensch zur Hand? – Gut, ich will selber gehn
Zum Grafen Paris, um ihn anzutreiben
Auf morgen früh: mein Herz ist mächtig leicht,
Seit dies verkehrte Mädchen sich besonnen.
(Capulet und die Gräfin ab)

Dritte Szene
JULIENS KAMMER
Julia und die Wärterin

JULIA: Ja, dieser Anzug ist der beste. – Doch
Ich bitt' dich, liebe Amme, laß mich nun
Für diese Nacht allein; denn viel Gebete
Tun not mir, um den Himmel zu bewegen,
Daß er auf meinen Zustand gnädig lächle,
Der, wie du weißt, verderbt und sündlich ist.
(Gräfin Capulet kommt)
GRÄFIN CAPULET: Seid ihr geschäftig? Braucht ihr meine Hülfe?

JULIA: Nein, gnäd'ge Mutter, wir erwählten schon
  Zur Tracht für morgen alles Zubehör.
  Gefällt es Euch, so laßt mich jetzt allein,
  Und laßt zu Nacht die Amme mit Euch wachen;
  Denn sicher habt Ihr alle Hände voll
  Bei dieser eil'gen Anstalt.
GRÄFIN CAPULET: Gute Nacht!
  Geh nun zu Bett und ruh'; du hast es nötig.
                    (Gräfin Capulet und die Wärterin ab)
JULIA: Lebt wohl! – Gott weiß, wann wir uns wieder sehn.
  Kalt rieselt matter Schau'r durch meine Adern,
  Der fast die Lebenswärm' erstarren macht.
  Ich will zurück sie rufen mir zum Trost. –
  Amme! – Doch was soll sie hier? –
  Mein düstres Spiel muß ich allein vollenden.
  Komm du, mein Kelch! –
  Doch wie? wenn dieser Trank nun gar nichts wirkte,
  Wird man dem Grafen mit Gewalt mich geben?
  Nein, nein: *dies* soll's verwehren. – Lieg' du hier! –
            (Sie legt einen Dolch neben sich)
  Wie? wär' es Gift, das mir mit schlauer Kunst
  Der Mönch bereitet, mir den Tod zu bringen,
  Auf daß ihn diese Heirat nicht entehre,
  Weil er zuvor mich Romeon vermählt?
  So, fürcht' ich, ist's; doch dünkt mich, kann's nicht sein,
  Denn er ward stets ein frommer Mann erfunden.
  Ich will nicht Raum so bösem Argwohn geben. –
  Wie aber? wenn ich, in die Gruft gelegt,
  Erwache vor der Zeit, da Romeo
  Mich zu erlösen kommt? Furchtbarer Fall!
  Werd' ich dann nicht in dem Gewölb' ersticken,
  Des gift'ger Mund nie reine Lüfte einhaucht,
  Und so erwürgt da liegen, wann er kommt?
  Und leb' ich auch, könnt' es nicht leicht geschehn,
  Daß mich das grause Bild von Tod und Nacht,

Zusammen mit den Schrecken jenes Ortes,
Dort im Gewölb' in alter Katakombe,
Wo die Gebeine aller meiner Ahnen
Seit vielen hundert Jahren aufgehäuft,
Wo frisch beerdigt erst der blut'ge Tybalt
Im Leichentuch verwest; wo, wie man sagt,
In mitternächt'ger Stunde Geister hausen –
Weh, weh! könnt' es nicht leicht geschehn, daß ich,
Zu früh erwachend, – und nun ekler Dunst,
Gekreisch wie von Alraunen, die man aufwühlt,
Das Sterbliche, die's hören, sinnlos macht –
Oh, wach' ich auf, werd' ich nicht rasend werden,
Umringt von all den greuelvollen Schrecken,
Und toll mit meiner Väter Glieder spielen?
Und Tybalt aus dem Leichentuche zerren?
Und in der Wut, mit eines großen Ahnherrn
Gebein, zerschlagen mein zerrüttet Hirn?
O seht! mich dünkt, ich sehe Tybalts Geist!
Er späht nach Romeo, der seinen Leib
Auf einen Degen spießte. – Weile, Tybalt! –
Ich komme, Romeo! Dies trink' ich dir.

(Sie wirft sich auf das Bette)

Vierte Szene
Ein Saal in Capulets Hause
Gräfin Capulet und die Wärterin

Gräfin Capulet:
Da, nehmt die Schlüssel, holt noch mehr Gewürz!
Wärterin: Sie wollen Quitten und Orangen haben
In der Konditorei. *(Capulet kommt)*
Capulet: Kommt, rührt euch! Frisch! Schon kräht der zweite [Hahn,
Die Morgenglocke läutet; 's ist drei Uhr.
Sieh nach dem Backwerk, Frau Angelica,

Spar' nichts daran!
WÄRTERIN: Topfgucker! Geht nur, geht!
Macht Euch zu Bett! – Gelt, Ihr seid morgen krank,
Wenn Ihr die ganze Nacht nicht schlaft.
CAPULET: Kein bißchen! Was? Ich hab' um Kleiners wohl
Die Nächte durchgewacht, und war nie krank.
GRÄFIN CAPULET: Ja, ja! Ihr wart ein feiner Vogelsteller
Zu Eurer Zeit! Nun aber will ich Euch
Vor solchem Wachen schon bewachen.
(Gräfin und Wärterin ab)
CAPULET: O Ehestand! o Wehestand! Nun, Kerl',
Was bringt ihr da?
*(Bediente mit Bratspießen, Scheiten und Körben
gehn über die Bühne)*
ERSTER BEDIENTE:
'S ist für den Koch, Herr; was, das weiß ich nicht.
CAPULET: Macht zu, macht zu! *(Bedienter ab)*
Hol' trockne Klötze, Bursch!
Ruf' Petern, denn der weiß es, wo sie sind.
ZWEITER BEDIENTE:
Braucht Ihr 'nen Klotz, Herr, bin ich selber da,
Und hab' nicht nötig, Petern anzugehn.
CAPULET: Blitz! gut gesagt! Ein lust'ger Teufel! Ha,
Du sollst das Haupt der Klötze sein. – Wahrhaftig,
'S ist Tag: der Graf wird mit Musik gleich kommen.
Das wollt' er, sagt' er ja: ich hör' ihn schon.
(Musik hinter der Szene)
Frau! Wärterin! He, sag' ich, Wärterin! *(Die Wärterin kommt)*
Weckt Julien auf! Geht, putzt mir sie heraus;
Ich geh' indes und plaudre mit dem Grafen.
Eilt Euch, macht fort! Der Bräut'gam ist schon da.
Fort! sag' ich Euch. *(Ab)*

Fünfte Szene
JULIENS KAMMER · JULIA AUF DEM BETTE
Die Wärterin kommt

WÄRTERIN:
Fräulein! Nun, Fräulein! – Julia! – Nun, das schläft! –
He, Lamm! He, Fräulein! – Pfui, Langschläferin! –
Mein Schätzchen, sag' ich! Süßes Herz! Mein Bräutchen! –
Was? nicht ein Laut? – Ihr nehmt Eu'r Teil voraus,
Schlaft für 'ne Woche, denn ich steh' dafür,
Auf nächste Nacht hat seine Ruh' Graf Paris
Daran gesetzt, daß Ihr nicht ruhen sollt. –
Behüt' der Herr sie! Wie gesund sie schläft!
Ich muß sie aber wecken. – Fräulein! Fräulein!
Laßt Euch den Grafen nur im Bett ertappen,
Der wird Euch schon ermuntern: meint Ihr nicht? –
Was? schon in vollen Kleidern? und so wieder
Sich hingelegt? Ich muß durchaus Euch wecken.
He, Fräulein! Fräulein! Fräulein! –
Daß Gott! daß Gott! Zu Hülfe! sie ist tot!
Ach, liebe Zeit! mußt' ich den Jammer sehn! –
Holt Spiritus! He, gnäd'ger Herr! Frau Gräfin!
(Gräfin Capulet kommt)
GRÄFIN CAPULET: Was ist das für ein Lärm?
WÄRTERIN: O Unglückstag!
GRÄFIN CAPULET: Was gibt's?
WÄRTERIN: Seht, seht nur! O betrübter Tag!
GRÄFIN CAPULET:
O weh! o weh! Mein Kind! mein einzig Leben!
Erwach'! Leb' auf! Ich sterbe sonst mit dir.
O Hülfe! Hülfe! Ruft doch Hülfe! *(Capulet kommt)*
CAPULET: Schämt Euch! Bringt Julien her! Der Graf ist da.
WÄRTERIN: Ach, sie ist tot! verblichen! tot! O Wehe!
GRÄFIN CAPULET: O Wehe! Wehe! Sie ist tot, tot, tot!
CAPULET: Laßt mich sie sehn! – Gott helf' uns! Sie ist kalt,
Ihr Blut steht still, die Glieder sind ihr starr;

Von diesen Lippen schied das Leben längst,
Der Tod liegt auf ihr, wie ein Maienfrost
Auf des Gefildes schönster Blume liegt.
Fluch dieser Stund'! Ich armer, alter Mann!
WÄRTERIN: O Unglückstag!
GRÄFIN CAPULET: O jammervolle Stunde!
CAPULET: Der Tod, der mir sie nahm, mir Klagen auszupressen,
Er bindet meine Zung' und macht sie stumm.
(Bruder Lorenzo, Graf Paris und Musikanten treten auf)
LORENZO: Kommt! Ist die Braut bereit, zur Kirch' zu gehn?
CAPULET: Bereit zu gehn, um nie zurück zu kehren.
O Sohn! die Nacht vor deiner Hochzeit buhlte
Der Tod mit deiner Braut. Sieh, wie sie liegt,
Die Blume, die in seinem Arm verblühte.
Mein Eidam ist der Tod, der Tod mein Erbe;
Er freite meine Tochter. Ich will sterben,
Ihm alles lassen: wer das Leben läßt,
Verläßt dem Tode alles.
PARIS: Hab' ich nach dieses Morgens Licht geschmachtet,
Und bietet es mir solchen Anblick dar?
GRÄFIN CAPULET: Unseliger, verhaßter, schwarzer Tag!
Der Stunden jammervollste, so die Zeit
Seit ihrer langen Pilgerschaft gesehn!
Nur eins, ein einzig armes, liebes Kind,
Ein Wesen nur, mich dran zu freun, zu laben;
Und grausam riß es mir der Tod hinweg!
WÄRTERIN: O Weh! O Jammer – Jammer – Jammertag!
Höchst unglücksel'ger Tag! betrübter Tag!
⟨Wie ich noch nimmer, nimmer einen sah!
O Tag! O Tag! O Tag! Verhaßter Tag!⟩
Solch schwarzen Tag wie diesen gab es nie:
O Jammertag! o Jammertag!
PARIS: Berückt! geschieden! schwer gekränkt! erschlagen!
Fluchwürd'ger, arger Tod, durch dich berückt!
Durch dich so grausam, grausam hingestürzt!

O Lieb'! o Leben! Nein, nur Lieb' im Tode!
CAPULET: Verhöhnt! bedrängt! gehaßt! zermalmt! getötet! –
Trostlose Zeit! weswegen kamst du jetzt,
Zu morden, morden unser Freudenfest? –
Kind! Kind! – meine Seel' und nicht mein Kind! –
Tot bist du? – Wehe mir! mein Kind ist tot,
Und mit dem Kinde starben meine Freuden!
LORENZO: Still! Hegt doch Scham! Solch Stürmen stillet nicht
Des Leidens Sturm. Ihr teiltet mit dem Himmel
Dies schöne Mädchen, nun hat *er* sie ganz,
Und um so besser ist es für das Mädchen.
Ihr konntet euer Teil nicht vor dem Tod
Bewahren; seins bewahrt im ew'gen Leben
Der Himmel. Sie erhöhn, war euer Ziel;
Eu'r Himmel war's, wenn sie erhoben würde:
Und weint ihr nun, erhoben sie zu sehn
Hoch über Wolken, wie der Himmel hoch?
Oh, wie verkehrt doch euer Lieben ist!
Verzweifelt ihr, weil ihr sie glücklich wißt?
Die lang' vermählt lebt, ist nicht wohl vermählet;
Wohl ist vermählt, die früh der Himmel wählet.
Hemmt eure Tränen, streuet Rosmarin
Auf diese schöne Leich', und, nach der Sitte,
Tragt sie zur Kirch' in ihrem besten Staat:
Denn heischt gleich die Natur ein schmerzlich Sehnen,
So lacht doch die Vernunft bei ihren Tränen.
CAPULET: Was wir nur irgend festlich angestellt,
Kehrt sich von seinem Dienst zu schwarzer Trauer:
Das Spiel der Saiten wird zum Grabgeläut',
Die Hochzeitlust zum ernsten Leichenmahl,
Aus Feierliedern werden Totenmessen,
⟨Der Brautkranz dient zum Schmucke für die Bahre,⟩
Und alles wandelt sich ins Gegenteil.
LORENZO: Verlaßt sie, Herr; geht mit ihm, gnäd'ge Frau;
Auch Ihr, Graf Paris: macht euch alle fertig,

Der schönen Leiche hin zur Gruft zu folgen!
Der Himmel zürnt mit euch um sünd'ge Tat;
Reizt ihn nicht mehr, gehorcht dem hohen Rat!
  (Capulet, Gräfin Capulet, Paris und Lorenzo ab)
ERSTER MUSIKANT: Mein' Seel'! wir können unsre Pfeifen auch nur einstecken und uns packen.
WÄRTERIN: Ihr guten Leute, ja, steckt ein! steckt ein!
Die Sachen hier sehn gar erbärmlich aus. *(Ab)*
ZWEITER MUSIKANT *(zeigt auf sein Instrument)*: Ja, meiner Treu, die Sachen hier könnten wohl besser aussehen, aber sie klingen doch gut.
PETER: O Musikanten! Musikanten! Spielt:
  »Frisch auf, mein Herz! frisch auf, mein Herz, und singe!«
O spielt, wenn euch mein Leben lieb ist, spielt:
  »Frisch auf, mein Herz!«
ERSTER MUSIKANT: Warum: »Frisch auf, mein Herz?«
PETER: O Musikanten, weil mein Herz selber spielt: »Mein Herz voll Angst und Nöten«. O spielt mir eine lustige Litanei, um mich aufzurichten!
ZWEITER MUSIKANT: Nichts da von Litanei! Es ist jetzt nicht Spielens Zeit.
PETER: Ihr wollt es also nicht?
MUSIKANTEN: Nein.
PETER: Nun, so will ich es euch schon eintränken.
ERSTER MUSIKANT: Was wollt Ihr uns eintränken?
PETER: Keinen Wein, wahrhaftig; ich will euch eure Instrumente um den Kopf schlagen. Ich will euch befa–sol–laen. Das notiert euch!
ERSTER MUSIKANT: Wenn Ihr uns befa–sol–laet, so notiert Ihr uns.
PETER: Hört, spannt mir einmal eure Schafsköpfe, wie die Schafsdärme an euren Geigen. Antwortet verständlich:
  »Wenn in der Leiden hartem Drang
  Das bange Herze will erliegen,
  Musik mit ihrem Silberklang« –

Warum »Silberklang«? Warum »Musik mit ihrem Silberklang«? Was sagt Ihr, Hans Kolophonium?

ERSTER MUSIKANT: Ei nun, Musje, weil Silber einen feinen Klang hat.

PETER: Recht artig! Was sagt Ihr, Michel Hackebrett?

ZWEITER MUSIKANT: Ich sage »Silberklang«, weil Musik nur für Silber klingt.

PETER: Auch recht artig! Was sagt Ihr, Jakob Gellohr?

DRITTER MUSIKANT: Mein' Seel', ich weiß nicht, was ich sagen soll.

PETER: Oh, ich bitte Euch um Vergebung! Ihr seid der Sänger, Ihr singt nur; so will ich es denn für Euch sagen. Es heißt »Musik mit ihrem Silberklang«, weil solche Kerle, wie ihr, kein Gold fürs Spielen kriegen.

»Musik mit ihrem Silberklang
Weiß hülfreich ihnen obzusiegen.«

(Geht singend ab)

ERSTER MUSIKANT: Was für ein Schalksnarr ist der Kerl!

ZWEITER MUSIKANT: Hol' ihn der Henker! Kommt, wir wollen hier hincingehn, auf die Trauerleute warten, und sehen, ob es nichts zu essen gibt. *(Alle ab)*

Fünfter Aufzug

Erste Szene
MANTUA · EINE STRASSE
Romeo tritt auf

ROMEO: Darf ich dem Schmeichelblick des Schlafes traun,
So deuten meine Träum' ein nahes Glück.
Leicht auf dem Thron sitzt meiner Brust Gebieter;
Mich hebt ein ungewohnter Geist mit frohen
Gedanken diesen ganzen Tag empor.
Mein Mädchen, träumt' ich, kam und fand mich tot
(Seltsamer Traum, der Tote denken läßt!)
Und hauchte mir solch Leben ein mit Küssen,
Daß ich vom Tod erstand und Kaiser war.
Ach Herz! wie süß ist Liebe selbst begabt,
Da schon so reich an Freud' ihr Schatten ist!
(Balthasar tritt auf)
Ha, Neues von Verona! Sag, wie steht's?
Bringst du vom Pater keine Briefe mit?
Was macht mein teures Weib? Wie lebt mein Vater?
Ist meine Julia wohl? das frag' ich wieder;
Denn nichts kann übel stehn, geht's ihr nur wohl.
BALTHASAR: Nun, ihr geht's wohl, und nichts kann übel stehn.
Ihr Körper schläft in Capulets Begräbnis,
Und ihr unsterblich Teil lebt bei den Engeln.
Ich sah sie senken in der Väter Gruft,
Und ritt in Eil' hieher, es Euch zu melden.
O Herr, verzeiht die schlimme Botschaft mir,
Weil Ihr dazu den Auftrag selbst mir gabt.
ROMEO: Ist es denn so? Ich biet' euch Trotz, ihr Sterne! –
Du kennst mein Haus: hol' mir Papier und Dinte
Und miete Pferde; ich will fort zu Nacht.

BALTHASAR: Verzeiht, ich darf Euch so nicht lassen, Herr!
Ihr seht so blaß und wild, und Eure Blicke
Weissagen Unglück.
ROMEO: Nicht doch, du betrügst dich.
Laß mich, und tu', was ich dich heiße tun!
Hast du für mich vom Pater keine Briefe?
BALTHASAR: Nein, bester Herr.
ROMEO: Es tut nichts; mach' dich auf
Und miete Pferd', ich komme gleich zu Haus. *(Balthasar ab)*
Wohl, Julia, heute nacht ruh' ich bei dir!
Ich muß auf Mittel sinnen. – Oh, wie schnell
Drängt Unheil sich in der Verzweiflung Rat!
Mir fällt ein Apotheker ein; er wohnt
Hier irgendwo herum. – Ich sah ihn neulich,
Zerlumpt, die Augenbrauen überhangend;
Er suchte Kräuter aus; hohl war sein Blick,
Ihn hatte herbes Elend ausgemergelt;
Ein Schildpatt hing in seinem dürft'gen Laden,
Ein ausgestopftes Krokodil und Häute
Von mißgestalten Fischen: auf dem Sims
Ein bettelhafter Prunk von leeren Büchsen
Und grüne Töpfe, Blasen, müff'ger Samen,
Bindfaden-Endchen, alte Rosenkuchen,
Das alles dünn verteilt, zur Schau zu dienen.
Betrachtend diesen Mangel, sagt' ich mir:
Bedürfte jemand Gift hier, des Verkauf
In Mantua sogleich zum Tode führt,
Da lebt ein armer Schelm, der's ihm verkaufte.
Oh, der Gedanke zielt' auf mein Bedürfnis,
Und dieser dürft'ge Mann muß mir's verkaufen.
So viel ich mich entsinn', ist dies das Haus:
Weil's Festtag ist, schloß seinen Kram der Bettler.
He! holla! Apotheker!
(Der Apotheker kommt heraus)
APOTHEKER: Wer ruft so laut?

ROMEO: Mann, komm hieher! – Ich sehe, du bist arm.
　Nimm, hier sind vierzig Stück Dukaten: gib
　Mir eine Dose Gift; solch scharfen Stoff,
　Der schnell durch alle Adern sich verteilt,
　Daß tot der lebensmüde Trinker hinfällt,
　Und daß die Brust den Odem von sich stößt
　So ungestüm, wie schnell entzündet Pulver
　Aus der Kanone furchtbar'm Schlunde blitzt.
APOTHEKER: So tödliche Arzneien hab' ich wohl,
　Doch Mantuas Gesetz ist Tod für jeden,
　Der feil sie gibt.
ROMEO: 　　　　　Bist du so nackt und bloß,
　Von Plagen so bedrückt, und scheust den Tod?
　Der Hunger sitzt in deinen hohlen Backen,
　Not und Bedrängnis darbt in deinem Blick,
　Auf deinem Rücken hängt zerlumptes Elend,
　Die Welt ist nicht dein Freund, noch ihr Gesetz;
　Die Welt hat kein Gesetz, dich reich zu machen:
　Drum sei nicht arm, brich das Gesetz und nimm!
APOTHEKER: Nur meine Armut, nicht mein Wille weicht.
ROMEO: Nicht deinem Willen, deiner Armut zahl' ich.
APOTHEKER: Tut dies in welche Flüssigkeit Ihr wollt,
　Und trinkt es aus; und hättet Ihr die Stärke
　Von Zwanzigen, es hülf' Euch gleich davon.
ROMEO: Da ist dein Gold, ein schlimmres Gift den Seelen
　Der Menschen, das in dieser eklen Welt
　Mehr Mord verübt, als diese armen Tränkchen,
　Die zu verkaufen dir verboten ist.
　Ich gebe Gift dir; du verkaufst mir keins.
　Leb wohl, kauf' Speis' und füttre dich heraus! –
　Komm, Stärkungstrank, nicht Gift! Begleite mich
　Zu Juliens Grab: denn da bedarf ich dich.　　　　*(Ab)*

Zweite Szene
Lorenzos Zelle
Bruder Marcus kömmt

Marcus: Ehrwürd'ger Bruder Franziskaner! he!
 (Bruder Lorenzo kömmt)
Lorenzo: Das ist ja wohl des Bruders Marcus Stimme –
 Willkommen mir von Mantua! Was sagt
 Denn Romeo? Faßt' er es schriftlich ab,
 So gib den Brief!
Marcus: Ich ging, um einen Bruder
 Barfüßer unsers Ordens, der den Kranken
 In dieser Stadt hier zuspricht, zum Geleit
 Mir aufzusuchen; und da ich ihn fand,
 Argwöhnten die dazu bestellten Späher,
 Wir wären beid' in einem Haus, in welchem
 Die böse Seuche herrschte, siegelten
 Die Türen zu und ließen uns nicht gehn.
 Dies hielt mich ab, nach Mantua zu eilen.
Lorenzo: Wer trug denn meinen Brief zum Romeo?
Marcus: Da hast du ihn, ich konnt' ihn nicht bestellen:
 Ihn dir zu bringen, fand kein Bote sich,
 So bange waren sie vor Ansteckung.
Lorenzo: Unsel'ges Mißgeschick! Bei meinem Orden,
 Nicht eitel war der Brief: sein Inhalt war
 Von teuren Dingen, und die Säumnis kann
 Gefährlich werden. Bruder Marcus, geh,
 Hol' ein Brecheisen mir und bring's sogleich
 In meine Zell'!
Marcus: Ich geh' und bring's dir, Bruder. *(Ab)*
Lorenzo: Ich muß allein zur Gruft nun. Innerhalb
 Drei Stunden wird das schöne Kind erwachen;
 Verwünschen wird sie mich, weil Romeo
 Vom ganzen Vorgang nichts erfahren hat.
 Doch schreib' ich gleich aufs neu' nach Mantua,

Und berge sie so lang' in meiner Zell',
Bis ihr Geliebter kömmt. Die arme Seele!
Lebend'ge Leich' in dumpfer Grabeshöhle! *(Ab)*

Dritte Szene
EIN KIRCHHOF; AUF DEMSELBEN DAS FAMILIEN-BEGRÄBNIS
DER CAPULETS
Paris und sein Page, mit Blumen und einer Fackel, treten auf

PARIS: Gib mir die Fackel, Knab', und halt' dich fern. –
Nein, lisch sie aus: man soll mich hier nicht sehn.
Dort unter jenen Ulmen streck' dich hin,
Und leg' dein Ohr dicht an den hohlen Grund:
So kann kein Fuß auf diesen Kirchhof treten,
Der locker aufgewühlt von vielen Gräbern,
Daß du's nicht hörest; pfeife dann mir zu,
Zum Zeichen, daß du etwas nahen hörst!
Gib mir die Blumen, tu', wie ich dir sagte!
PAGE: Fast grauet mir, so auf dem Kirchhof hier
Allein zu bleiben; doch ich will es wagen. *(Entfernt sich)*
PARIS: Dein bräutlich Bett bestreu' ich, süße Blume,
Mit Blumen dir; du schließest, holdes Grab,
Der sel'gen Welt vollkommnes Muster ein.
O schöne Julia! Engeln zugesellt,
Nimm diese letzte Gab' aus dessen Händen,
Der dich im Leben ehrte, und im Tod
Mit Preis und Klage deine Ruh'statt ziert.
(Der Knabe pfeift)
Der Bube gibt ein Zeichen: jemand naht.
Welch ein verdammter Fuß kömmt dieses Wegs
Und stört die Leichenfeier frommer Liebe?
Mit einer Fackel? wie? Verhülle, Nacht,
Ein Weilchen mich! *(Er tritt beiseite)*
(Romeo und Balthasar mit einer Fackel, Haue u. s. w.)

Romeo: Gib mir das Eisen und die Haue her!
Nimm diesen Brief: früh morgens siehe zu,
Daß du ihn meinem Vater überreichst.
Gib mir das Licht! Aufs Leben bind' ich's dir:
Was du auch hörst und siehst, bleib' in der Ferne,
Und unterbrich mich nicht in meinem Tun!
Ich steig' in dieses Todesbett hinab,
Teils meiner Gattin Angesicht zu sehn,
Vornehmlich aber einen kostbar'n Ring
Von ihren toten Fingern abzuziehn,
Den ich zu einem wicht'gen Werk bedarf.
Drum auf und geh! Und kehrest du zurück,
Vorwitzig meiner Absicht nachzuspähn,
Bei Gott! so reiß ich dich in Stücke, säe
Auf diesen gier'gen Boden deine Glieder.
Die Nacht und mein Gemüt sind wütend-wild.
Viel grimmer und viel unerbittlicher
Als durst'ge Tiger und die wüste See.
Balthasar: So will ich weggehn, Herr, und Euch nicht stören.
Romeo: Dann tust du als mein Freund. Nimm, guter Mensch,
Leb' und sei glücklich, und gehab' dich wohl!
Balthasar *(für sich)*:
Trotz allem dem will ich mich hier verstecken:
Ich trau' ihm nicht, sein Blick erregt mir Schrecken.
(Entfernt sich)
Romeo: O du verhaßter Schlund! du Bauch des Todes!
Der du der Erde Köstlichstes verschlangst,
So brech' ich deine morschen Kiefern auf
Und will, zum Trotz, noch mehr dich überfüllen.
(Er bricht die Türe des Gewölbes auf)
Paris: Ha! der verbannte, stolze Montague,
Der Juliens Vetter mordete; man glaubt,
An diesem Grame starb das holde Wesen;
Hier kommt er nun, um niederträcht'gen Schimpf
Den Leichen anzutun: ich will ihn greifen. –

(Tritt hervor)
Laß dein verruchtes Werk, du Montague!
Wird Rache übern Tod hinaus verfolgt?
Verdammter Bube! ich verhafte dich:
Gehorch' und folge mir, denn du mußt sterben.
ROMEO: Fürwahr, das muß ich: darum kam ich her.
Versuch' nicht, guter Jüngling, den Verzweifelnden!
Entflieh' und laß mich; denke dieser Toten!
Laß sie dich schrecken! – Ich beschwör' dich, Jüngling,
Lad' auf mein Haupt nicht eine neue Sünde,
Wenn du zur Wut mich reizest; geh, o geh!
Bei Gott, ich liebe mehr dich als mich selbst,
Denn gegen mich gewaffnet komm' ich her.
Fort! eile! leb' und nenn barmherzig ihn,
Den Rasenden, der dir gebot zu fliehn!
PARIS: Ich kümmre mich um dein Beschwören nicht
Und greife dich als Missetäter hier.
ROMEO: Willst du mich zwingen? Knabe, sieh dich vor!
(Sie fechten)
PAGE: Sie fechten! Gott! Ich will die Wache rufen.
PARIS: Oh, ich bin hin! – *(Fällt)* Hast du Erbarmen, öffne
Die Gruft und lege mich zu Julien! *(Er stirbt)*
ROMEO: Auf Ehr', ich will's. – Laßt sein Gesicht mich schaun:
Mercutios edler Vetter ist's, Graf Paris!
Was sagte doch mein Diener, weil wir ritten,
Als die bestürmte Seel' es nicht vernahm? –
Ich glaube: Julia habe sich mit Paris
Vermählen sollen; sagt' er mir nicht so?
Wie, oder träumt' ich's? oder bild' ich's mir
Im Wahnsinn ein, weil er von Julien sprach?
Oh, gib mir deine Hand, du, so wie ich
Ins Buch des herben Unglücks eingezeichnet!
Ein siegeprangend Grab soll dich empfangen.
Ein Grab? Nein, eine Leucht', erschlagner Jüngling!
Denn hier liegt Julia: ihre Schönheit macht

Zur lichten Feierhalle dies Gewölb'.
Da lieg' begraben, Tod, von einem Toten! –
       (Er legt den Paris in das Begräbnis)
Wie oft sind Menschen, schon des Todes Raub,
Noch fröhlich worden! Ihre Wärter nennen's
Den letzten Lebensblitz. Wohl mag dann dies
Ein Blitz mir heißen. – O mein Herz! mein Weib!
Der Tod, der deines Odems Balsam sog,
Hat über deine Schönheit nichts vermocht.
Noch bist du nicht besiegt: der Schönheit Fahne
Weht purpurn noch auf Lipp' und Wange dir;
Hier pflanzte nicht der Tod sein bleiches Banner. –
Liegst du da, Tybalt, in dem blut'gen Tuch?
Oh, welchen größern Dienst kann ich dir tun,
Als mit der Hand, die deine Jugend fällte,
Des Jugend, der dein Feind war, zu zerreißen?
Vergib mir, Vetter! – Liebe Julia,
Warum bist du so schön noch? Soll ich glauben –
Ja, glauben will ich (komm, lieg' mir im Arm!),
Der körperlose Tod entbrenn' in Liebe,
Und der verhaßte, hagre Unhold halte
Als seine Buhle hier im Dunkel dich.
Aus Furcht davor will ich dich nie verlassen,
Und will aus diesem Palast dichter Nacht
Nie wieder weichen. Hier, hier will ich bleiben
Mit Würmern, so dir Dienerinnen sind.
Oh, hier bau' ich die ew'ge Ruh'statt mir,
Und schüttle von dem lebensmüden Leibe
Das Joch feindseliger Gestirne. – Augen,
Blickt euer Letztes! Arme, nehmt die letzte
Umarmung! und, o Lippen, ihr, die Tore
Des Odems, siegelt mit rechtmäß'gem Kusse
Den ewigen Vertrag dem Wuch'rer Tod!
Komm, bittrer Führer! widriger Gefährt'!
Verzweifelter Pilot! Nun treib' auf einmal

Dein sturmerkranktes Schiff in Felsenbrandung!
Dies auf dein Wohl, wo du auch stranden magst!
Dies meiner Lieben! – *(Er trinkt)* O wackrer Apotheker!
Dein Trank wirkt schnell. – Und so im Kusse sterb' ich.
(Er stirbt)
(Bruder Lorenzo kommt am andern Ende des Kirchhofes mit Laterne, Brecheisen und Spaten)

LORENZO: Helf' mir Sankt Franz! Wie oft sind über Gräber
Nicht meine alten Füße schon gestolpert!
Wer ist da?
BALTHASAR: Ein Freund, und einer, dem Ihr wohl bekannt.
LORENZO: Gott segne dich! Sag mir, mein guter Freund,
Welch eine Fackel ist's, die dort ihr Licht
Umsonst den Würmern leiht und blinden Schädeln?
Mir scheint, sie brennt in Capulets Begräbnis.
BALTHASAR: Ja, würd'ger Pater, und mein Herr ist dort,
Ein Freund von Euch.
LORENZO: Wer ist es?
BALTHASAR: Romeo.
LORENZO: Wie lange schon?
BALTHASAR: Voll eine halbe Stunde.
LORENZO: Geh mit mir zu der Gruft!
BALTHASAR: Ich darf nicht, Herr.
Mein Herr weiß anders nicht, als ich sei fort,
Und drohte furchtbarlich den Tod mir an,
Blieb' ich, um seinen Vorsatz auszuspähn.
LORENZO: So bleib': ich geh' allein. – Ein Grau'n befällt mich;
Oh, ich befürchte sehr ein schlimmes Unglück!
BALTHASAR: Derweil ich unter dieser Ulme schlief,
Träumt' ich, mein Herr und noch ein andrer föchten,
Und er erschlüge jenen.
LORENZO: Romeo? *(Er geht weiter nach vorn)*
O wehe, weh mir! Was für Blut befleckt
Die Steine hier an dieses Grabmals Schwelle?
Was wollen diese herrenlosen Schwerter,

Daß sie verfärbt hier liegen an der Stätte
Des Friedens? *(Er geht in das Begräbnis)*
                Romeo? – Ach, bleich! Wer sonst?
Wie? Paris auch? und in sein Blut getaucht? –
Oh, welche unmitleid'ge Stund' ist schuld
An dieser kläglichen Begebenheit? –
Das Fräulein regt sich.

JULIA *(erwachend)*: O Trostesbringer! Wo ist mein Gemahl?
Ich weiß recht gut noch, wo ich sollte sein:
Da bin ich auch. – Wo ist mein Romeo?
         (Geräusch von Kommenden)

LORENZO: Ich höre Lärm. – Kommt, Fräulein, flieht die Grube
Des Tods, der Seuchen, des erzwungnen Schlafs:
Denn eine Macht, zu hoch dem Widerspruch,
Hat unsern Rat vereitelt. Komm, o komm!
Dein Gatte liegt an deinem Busen tot,
Und Paris auch; komm, ich versorge dich
Bei einer Schwesterschaft von heil'gen Nonnen.
Verweil' mit Fragen nicht: die Wache kömmt.
Geh, gutes Kind! *(Geräusch hinter der Szene)*
         Ich darf nicht länger bleiben.   *(Ab)*

JULIA: Geh nur, entweich'! denn ich will nicht von hinnen. –
Was ist das hier? Ein Becher, festgeklemmt
In meines Trauten Hand? – Gift, seh' ich, war
Sein Ende vor der Zeit. – O Böser! Alles
Zu trinken, keinen güt'gen Tropfen mir
Zu gönnen, der mich zu dir brächt'? – Ich will
Dir deine Lippen küssen. Ach, vielleicht
Hängt noch ein wenig Gift daran, und läßt mich
An einer Labung sterben. *(Sie küßt ihn)* Deine Lippen
Sind warm. –

WÄCHTER *(hinter der Szene)*: Wo ist es, Knabe? Führ' uns!

JULIA: Wie? Lärm? – Dann schnell nur! –
         (Sie ergreift Romeos Dolch)
                O willkommner Dolch!

Dies werde deine Scheide! *(Ersticht sich)* Roste da,
Und laß mich sterben! *(Sie fällt auf Romeos Leiche, und stirbt)*
(Wache mit dem Pagen des Paris)
PAGE: Dies ist der Ort: da, wo die Fackel brennt.
ERSTER WÄCHTER:
Der Boden ist voll Blut: sucht auf dem Kirchhof,
Ein Paar von euch; geht, greifet, wen ihr trefft!
(Einige von der Wache ab)
Betrübt zu sehn! Hier liegt der Graf erschlagen,
Und Julia blutend, warm und kaum verschieden,
Die schon zwei Tage hier begraben lag. –
Geht, sagt's dem Fürsten! Weckt die Capulets!
Lauft zu den Montagues! Ihr andern sucht!
(Andre Wächter ab)
Wir sehn den Grund, der diesen Jammer trägt;
Allein den wahren Grund des bittern Jammers
Erfahren wir durch näh're Kundschaft nur.
(Einige von der Wache kommen mit Balthasar)
ZWEITER WÄCHTER: Hier ist der Diener Romeos; wir fanden
Ihn auf dem Kirchhof.
ERSTER WÄCHTER: Bewahrt ihn sicher, bis der Fürst erscheint!
(Ein andrer Wächter mit Lorenzo)
DRITTER WÄCHTER:
Hier ist ein Mönch, der zittert, weint und ächzt;
Wir nahmen ihm den Spaten und die Haue,
Als er von jener Seit' des Kirchhofs kam.
ERSTER WÄCHTER:
Verdächt'ges Zeichen! Haltet auch den Mönch!
(Der Prinz und Gefolge)
PRINZ: Was für ein Unglück ist so früh schon wach,
Das uns aus unsrer Morgenruhe stört?
(Capulet, Gräfin Capulet und andre kommen)
CAPULET: ⟨Was ist's, daß draußen so die Leute schrein?⟩
[GRÄFIN CAPULET]: Das Volk ruft auf den Straßen: »Romeo«,
Und »Julia«, und »Paris«; alles rennt

Mit lautem Ausruf unserm Grabmal zu.
PRINZ: Welch Schrecken ist's, das unser Ohr betäubt?
ERSTER WÄCHTER:
Durchlaucht'ger Herr, entleibt liegt hier Graf Paris;
Tot Romeo; und Julia, tot zuvor,
Noch warm und erst getötet.
PRINZ: Sucht, späht, erforscht die Täter dieser Greuel!
ERSTER WÄCHTER: Hier ist ein Mönch und Romeos Bedienter.
Man fand Gerät bei ihnen, das die Gräber
Der Toten aufzubrechen dient.
CAPULET: O Himmel!
O Weib! sieh hier, wie unsre Tochter blutet!
Der Dolch hat sich verirrt; sieh, seine Scheide
Liegt ledig auf dem Rücken Montagues,
Er selbst steckt fehl in unsrer Tochter Busen.
GRÄFIN CAPULET: O weh mir! Dieser Todesanblick mahnt
Wie Grabgeläut' mein Alter an die Grube.
(Montague und andre kommen)
PRINZ: Komm, Montague! Früh hast du dich erhoben,
Um früh gefallen deinen Sohn zu sehn.
MONTAGUE: Ach, gnäd'ger Fürst, mein Weib starb diese Nacht:
Gram um des Sohnes Bann entseelte sie.
Welch neues Leid bricht auf mein Alter ein?
PRINZ: Schau hin, und du wirst sehn.
MONTAGUE: O Ungeratner! was ist das für Sitte,
Vor deinem Vater dich ins Grab zu drängen?
PRINZ: Versiegelt noch den Mund des Ungestüms,
Bis wir die Dunkelheiten aufgehellt
Und ihren Quell und wahren Ursprung wissen.
Dann will ich Eurer Leiden Hauptmann sein,
Und selbst zum Tod Euch führen. – Still indes!
Das Mißgeschick sei Sklave der Geduld. –
Führt die verdächtigen Personen vor!
LORENZO: Mich trifft, obschon den unvermögendsten,
Am meisten der Verdacht des grausen Mordes,

Weil Zeit und Ort sich gegen mich erklärt.
Hier steh' ich, mich verdammend und verteid'gend,
Der Kläger und der Anwalt meiner selbst.
PRINZ: So sag ohn' Umschweif, was du hievon weißt!
LORENZO: Kurz will ich sein, denn kurze Frist des Odems
Versagt gedehnte Reden. Romeo,
Der tot hier liegt, war dieser Julia Gatte,
Und sie, die tot hier liegt, sein treues Weib.
Ich traute heimlich sie; ihr Hochzeittag
War Tybalts letzter, des unzeit'ger Tod
Den jungen Gatten aus der Stadt verbannte;
Und Julia weint' um ihn, nicht um den Vetter.
Ihr, um den Gram aus ihrer Brust zu treiben,
Verspracht und wolltet sie dem Grafen Paris
Vermählen mit Gewalt. – Da kömmt sie zu mir
Mit wildem Blick, heißt mich auf Mittel sinnen,
Um dieser zweiten Heirat zu entgehn,
Sonst wollt' in meiner Zelle sie sich töten.
Da gab ich, so belehrt durch meine Kunst,
Ihr einen Schlaftrunk; er bewies sich wirksam
Nach meiner Absicht, denn er goß den Schein
Des Todes über sie. Indessen schrieb ich
An Romeo, daß er sich herbegäbe,
Und hülf' aus dem erborgten Grab sie holen
In dieser Schreckensnacht, als um die Zeit,
Wo jenes Trankes Kraft erlösche. Doch
Den Träger meines Briefs, den Bruder Marcus,
Hielt Zufall auf, und gestern abend bracht' er
Ihn mir zurück. Nun ging ich ganz allein
Um die bestimmte Stunde des Erwachens,
Sie zu befrein aus ihrer Ahnen Gruft,
Und dacht' in meiner Zelle sie zu bergen,
Bis ich es Romeon berichten könnte.
Doch wie ich kam, Minuten früher nur,
Eh' sie erwacht, fand ich hier tot zu früh

Den treuen Romeo, den edlen Paris.
Jetzt wacht sie auf; ich bat sie, fortzugehn
Und mit Geduld des Himmels Hand zu tragen:
Doch da verscheucht' ein Lärm mich aus der Gruft.
Sie, in Verzweiflung, wollte mir nicht folgen
Und tat, so scheint's, sich selbst ein Leides an.
Dies weiß ich nur; und ihre Heirat war
Der Wärterin vertraut. Ist etwas hier
Durch mich verschuldet, laßt mein altes Leben,
Nur wenig Stunden vor der Zeit, der Härte
Des strengsten Richterspruchs geopfert werden!
PRINZ: Wir kennen dich als einen heil'gen Mann. –
Wo ist der Diener Romeos? Was sagt er?
BALTHASAR: Ich brachte meinem Herrn von Juliens Tod
Die Zeitung, und er ritt von Mantua
In Eil' zu diesem Platz, zu diesem Grabmal.
Den Brief hier gab er mir für seinen Vater,
Und drohte Tod mir, gehend in die Gruft,
Wo ich mich nicht entfernt' und dort ihn ließe.
PRINZ: Gib mir den Brief; ich will ihn überlesen. –
Wo ist der Bub' des Grafen, der die Wache
Geholt? – Sag, Bursch, was machte hier dein Herr?
PAGE: Er kam, um Blumen seiner Braut aufs Grab
Zu streun, und hieß mich fern stehn, und das tat ich.
Drauf naht sich wer mit Licht, das Grab zu öffnen,
Und gleich zog gegen ihn mein Herr den Degen;
Und da lief ich davon und holte Wache.
PRINZ: Hier dieser Brief bewährt das Wort des Mönchs,
Den Liebesbund, die Zeitung ihres Todes:
Auch schreibt er, daß ein armer Apotheker
Ihm Gift verkauft, womit er gehen wolle
Zu Juliens Gruft, um neben ihr zu sterben. –
Wo sind sie, diese Feinde? – Capulet! Montague!
Seht, welch ein Fluch auf eurem Hasse ruht,
Daß eure Freuden Liebe töten muß!

Auch ich, weil ich dem Zwiespalt nachgesehn,
Verlor ein paar Verwandte: – Alle büßen.
CAPULET: O Bruder Montague, gib mir die Hand:
Das ist das Leibgedinge meiner Tochter,
Denn mehr kann ich nicht fordern.
MONTAGUE: Aber ich
Vermag dir mehr zu geben; denn ich will
Aus klarem Gold ihr Bildnis fert'gen lassen.
Solang' Verona seinen Namen trägt,
Komm' nie ein Bild an Wert dem Bilde nah
Der treuen, liebevollen Julia.
CAPULET: So reich will ich es Romeon bereiten:
Die armen Opfer unsrer Zwistigkeiten!
PRINZ: Nur düstern Frieden bringt uns dieser Morgen;
Die Sonne scheint, verhüllt vor Weh, zu weilen.
Kommt, offenbart mir ferner, was verborgen:
Ich will dann strafen, oder Gnad' erteilen;
Denn niemals gab es ein so herbes Los
Als Juliens und ihres Romeos. *(Alle ab)*

OTHELLO

Personen

HERZOG von Venedig
BRABANTIO, Senator
Mehrere Senatoren
GRATIANO } Verwandte des Brabantio
LODOVICO
OTHELLO, Feldherr: Mohr
CASSIO, sein Leutnant
JAGO, sein Fähndrich
RODRIGO, ein junger Venetianer
MONTANO, Statthalter von Cypern
Ein Diener des Othello
HEROLD

DESDEMONA, Brabantios Tochter
EMILIE, Jagos Frau
BIANCA, Kurtisane

Offiziere, Edelleute, Boten, Musikanten,
Matrosen, Gefolge u. s. w.

Szene im ersten Aufzug in Venedig; hernach in Cypern

Erster Aufzug

Erste Szene
VENEDIG · EINE STRASSE
Es treten auf Rodrigo und Jago

RODRIGO: Sag mir nur nichts, – denn damit kränkst du mich,
Daß, Jago, du, der meine Börse führte,
Als wär' sie dein –, die Sache schon gewußt.
JAGO: Ihr hört ja nicht! –
Hab' ich mir je davon was träumen lassen,
Verabscheut mich!
RODRIGO: Du hast mir stets gesagt, du hassest ihn!
JAGO: Verachte mich, wenn's nicht so ist!
Drei Mächtige aus dieser Stadt, persönlich
Bemüht, zu seinem Leutnant mich zu machen,
Hofierten ihm: und, auf Soldatenwort,
Ich kenne meinen Preis –, das kommt mir zu.
Doch er, verliebt in seinen Stolz und Dünkel,
Weicht ihnen aus, mit Schwulst, weit hergeholt,
Den er staffiert mit grausen Kriegssentenzen,
Und, kurz und gut,
Schlägt's meinen Gönnern ab: denn »traun,« – so spricht er –
»Ernannt schon hab' ich meinen Offizier.«
Und wer ist dieser?
Seht mir! ein gar ausbünd'ger Rechenmeister,
Ein Michael Cassio, ein Florentiner,
Ein Wicht, zum schmucken Weibe fast versündigt,
Der niemals eine Schar ins Feld geführt,
Noch von der Heeresordnung mehr versteht
Als Jüngferchen; nur Büchertheorie,
Von der in seiner Toga wohl ein Ratsherr
So weislich spricht, als er – all seine Kriegskunst

Geschwätz, nicht Praxis –, *der* nun wird erwählt;
Und ich, von dem sein Auge Proben sah
Zu Rhodus, Cypern und auf anderm Boden,
Christlich und heidnisch, komm' um Wind und Flut
Durch solchen Rechenknecht, solch Einmaleins;
Der, wohl bekomm's ihm, muß sein Leutnant sein,
Und ich – Gott besser's! – seiner Mohrschaft Fähndrich.
RODRIGO: Bei Gott! sein Henker würd' ich lieber sein! –
JAGO: Da hilft nichts für; das ist der Fluch des Dienstes.
Beförd'rung geht Euch nach Empfehl' und Gunst,
Nicht nach eh'mal'gem Rang, wo jeder zweite
Den Platz des Vormanns erbt. Urteilt nun selbst,
Ob mich wohl irgend Recht und Dank verpflichtet,
Zu lieben diesen Mohren.
RODRIGO: So dient' ich ihm auch nicht.
JAGO: Oh, seid ganz ruhig!
Ich dien' ihm, um mir's einzubringen; ei, wir können
Nicht alle Herrn sein, nicht kann jeder Herr
Getreue Diener haben. Seht Ihr doch
So manchen pflicht'gen, kniegebeugten Schuft,
Der, ganz verliebt in seine Sklavenfessel,
Ausharrt, recht wie die Esel seines Herrn,
Ums Heu, und wird im Alter fortgejagt. –
Peitscht mir solch redlich Volk! Dann gibt es andre,
Die, ausstaffiert mit Blick und Form der Demut,
Ein Herz bewahren, das nur sich bedenkt;
Die nur Scheindienste liefern ihren Obern,
Durch sie gedeihn und, wann ihr Pelz gefüttert,
Sich selbst Gebieter sind. Die Burschen haben Witz,
Und dieser Zunft zu folgen ist mein Stolz.
Denn, Freund,
'S ist so gewiß, als Ihr Rodrigo heißt,
Wär' ich der Mohr, nicht möcht' ich Jago sein.
Wenn ich ihm diene, dien' ich nur mir selbst;
Der Himmel weiß es! nicht aus Lieb' und Pflicht,

Nein, nur zum Schein, für meinen eignen Zweck:
Denn wenn mein äußres Tun je offenbart
Des Herzens angeborne Art und Neigung
In Haltung und Gebärde, dann alsbald
Will ich mein Herz an meinem Ärmel tragen
Als Fraß für Kräh'n. Ich bin nicht, was ich bin! –
RODRIGO: Welch reiches Glück fällt dem Dickmäul'gen zu,
Wenn ihm der Streich gelingt! –
JAGO: Ruft auf den Vater,
Hetzt den ihm nach; vergiftet seine Lust,
Schreit's durch die Stadt, macht ihre Vettern wild,
Und ob er unter mildem Himmel wohnt,
Plagt ihn mit Fliegen; ist die Freud' ihm Freude,
Versetzt sie dennoch ihm mit so viel Pein,
Daß sie etwas erbleiche!
RODRIGO: Hier ist des Vaters Haus; ich ruf' ihn laut.
JAGO: Das tut, mit gleichem Angstruf und Geheul,
Als wenn bei Nacht und Lässigkeit ein Feuer
Erspäht wird in volkreichen Städten.
RODRIGO: Hallo, Brabantio! Signor Brabantio, ho! –
JAGO: Erwacht; hallo! Brabantio! Diebe! Diebe! –
Nehmt Euer Haus in acht, Eu'r Kind, Eu'r Geld! –
He, Diebe! Diebe! – *(Brabantio oben am Fenster)*
BRABANTIO: Was ist die Ursach' dieses wilden Lärms?
Was gibt es hier? –
RODRIGO: Ist alles, was Euch angehört, im Hause?
JAGO: Die Türen zu?
BRABANTIO: Nun, warum fragt ihr das? –
JAGO: Ihr seid beraubt, zum Teufel! Nehmt den Mantel!
Eu'r Herz zerbrach, halb Eure Seel' ist hin.
Jetzt, eben jetzt, bezwingt ein alter schwarzer
Schafbock Eu'r weißes Lämmchen. – Auf! heraus!
Weckt die schlaftrunknen Bürger mit der Glocke,
Sonst macht der Teufel Euch zum Großpapa.
Auf, sag' ich, auf! –

BRABANTIO: Was! seid ihr bei Verstand?
RODRIGO: Ehrwürd'ger Herr, kennt Ihr mich an der Stimme?
BRABANTIO: Ich nicht! Wer bist du?
RODRIGO: Rodrigo heiß' ich.
BRABANTIO: Mir um so verhaßter!
Befohlen hab' ich dir, mein Haus zu meiden;
Ganz unverhohlen hörtest du mich sagen,
Mein Kind sei nicht für dich, – und nun, wie rasend,
Vom Mahle voll und törendem Getränk,
In böslich trotz'gem Übermute kommst du,
Mich in der Ruh' zu stören?
RODRIGO: Herr, Herr, Herr!
BRABANTIO: Doch, wissen sollst du dies:
Durch meine Kraft und Stellung hab' ich Macht,
Dir's zu vergällen.
RODRIGO: Ruhig, werter Herr!
BRABANTIO: Was sprichst du mir von Raub? Dies ist Venedig,
Mein Palast keine Scheune.
RODRIGO: Sehr würd'ger Herr,
In arglos reiner Absicht komm' ich her.
JAGO: Wetter, Herr, Ihr seid einer von denen, die Gott nicht dienen wollen, wenn's ihnen der Teufel befiehlt. Weil wir kommen, Euch einen Dienst zu tun, denkt Ihr, wir sind Raufbolde? Ihr wollt einen Barberhengst über Eure Tochter kommen lassen; Ihr wollt Enkel, die Euch anwiehern, wollt Rennpferde zu Vettern und Zelter zu Neffen haben? –
BRABANTIO: Wer bist du, frecher Läst'rer?
JAGO: Ich bin einer, Herr, der Euch zu melden kommt, daß Eure Tochter und der Mohr jetzt dabei sind, das Tier mit zwei Rükken zu machen.
BRABANTIO: Du bist ein Schurke!
JAGO: Ihr seid – ein Senator.
BRABANTIO: Du sollst dies büßen; ich kenne dich, Rodrigo.
RODRIGO: Ich will für alles einstehn, doch ich bitt' Euch,
Ist's Euer Wunsch und wohlbedächt'ge Weisheit

(Wie's fast mir scheint), daß Eure schöne Tochter
In dieser späten Stunde dumpfer Nacht
Wird ausgeliefert – besser nicht noch schlechter
Bewacht, als durch 'nen feilen Gondolier –
Den rohen Küssen eines üpp'gen Mohren? –
Wenn Ihr das wißt und einverstanden seid, –
So taten wir Euch groben, frechen Schimpf.
Doch wißt Ihr's nicht, dann sagt mir Sitt' und Anstand,
Ihr scheltet uns mit Unrecht. Nimmer glaubt,
Daß, allem Sinn für Höflichkeit entfremdet,
Ich so zum Scherz mit Eurer Würde spielte.
Eu'r Kind, wenn Ihr ihm nicht Erlaubnis gabt –
Ich sag's noch einmal –, hat sich schwer vergangen,
So Schönheit, Geist, Vermögen auszuliefern
Dem heimatlos unsteten Abenteurer
Von hier und überall. Gleich überzeugt Euch, Herr:
Ist sie im Schlafgemach, ja nur zu Hause,
Laßt auf mich los der Republik Gesetze,
Weil ich Euch so betrog!

BRABANTIO: Schlagt Feuer! ho!
Gebt mir 'ne Kerze! – Weckt all meine Leute! –
Der Vorfall sieht nicht ungleich einem Traum:
Der Glaube dran droht schon mich zu vernichten.
Licht, sag' ich, Licht! – *(Geht ab)*

JAGO: Lebt wohl! Ich muß Euch lassen,
Es scheint nicht gut, noch heilsam meiner Stelle,
Stellt man als Zeugen mich – und bleib' ich, so geschieht's –
Dem Mohren vor: – denn unser Staat, ich weiß es,
Wenn ihn dies gleich etwas verdunkeln wird,
Kann ihn nicht fallen lassen –; denn es fordert
So trift'ger Grund ihn für den Cyperkrieg,
Der jetzt bevorsteht, daß um keinen Preis
Ein andrer von der Fähigkeit sich fände,
Als Führer dieses Zugs; in welcher Rücksicht,
Obgleich ich ihn wie Höllenqualen hasse,

Weil mich die gegenwärt'ge Lage zwingt,
Ich aufziehn muß der Liebe Flagg' und Zeichen,
Freilich als Zeichen nur. Daß Ihr ihn sicher findet,
Führt jene Suchenden zum »Schützen« hin:
Dort werd' ich bei ihm sein; und so lebt wohl! *(Jago geht ab)*
(Brabantio tritt auf mit Dienern und Fackeln)
BRABANTIO: Zu wahr nur ist dies Unglück! Sie ist fort,
Und was mir nachbleibt vom verhaßten Leben,
Ist nichts als Bitterkeit. – Nun sag, Rodrigo,
Wo hast du sie gesehn? – Oh, töricht Kind! –
Der Mohr, sagst du? – Wer möchte Vater sein? –
Wie weißt du, daß sie's war? – Oh, unerhört
Betrogst du mich! Was sprach sie? – Holt noch Fackeln!
Ruft alle meine Vettern! – Sind sie wohl
Vermählt, was glaubst du? –
RODRIGO: Nun, ich glaube, ja.
BRABANTIO: O Gott! Wie kam sie fort? O Blutsverrat! –
Väter, hinfort traut euern Töchtern nie
Nach äußerlichem Tun! Gibt's keinen Zauber,
Der Jugend Unschuld und des Mädchentums
Zu tören? Last Ihr nie von solchen Dingen,
Rodrigo?
RODRIGO: Ja, Signor, ich las es wohl.
BRABANTIO: Ruft meinen Bruder! – Wär' sie Euer doch!
Auf welche Art auch immer! Habt Ihr Kundschaft,
Wo wir sie finden mögen mit dem Mohren?
RODRIGO: Ich hoff' ihn auszuspähn, wenn's Euch gefällt,
Mit tüchtiger Bedeckung mir zu folgen.
BRABANTIO: Wohl, führt den Zug! Vor jedem Hause ruf' ich;
Wenn's gilt, kann ich befehlen. Waffen her!
Und holt ein paar Hauptleute von der Wache!
Voran, Rodrigo! Eure Müh' vergelt' ich. *(Sie gehen ab)*

Zweite Szene
STRASSE
Es treten auf Othello, Jago und Gefolge

JAGO: Im Kriegeshandwerk schlug ich manchen tot;
Doch halt' ich's für Gewissenssach' und Sünde,
Mit Absicht morden; traun, mir fehlt's an Bosheit,
Und oft zu meinem Schaden. Zwanzig Mal
Dacht' ich, ihm mit 'nem Rippenstoß zu dienen!
OTHELLO: 'S ist besser so.
JAGO: Doch schwatzt' er solches Zeug,
Und sprach so schnöd', und gegen Eure Ehre
So lästerlich,
Daß all mein bißchen Frömmigkeit mich kaum
Im Zügel hielt. Doch sagt mir, werter Herr,
Seid Ihr auch recht vermählt? Denn glaubt mir nur,
Gar sehr beliebt ist der Magnifico,
Und hat was durchzusetzen kräft'ge Stimme,
Vollwichtig wie der Fürst. Er wird Euch scheiden,
Zum mind'sten häuft er Hemmung und Verdruß,
Wie nur das Recht, durch seine Macht geschärft,
Ihm Spielraum gibt.
OTHELLO: Er mag sein Ärgstes tun:
Der Dienst, den ich geleistet dem Senat,
Schreit seine Klage nieder. Kund soll werden
– Was, wenn mir kund, daß Prahlen Ehre bringt,
Ich offenbaren will –, daß ich entsproß
Aus königlichem Stamm, und mein Gestirn
Darf ohne Scheu so stolzes Glück ansprechen
Als dies, das ich erreicht. Denn wisse, Jago,
Liebt' ich die holde Desdemona nicht,
Nie zwäng' ich meinen sorglos freien Stand
In Band' und Schranken ein, nicht um die Schätze
Der tiefen See. Doch sieh! Was dort für Lichter?
(Cassio kommt mit Gefolge)

JAGO: Der zorn'ge Vater ist es mit den Freunden –
Geht doch hinein!
OTHELLO: Ich nicht! man soll mich finden:
Mein Stand und Rang und meine feste Seele,
Laut soll'n sie für mich zeugen! Sind es jene?
JAGO: Beim Janus, nein! –
OTHELLO: Des Herzogs Diener sind es und mein Leutnant. –
– Sei euch die Nacht gedeihlich, meine Freunde!
Was gibt's? –
CASSIO: Der Herzog grüßt Euch, General,
Und fordert, daß Ihr schnell, blitzschnell erscheint
Im Augenblick.
OTHELLO: Was, meint Ihr, ist im Werk? –
CASSIO: Etwas aus Cypern, wenn ich recht vermute;
'S ist ein Geschäft von heißer Eil': die Flotte
Verschickt' ein Dutzend Boten nach einander
Noch diesen Abend, die gedrängt sich folgten.
Viel Herrn vom Rat, geweckt und schon versammelt,
Sind jetzt beim Herzog; eifrig sucht man Euch,
Und da man Euch verfehlt in Eurer Wohnung,
Hat der Senat drei Haufen ausgesandt,
Euch zu erspähn.
OTHELLO: 'S ist gut, daß Ihr mich fandet.
Ein Wort nur lass' ich hier zurück im Hause,
Und folg' Euch nach. *(Geht ab)*
CASSIO: Fähndrich, was schafft' er hier? –
JAGO: Nun, eine Landgaleere nahm er heut:
Er macht sein Glück, wenn's gute Prise wird.
CASSIO: Wie meint Ihr das? –
JAGO: Er ist vermählt.
CASSIO: Mit wem? –
(Othello kommt zurück)
JAGO: Ei nun, mit – – kommt Ihr, mein General? –
OTHELLO: Ich bin bereit.
CASSIO: Hier naht ein andrer Trupp, Euch aufzusuchen.

(Brabantio, Rodrigo und Bewaffnete treten auf)
JAGO: Es ist Brabantio – faßt Euch, General! –
Er sinnt auf Böses!
OTHELLO: Holla! Stellt Euch hier! –
RODRIGO: Signor, es ist der Mohr!
BRABANTIO: Dieb! Schlagt ihn nieder! –
(Von beiden Seiten werden die Schwerter gezogen)
JAGO: Rodrigo, Ihr? Kommt, Herr! Ich bin für Euch.
OTHELLO: Die blanken Schwerter fort! Sie möchten rosten. –
Das Alter hilft Euch besser, guter Herr,
Als Euer Degen.
BRABANTIO: O schnöder Dieb! Was ward aus meiner Tochter?
Du hast, verdammter Frevler, sie bezaubert;
Denn alles, was Vernunft hegt, will ich fragen,
Wenn nicht ein magisch Band sie hält gefangen,
Ob eine Jungfrau, zart und schön und glücklich,
So abhold der Vermählung, daß sie floh
Den reichen Jünglings-Adel unsrer Stadt –
Ob sie, ein allgemein Gespött zu werden,
Häuslichem Glück entfloh an solches Unholds
Pechschwarze Brust, die Grau'n, nicht Lust erregt?
Die Welt soll richten, ob's nicht sonnenklar,
Daß du mit Höllenkunst auf sie gewirkt,
Mit Gift und Trank verlockt ihr zartes Alter,
Den Sinn zu schwächen: – untersuchen soll man's;
Denn glaubhaft ist's, handgreiflich dem Gedanken.
Drum nehm' ich dich in Haft und zeihe dich
Als einen Volksbetörer, einen Zaubrer,
Der unerlaubte, böse Künste treibt. –
Legt Hand an ihn, und setzt er sich zur Wehr,
Zwingt ihn, und gölt's sein Leben!
OTHELLO: Steht zurück,
Ihr, die für mich Partei nehmt, und ihr andern! –
War Fechten meine Rolle, nun, die wußt' ich
Auch ohne Stichwort. – Wohin soll ich folgen

Und Eurer Klage stehn?
BRABANTIO: In Haft; bis Zeit und Form
Im Lauf des graden Rechtsverhörs dich ruft
Zur Antwort.
OTHELLO: Wie denn nun, wenn ich gehorchte? –
Wie käme das dem Herzog wohl erwünscht,
Des Boten hier an meiner Seite stehn,
Mich wegen dringenden Geschäfts im Staat
Vor ihn zu führen?
GERICHTSDIENER: So ist's, ehrwürd'ger Herr:
Der Herzog sitzt zu Rat, und Euer Gnaden
Ward sicher auch bestellt.
BRABANTIO: Im Rat der Herzog? –
Jetzt um die Mitternacht? – Führt ihn dahin;
Nicht schlecht ist mein Gesuch. Der Herzog selbst,
Und jeglicher, von meinen Amtsgenossen,
Muß fühlen meine Kränkung wie sein eigen:
Denn läßt man solche Untat straflos schalten,
Wird Heid' und Sklav' bei uns als Herrscher walten.

(Sie gehen ab)

Dritte Szene
SAAL IM HERZOGLICHEN PALAST
Der Herzog und die Senatoren an einer Tafel sitzend

HERZOG: In diesen Briefen fehlt Zusammenhang,
Der sie beglaubigt.
ERSTER SENATOR: Ja wohl, sie weichen von einander ab;
Mein Schreiben nennt mir hundertsechs Galeeren.
HERZOG: Und meines hundertvierzig.
ZWEITER SENATOR: Meins, zweihundert.
Doch stimmt die Zahl auch nicht genau zusammen –
Wie insgemein, wenn sie Gerüchte melden,
Der Inhalt abweicht –, doch erwähnen alle

Der türk'schen Flotte, die gen Cypern segelt.
HERZOG: Gewiß, erwägen wir's, so scheint es glaublich;
Ich will mich nicht im Irrtum sicher schätzen,
Vielmehr den Hauptartikel halt' ich wahr,
Und Furcht ergreift mich.
MATROSE *(draußen)*: Ho! hallo! hallo! –
(Ein Beamter tritt auf, dem ein Matrose folgt)
BEAMTER: Botschaft von den Galeeren!
HERZOG: Nun? Was gibt's?
MATROSE: Der Türken Kriegsbewegung geht auf Rhodus;
So ward mir Auftrag, dem Senat zu melden,
Vom Signor Angelo.
HERZOG: Wie dünkt der Wechsel euch? –
ERSTER SENATOR: So kann's nicht sein,
Nach keinem Grund und Fug; es ist 'ne Maske,
Den Blick uns fehl zu leiten. Denken wir,
Wie wichtig Cypern für den Türken sei,
Und wiederum, gestehn wir selber ein,
Daß, wie's dem Türken mehr verlohnt als Rhodus,
Er auch mit leichterm Aufwand sich's erobert,
Dieweil es nicht so kriegsgerüstet steht
Und aller Wehr und Festigkeit entbehrt,
Mit der sich Rhodus schirmt: wer dies erwägt,
Der wird den Türken nicht so töricht achten,
Das Nächstgelegne bis zuletzt zu sparen
Und, leichten Vorteil und Gewinn versäumend,
Nutzlos Gefahr zum Kampfe sich zu wecken.
HERZOG: Ja, seid gewiß, er denkt an Rhodus nicht.
BEAMTER: Seht! Neue Botschaft! – *(Ein Bote tritt auf)*
BOTE: Die Ottomanen, weise, gnäd'ge Herrn,
In gradem Lauf zur Insel Rhodus steuernd,
Vereinten dort sich mit der Nebenflotte. [Zahl?
ERSTER SENATOR: Nun ja, so dacht' ich mir's; – wie stark an
BOTE: An dreißig Segel; und jetzt wenden sie
Rücklaufend ihren Lauf, und ohne Hehl

Gilt ihre Absicht Cypern. Herr Montano,
Eu'r sehr getreuer und beherzter Diener,
Entbeut, mit seiner Pflicht, Euch diese Nachricht,
Und hofft, Ihr schenkt ihm Glauben.
HERZOG: Nach Cypern dann gewiß. –
Marcus Lucchese, ist er in Venedig? –
ERSTER SENATOR: Er reiste nach Florenz.
HERZOG:
Schreibt ihm von uns; schnell, windschnell komm' er; eilt!
ERSTER SENATOR: Hier kommt Brabantio und der tapfre Mohr.
*(Brabantio, Othello, Jago, Rodrigo und Gerichtsdiener
treten auf)*
HERZOG: Tapfrer Othello, Ihr müßt gleich ins Feld
Wider den allgemeinen Feind, den Türken. –
(zu Brabantio) Ich sah Euch nicht; willkommen, edler Herr!
Uns fehlt' Eu'r Rat und Beistand diese Nacht.
BRABANTIO: Und Eurer mir, mein güt'ger Fürst, verzeiht mir!
Nicht Amtsberuf noch Nachricht von Geschäften
Trieb mich vom Bett; nicht allgemeine Sorge
Erfüllt mich jetzt: denn mein besondrer Gram
Gleich einer Springflut strömt so wild dahin,
Daß er verschluckt und einschlingt jede Sorge,
Nur seiner sich bewußt.
HERZOG: Nun, was geschah? –
BRABANTIO: O Tochter! Tochter!
ERSTER SENATOR: Starb sie? –
BRABANTIO: Ja, für mich.
Sie ist beschimpft, entführt mir und verderbt
Durch Hexenkünste und Quacksalbertränke;
Denn daß Natur so widersinnig irre,
Da sie nicht stumpf, noch blind, noch blöden Sinns,
Geschah nicht ohne Zauberkraft. –
HERZOG: Wer es auch sei, der auf so schnödem Wege
So Eure Tochter um sich selbst betrog,
Und Euch um sie, – das blut'ge Buch des Rechts,

Ihr sollt es selbst in herbster Strenge deuten,
Nach eignem Sinn, und wär' es unser Sohn,
Den Eure Klage trifft.
BRABANTIO: Ich dank' in Demut!
Hier dieser ist's, der Mohr, den jetzt, so scheint's,
Eu'r dringendes Gebot im Dienst des Staats
Hieher berief.
ALLE: Das tut uns herzlich leid.
HERZOG *(zu Othello)*:
Was, Eurerseits, vermögt Ihr zu erwidern? –
BRABANTIO: Nichts, als daß dies die Wahrheit.
OTHELLO: Ehrwürd'ger, mächt'ger und erlauchter Rat,
Sehr edle, wohlerprobte, gute Herrn, –
Daß ich dem alten Mann die Tochter nahm,
Ist völlig wahr; wahr, sie ist mir vermählt.
Der Tatbestand und Umfang meiner Schuld
Reicht so weit, weiter nicht. Ich bin von rauhem Wort,
Und schlecht begabt mit milder Friedensrede.
Seit siebenjähr'ge Kraft mein Arm gewann,
Bis vor neun Monden etwa, übt' er stets
Nur Kriegestat im Felde wie im Lager;
Und wenig lernt' ich von dem Lauf der Welt,
Als was zum Streit gehört und Werk der Schlacht;
Drum wenig Schmuck wohl leih' ich meiner Sache,
Red' ich für mich. Dennoch, mit eurer Gunst,
Erzähl' ich schlicht und ungefärbt den Hergang
Von meiner Liebe; was für Tränk' und Künste,
Was für Beschwörung, welches Zaubers Kraft
– Denn solcher Mittel steh' ich angeklagt –
Die Jungfrau mir gewann.
BRABANTIO: Ein Mädchen, schüchtern,
Von Geist so still und sanft, daß jede Regung
Errötend schwieg, – die sollte, trotz Natur
Und Jugend, Vaterland und Stand, und allem,
Das lieben, was ihr Grauen schuf zu sehn? –

Ein krankes Urteil wär's, ein unvollkommnes,
Das wähnt', es irre so Vollkommenheit,
Ganz der Natur entgegen: schwören muß man,
Daß nur des Teufels Kunst und List dies alles
Zu tun vermocht. Noch einmal denn behaupt' ich,
Daß er mit Tränken, ihrem Blut verderblich,
Und Zauberkraft, geweiht zu solchem Bann,
Auf sie gewirkt.
HERZOG: Behauptung, nicht Beweis:
Steht Euch kein klarer Zeugnis zu Gebot,
Als solch unhaltbar Meinen, solch armsel'ger
Scheingrund ihn zu beschuldigen vermag?
ERSTER SENATOR: Doch sagt, Othello:
Habt Ihr durch Nebenweg' und künstlich zwingend
Der Jungfrau Sinn erobert und vergiftet?
Oder durch Antrag und erlaubtes Werben,
Wie Herz an Herz sich wendet? –
OTHELLO: Ich ersuch' euch,
Zum »Schützen« sendet, ruft das Fräulein her,
Und vor dem Vater mag sie von mir zeugen!
Und werd' ich falsch erfunden durch ihr Wort:
Nicht nur Vertraun und Amt, das ihr mir gabt,
Mögt ihr mir nehmen, ja es treff' eu'r Spruch
Mein Leben selbst.
HERZOG: Holt Desdemona her! *(Einige vom Gefolge gehen hinaus)*
OTHELLO:
Fähndrich, geht mit, Ihr wißt den Ort am besten.   *(Jago ab)*
Und bis sie kommt, so wahr, wie ich dem Himmel
Bekenne meines Blutes sünd'ge Fehle,
So treulich meld' ich euerm ernsten Ohr,
Wie ich gewann der schönen Jungfrau Herz,
Und sie das meine.
HERZOG: Sprecht, Othello!
OTHELLO: Ihr Vater liebte mich, lud oft mich ein,

Erforschte meines Lebens Lauf von Jahr
Zu Jahr: die Schlachten, Stürme, Schicksalswechsel,
So ich bestand.
Ich ging es durch, vom Knabenalter her,
Bis auf den Augenblick, wo er gefragt.
So sprach ich denn von manchem harten Fall,
Von schreckender Gefahr zu See und Land;
Wie ich ums Haar dem droh'nden Tod entrann;
Wie mich der stolze Feind gefangen nahm,
Und mich als Sklav' verkauft; wie ich erlöst,
Und meiner Reisen wundervolle Fahrt:
Wobei von weiten Höhlen, wüsten Steppen,
Steinbrüchen, Felsen, himmelhohen Bergen
Zu melden war im Fortgang der Geschichte;
Von Kannibalen, die einander schlachten,
Anthropophagen, Völkern, deren Kopf
Wächst unter ihrer Schulter: das zu hören
War Desdemona eifrig stets geneigt.
Oft aber rief ein Hausgeschäft sie ab;
Und immer, wenn sie eilig dies vollbracht,
Gleich kam sie wieder, und mit durst'gem Ohr
Verschlang sie meine Rede. Dies bemerkend,
Ersah ich einst die günst'ge Stund' und gab
Ihr Anlaß, daß sie mich recht herzlich bat,
Die ganze Pilgerschaft ihr zu erzählen,
Von der sie stückweis einzelnes gehört,
Doch nicht in strenger Folge. Ich begann,
Und oftmals hatt' ich Tränen ihr entlockt,
Wenn ich ein leidvoll Abenteu'r berichtet
Aus meiner Jugend. Als ich nun geendigt,
Gab sie zum Lohn mir eine Welt von Seufzern:
Sie schwur – in Wahrheit, seltsam! Wunderseltsam!
Und rührend war's! unendlich rührend war's! –
Sie wünschte, daß sie's nicht gehört; doch wünschte sie,
Der Himmel habe sie als solchen Mann

Geschaffen, und sie dankte mir, und bat mich,
Wenn je ein Freund von mir sie lieben sollte,
Ich mög' ihn die Geschicht' erzählen lehren,
Das würde sie gewinnen. Auf den Wink
Erklärt' ich mich:
Sie liebte mich, weil ich Gefahr bestand;
Ich liebte sie um ihres Mitleids willen:
Das ist der ganze Zauber, den ich brauchte;
Hier, kommt das Fräulein, laßt sie dies bezeugen!
(Desdemona, Jago und Gefolge treten auf)
HERZOG: Nun, die Geschichte hätt' auch meine Tochter
Gewonnen. Würdiger Brabantio,
Nehmt, was versehn ward, von der besten Seite:
Man ficht doch lieber mit zerbrochnem Schwert,
Als mit der bloßen Hand.
BRABANTIO: Hört sie, ich bitt' Euch:
Bekennt sie, daß sie halb ihm kam entgegen,
Fluch auf mein Haupt, wenn meine bittre Klage
Den Mann verunglimpft! – Komm her, junge Dame:
Wen siehst du hier in diesem edlen Kreis,
Dem du zumeist Gehorsam schuldig bist?
DESDEMONA: Mein edler Vater,
Ich sehe hier zwiefach geteilte Pflicht:
Euch muß ich Leben danken und Erziehung,
Und Leben und Erziehung lehren mich
Euch ehren; Ihr seid Herrscher meiner Pflicht,
Wie ich Euch Tochter. Doch hier steht mein Gatte,
Und so viel Pflicht, als meine Mutter Euch
Gezeigt, da sie Euch vorzog ihrem Vater,
So viel muß ich auch meinem Gatten widmen,
Dem Mohren, meinem Herrn.
BRABANTIO: Gott sei mit dir!
Ich bin zu Ende –
Geliebt's Eu'r Hoheit, jetzt zu Staatsgeschäften –
O zeugt' ich nie ein Kind, und wählt' ein fremdes! –

Tritt näher, Mohr! –
Hier geb' ich dir von ganzem Herzen hin,
Was, hätt'st du's nicht, ich dir von ganzem Herzen
Verweigerte. – Um deinetwillen, Kleinod,
Erfreut's mich, daß kein zweites Kind mir ward;
Durch deine Flucht wär' ich tyrannisch worden,
Und legt' ihr Ketten an. – – Ich bin zu Ende.

HERZOG: Ich red' an Eurer Statt und fäll' ein Urteil,
Das einer Staffel gleich den Liebenden
Behülflich sei.
Wem nichts mehr hilft, der muß nicht Gram verschwenden,
Und wer das Schlimmste sah, die Hoffnung enden;
Unheil beklagen, das nicht mehr zu bessern,
Heißt um so mehr das Unheil nur vergrößern.
Was nicht zu retten, laß dem falschen Glück,
Und gib Geduld für Kränkung ihm zurück!
Zum Raube lächeln, heißt den Dieb bestehlen,
Doch selbst beraubst du dich durch nutzlos Quälen.

BRABANTIO: So mögt Ihr Cypern nur den Türken gönnen;
Wir haben's noch, solang' wir lächeln können.
Leicht trägt den Spruch, wen andre Last nicht drückt,
Und wen der selbstgefundne Trost erquickt;
Doch fühlt er sein Gewicht bei wahren Sorgen,
Wenn's gilt, von der Geduld die Zahlung borgen.
Bitter und süß sind all derlei Sentenzen,
Die, so gebraucht, an Recht und Unrecht grenzen;
Doch Wort bleibt Wort – noch hab' ich nie gelesen,
Daß durch das Ohr ein krankes Herz genesen.
– Ich bitt' Euch inständig, gehn wir an die Staatsgeschäfte!

HERZOG: Der Türke segelt mit gewaltiger Kriegsrüstung gegen Cypern. Othello, Euch ist die Festigkeit des Orts am besten bekannt, und obgleich wir dort einen Statthalter von unbestrittner Fähigkeit besitzen, so hegt doch die öffentliche Meinung, jene unbeschränkte Gebieterin des Erfolgs, eine größere Zuversicht zu Euch. Ihr müßt Euch deshalb gefallen

lassen, den Glanz Eures neuen Glücks durch diese rauhe und
stürmische Unternehmung zu verdunkeln.

OTHELLO: Die eiserne Gewohnheit, edle Herrn,
Schuf mir des Krieges Stahl- und Felsenbett
Zum allerweichsten Flaum; ich rühme mich
Natürlicher und rascher Munterkeit
Im schwersten Ungemach, und bin bereit
Zum jetz'gen Feldzug mit dem Muselmann.
In Demut drum mich neigend dem Senat,
Verlang' ich Sorg' und Schutz für mein Gemahl,
Anständ'ge Rücksicht ihrem Rang und Aufwand,
Und solche Wohnung, solche Dienerschaft,
Als ihrem Stand geziemt.

HERZOG: Wenn's Euch genehm,
Bei ihrem Vater.

BRABANTIO: Nimmer geb' ich's zu.

OTHELLO: Noch ich.

DESDEMONA: Noch ich; nicht gern verweilt' ich dort
Und reizte meines Vaters Ungeduld,
Wär' ich ihm stets vor Augen. – Güt'ger Fürst,
Leiht meinem Vortrag ein geneigtes Ohr,
Und laßt mir Eure Gunst als Freibrief gelten,
Mein schüchtern Wort zu kräft'gen!

HERZOG: Was wünscht Ihr, Desdemona?

DESDEMONA: Daß ich den Mohren liebt', um ihm zu leben,
Mag meines Glücks gewaltsam jäher Sturm
Der Welt zurufen: ja, mein Herz ergab sich
Ganz unbedingt an meines Herrn Beruf.
Mir war Othellos Antlitz sein Gemüt,
Und seinem Ruhm, und seinem Heldensinn
Hab' ich die Seel' und irdisch Glück geweiht.
Drum, würd'ge Herrn, läßt man mich hier zurück,
Als Friedensmotte, weil er zieht ins Feld,
So raubt man meiner Liebe teures Recht,
Und läßt mir eine schwere Zwischenzeit,

Dem Liebsten fern: drum laßt mich mit ihm ziehn!
OTHELLO: Stimmt bei, ihr Herrn: ich bitt' euch drum; gewährt
Ihr freie Willkür!
Der Himmel zeuge mir's, dies bitt' ich nicht,
Den Gaum zu reizen meiner Sinnenlust,
Noch heißem Blut zu Liebe (jungen Trieben
Selbstsücht'ger Lüste, die jetzt schweigen müssen), –
Nur ihrem Wunsch willfährig hold zu sein;
Und Gott verhüt', eu'r Edeln möchten wähnen,
Ich werd' eu'r ernst und groß Geschäft versäumen,
Weil sie mir folgt – Nein, wenn der leere Tand
Des flücht'gen Amor mir mit üpp'ger Trägheit
Des Geistes und der Tatkraft Schärfe stumpft,
Und mich Genuß entnervt und schwächt mein Wirken,
Mach' eine Hausfrau meinen Helm zum Kessel,
Und jedes niedre und unwürd'ge Zeugnis
Erstehe wider mich und meinen Ruhm! –
HERZOG: Es sei, wie ihr's mitsammen festgesetzt:
Sie folg' Euch, oder bleibe; das Geschäft
Heischt dringend Eil' – zu Nacht noch müßt Ihr fort.
DESDEMONA: Heut nacht, mein Fürst?
HERZOG: Heut nacht.
OTHELLO: Von ganzem Herzen.
HERZOG: Um neun Uhr früh versammeln wir uns wieder.
Othello, laßt 'nen Offizier zurück,
Der Eure Vollmacht Euch kann überbringen,
Und was noch sonst Eu'r Amt und Dienstverhältnis
Betrifft.
OTHELLO: Gefällt's Eu'r Hoheit, hier mein Fähndrich;
Er ist ein Mann von Ehr' und Redlichkeit.
Und seiner Führung lass' ich meine Frau,
Und was Eu'r Hoheit sonst für nötig achtet,
Mir nachzusenden.
HERZOG: So mag es sein. – Gut' Nacht jetzt insgesamt!
(Zu Brabantio) Und, würd'ger Herr,

Wenn man die Tugend muß als schön erkennen,
Dürft Ihr nicht häßlich Euern Eidam nennen.
ERSTER SENATOR:
Lebt wohl, Mohr! Liebt und ehret Desdemona!
BRABANTIO: Sei wachsam, Mohr! Hast Augen du zu sehn:
Den Vater trog sie, so mag dir's geschehn!
(Herzog und Senatoren ab)
OTHELLO: Mein Kopf für ihre Treu'! Hör', wackrer Jago,
Ich muß dir meine Desdemona lassen;
Ich bitt' dich, gib dein Weib ihr zur Gesellschaft
Und bringe sie mir nach, sobald du kannst. –
Komm, Desdemona: nur ein Stündchen bleibt,
Der Lieb' und unserm häuslichen Geschäft
Zu widmen uns: laß uns der Zeit gehorchen!
(Othello und Desdemona ab)
RODRIGO: Jago, –
JAGO: Was sagst du, edles Herz? –
RODRIGO: Was werd' ich jetzt tun, meinst du?
JAGO: Nun, zu Bette gehn und schlafen.
RODRIGO: Auf der Stelle ersäufen werd' ich mich.
JAGO: Nun, wenn du das tust, so ist's mit meiner Freundschaft auf ewig aus. Ei, du alberner, junger Herr!
RODRIGO: Es ist Albernheit, zu leben, wenn das Leben eine Qual wird, und wir haben die Vorschrift, zu sterben, wenn Tod unser Arzt ist.
JAGO: O über die Erbärmlichkeit! Ich habe der Welt an die viermal sieben Jahre zugesehn, und seit ich einen Unterschied zu finden wußte zwischen Wohltat und Beleidigung, bin ich noch keinem begegnet, der's verstanden hätte, sich selbst zu lieben. Eh' ich sagte, ich wollte mich einem Puthühnchen zu Liebe ersäufen, eh' tauscht' ich meine Menschheit mit einem Pavian.
RODRIGO: Was soll ich tun? Ich gestehe, es macht mir Schande, so sehr verliebt zu sein; aber meine Tugend reicht nicht hin, dem abzuhelfen.

Jago: Tugend! Abgeschmackt! – In uns selber liegt's, ob wir so sind, oder anders. Unser Körper ist ein Garten, und unser Wille der Gärtner, so daß, ob wir Nesseln drin pflanzen wollen oder Salat bauen, Ysop aufziehn oder Thymian ausjäten, ihn dürftig mit einerlei Kraut besetzen oder mit mancherlei Gewächs aussaugen, ihn müßig verwildern lassen oder fleißig in Zucht halten, – ei, das Vermögen dazu und die bessernde Macht liegt durchaus in unserm freien Willen. Hätte der Waagbalken unsres Lebens nicht eine Schale von Vernunft, um eine andre von Sinnlichkeit aufzuwiegen, so würde unser Blut und die Bösartigkeit unsrer Triebe uns zu den ausschweifendsten Verkehrtheiten führen; aber wir haben die Vernunft, um die tobenden Leidenschaften, die fleischlichen Triebe, die zügellosen Lüste zu kühlen, und daraus schließe ich: was du Liebe nennst, sei ein Pfropfreis, ein Ableger.

Rodrigo: Das kann nicht sein.

Jago: Es ist nur ein Gelüst des Bluts, eine Nachgiebigkeit des Willens. Auf! Sei ein Mann! Dich ersäufen? Ersäufe Katzen und junge Hunde! Ich nenne mich deinen Freund und erkläre mich an dein Verdienst geknüpft mit dem Ankertau der ausdauerndsten Festigkeit; nie konnte ich dir besser beistehn als jetzt. Tu' Geld in deinen Beutel, zieh' mit in diesen Krieg, verstelle dein Gesicht durch einen falschen Bart; ich sage dir: tu' Geld in deinen Beutel! Es ist undenkbar, daß Desdemona den Mohren auf die Dauer lieben sollte, – tu' Geld in deinen Beutel! – noch der Mohr sie – es war ein gewaltsames Beginnen, und du wirst sehn, die Katastrophe wird eine ähnliche sein. Tu' nur Geld in deinen Beutel: – so ein Mohr ist veränderlich in seinen Neigungen; fülle deinen Beutel mit Geld; – die Speise, die ihm jetzt so würzig schmeckt als Süßholz, wird ihn bald bittrer dünken als Koloquinthen. Sie muß sich ändern, denn sie ist jung, und hat sie ihn erst satt, so wird sie den Irrtum ihrer Wahl einsehn. Sie muß Abwechslung haben, das muß sie; darum tu' Geld in deinen Beutel! Wenn du durchaus zum Teufel fahren willst, so tu' es auf angenehmerem Wege als durch Ersäufen! Schaff' dir Geld, so viel du kannst! Wenn des Priesters Segen und ein hohles Gelübde zwischen einem abenteuernden Afrikaner und einer überlistigen Venetianerin für meinen Witz und die ganze Sippschaft der Hölle nicht zu hart sind, so sollst du sie besitzen; darum schaff' dir Geld! Zum Henker mit dem Ersäufen! Das liegt weit ab von deinem Wege. Denke du lieber drauf zu hängen, indem du deine Lust büßest, als dich zu ersäufen und sie fahren zu lassen!

RODRIGO: Soll ich meine Hoffnung auf dich bauen, wenn ich's drauf wage? –

JAGO: Auf mich kannst du zählen; – geh, schaffe dir Geld; – ich habe dir's oft gesagt, und wiederhole es aber und abermals, ich hasse den Mohren; mein Grund kommt von Herzen, der deinige liegt eben so tief: laß uns fest in unsrer Rache zusammen halten! Kannst du ihm Hörner aufsetzen, so machst du dir eine Lust, und mir einen Spaß. Es ruht noch manches im Schoß der Zeit, das zur Geburt will. Grade durch! – Fort! Treib' dir Geld auf! Wir wollen es morgen weiter verhandeln. Leb wohl! –

RODRIGO: Wo treffen wir uns morgen früh?

JAGO: In meiner Wohnung.

RODRIGO: Ich werde zeitig dort sein.

JAGO: Gut, leb wohl! – Höre doch, Rodrigo!

RODRIGO: Was sagst du? –

JAGO: Nichts von Ersäufen! Hörst du? –

RODRIGO: Ich denke jetzt anders. Ich will alle meine Güter verkaufen.

JAGO: Nur zu; tu' nur Geld genug in deinen Beutel! *(Rodrigo ab)*
So muß mein Narr mir stets zum Seckel werden:
Mein reifes Urteil würd' ich ja entweihn,
Vertändelt' ich den Tag mit solchem Gimpel,
Mir ohne Nutz und Spaß. – Den Mohren hass' ich;
Die Rede geht, er hab' in meinem Bett
Mein Amt verwaltet – möglich, daß es falsch:
Doch ich, auf bloßen Argwohn in dem Fall,

Will tun, als wär's gewiß. Er hat mich gern:
Um so viel besser wird mein Plan gedeihn.
Der Cassio ist ein hübscher Mann – laßt sehn!
Sein Amt erhaschen, mein Gelüste büßen, –
Ein doppelt Schelmstück! Wie nur? Laßt mich sehn: –
Nach ein'ger Zeit Othellos Ohr betören,
Er sei mit seinem Weibe zu vertraut –
Der Bursch ist wohlgebaut, von schmeid'ger Art,
Recht für den Argwohn, recht den Frau'n gefährlich.
Der Mohr nun hat ein grad' und frei Gemüt,
Das ehrlich jeden hält, scheint er nur so;
Und läßt sich sänftlich an der Nase führen,
Wie Esel tun.
Ich hab's, es ist erzeugt; aus Höll' und Nacht
Sei diese Untat an das Licht gebracht! *(Er geht ab)*

Zweiter Aufzug

Erste Szene
HAUPTSTADT IN CYPERN · PLATZ AM HAFEN
Montano und zwei Edelleute treten auf

MONTANO: Was unterscheidet man vom Damm zur See?
ERSTER EDELMANN:
   Nichts, weit und breit – 's ist hochgeschwellte Flut;
   Und nirgend zwischen Meer und Hafen kann ich
   Ein Schiff entdecken.
MONTANO: Mir scheint, der Wind blies überlaut ans Ufer;
   Nie traf so voller Sturm die Außenwerke.
   Wenn's eben so rumort hat auf der See,
   Welch eichner Kiel, wenn Berge niederfluten,
   Bleibt festgefügt? Was werden wir noch hören?
ZWEITER EDELMANN:
   Zerstreuung wohl des türkischen Geschwaders.
   Denn, stellt Euch nur an den beschäumten Strand,
   Die zorn'ge Woge sprüht bis an die Wolken;
   Die sturmgepeitschte Flut will mächt'gen Schwalls
   Den Schaum hinwerfen auf den glüh'nden Bären,
   Des ewig festen Poles Wacht zu löschen.
   Nie sah ich so verderblichen Tumult
   Des zorn'gen Meers.
MONTANO: Wenn nicht die Türkenflotte
   Sich barg in Bucht und Hafen, so versank sie;
   Es ist unmöglich, daß sie's überstand.
         (Ein dritter Edelmann tritt auf)
DRITTER EDELMANN: Botschaft, ihr Herrn! Der Krieg ist aus,
   Der wüt'ge Sturm nahm so die Türken mit,
   Daß ihre Landung hinkt – ein Kriegsschiff von Venedig
   War Zeuge grauser Not und Haverei

Des Hauptteils ihrer Flotte.
MONTANO: Wie? Ist das wahr? –
DRITTER EDELMANN: Das Schiff hat angelegt;
Ein Veroneser, Michael Cassio,
Leutnant des kriegerischen Mohrs Othello,
Stieg hier ans Land; der Mohr ist auf der See,
Mit höchster Vollmacht unterwegs nach Cypern.
MONTANO: Mich freut's; er ist ein würd'ger Gouverneur.
DRITTER EDELMANN:
Doch dieser Cassio – spricht er gleich so tröstlich
Vom türkischen Verlust – scheint sehr besorgt,
Und betet für den Mohren; denn es trennte
Ein grauser, schwerer Sturm sie.
MONTANO: Schütz' ihn Gott!
Ich diente unter ihm; der Mann ist ganz
Soldat und Feldherr. Kommt zum Strande, ho!
Sowohl das eingelaufne Schiff zu sehn,
Als nach dem tapfern Mohren auszuschaun,
Bis wo die Meerflut und des Äthers Blau
In eins verschmilzt.
DRITTER EDELMANN: Das laßt uns tun;
Denn jeder Augenblick ist jetzt Erwartung
Von neuer Ankunft.
(Cassio tritt auf)
CASSIO: Dank allen Tapfern dieses mut'gen Eilands,
Die so den Mohren lieben; möcht' ihn doch
Der Himmel schützen vor dem Element,
Denn ich verlor ihn auf der schlimmsten See!
MONTANO: Hat er ein gutes Fahrzeug?
CASSIO: Sein Schiff ist stark gebaut, und sein Pilot
Von wohlgeprüfter, kund'ger Meisterschaft;
Drum harrt mein Hoffen, noch nicht tödlich krank,
Kühn auf Genesung.
(Mehrere Stimmen draußen: »Ein Schiff! Ein Schiff!
Ein Schiff!«*)* –

CASSIO: Was rufen sie? –
ERSTER EDELMANN:
　Die Stadt ist leer; am Meeresufer steht
　Gedrängt das Volk, man ruft: »ein Schiff! ein Schiff!«
CASSIO: Mein Hoffen wähnt, es sei der Gouverneur.
　　　　　　　　　(Man hört Schüsse)
ZWEITER EDELMANN: Mit Freudenschüssen salutieren sie;
　Zum mind'sten Freunde sind's.
CASSIO:　　　　　　　　　　　Ich bitt' Euch, Herr,
　Geht, bringt uns sichre Nachricht, wer gelandet!
ZWEITER EDELMANN: Sogleich. *(Geht ab)*
MONTANO: Sagt, Leutnant, ist der General vermählt?
CASSIO: Ja, äußerst glücklich. Er gewann ein Fräulein,
　Das jeden schwärmerischen Preis erreicht,
　Kunstreicher Federn Lobspruch überbeut,
　Und in der Schöpfung reichbegabter Fülle
　Die Dichtung selbst ermattet. –
　(Der Edelmann kommt zurück) Nun, wer war's?
ZWEITER EDELMANN:
　Des Feldherrn Fähndrich, ein gewisser Jago.
CASSIO: Der hat höchst schnelle, günst'ge Fahrt gehabt.
　Die Stürme selbst, die Strömung, wilde Wetter,
　Gezackte Klippen, aufgehäufter Sand –
　Unschuld'gen Kiel zu fährden leicht verhüllt –,
　Als hätten sie für Schönheit Sinn, vergaßen
　Ihr tödlich Amt und ließen ungekränkt
　Die holde Desdemona durch.
MONTANO:　　　　　　　　　Wer ist sie? –
CASSIO: Die ich genannt, die Herrin unsres Herrn,
　Der Führung anvertraut des kühnen Jago,
　Des Landung unserm Hoffen vorgeeilt
　Um eine Woche. – O Herr, beschütz' Othello!
　Sein Segel schwelle dein allmächt'ger Hauch,
　Daß bald sein wackres Schiff den Hafen segne;
　Dann eil' er liebend an der Gattin Brust,

Entflamme glühend unsern lauen Mut,
Und bringe Cypern Tröstung! – Seht, o seht! –
(Desdemona, Jago, Rodrigo und Emilia treten auf)
Des Schiffes Reichtum ist ans Land gekommen! –
Ihr, Cyperns Edle, neigt euch huldigend:
Heil dir, o Herrin! und des Himmels Gnade
Begleite dich auf allen Seiten stets,
Dich rings umschließend!
DESDEMONA: Dank Euch, wackrer Cassio!
Was wißt Ihr mir von meinem Herrn zu sagen?
CASSIO: Noch kam er nicht; noch weiß ich irgend mehr,
Als daß er wohl, und bald hier landen muß.
DESDEMONA: Ich fürchte nur – wie habt Ihr ihn verloren?
CASSIO: Der große Kampf des Himmels und des Meers
Trennt' unsern Lauf – doch horch! es naht ein Schiff!
(Draußen: »Ein Schiff! Ein Schiff!«*) (Man hört schießen)*
ZWEITER EDELMANN: Der Zitadelle bringt es seinen Gruß;
Auch dies sind Freunde.
CASSIO: Geht, und schafft uns Nachricht!
(Der zweite Edelmann ab)
Willkommen, Fähndrich; werte Frau, willkommen!
Nicht reiz' es Euern Unmut, guter Jago,
Daß ich die Freiheit nahm; denn meine Heimat
Erlaubt so kühnen Brauch der Höflichkeit. *(Er küßt Emilien)*
JAGO: Herr, gäben ihre Lippen Euch so viel,
Als sie mir oft beschert mit ihrer Zunge,
Ihr hättet g'nug.
DESDEMONA: Die Arme spricht ja kaum!
JAGO: Ei, viel zu viel!
Das merk' ich immer, wenn ich schlafen möchte;
Vor Euer Gnaden freilich, glaub' ich's wohl,
Legt sie die Zung' ein wenig in ihr Herz,
Und keift nur in Gedanken.
EMILIA: Wie du schwatzest! –
JAGO: Geht, geht! Ihr seid Gemälde außerm Haus,

Schellen im Zimmer, Drachen in der Küche;
Verletzt ihr: Heil'ge; Teufel, kränkt man euch;
Spielt mit dem Haushalt, haltet Haus im Bett.

DESDEMONA: O schäme dich, Verleumder!

JAGO: Nein, das ist wahr! Nicht irr' ich um ein Haar breit:
Ihr steht zum Spiel auf, geht ins Bett zur Arbeit.

EMILIA: Ihr sollt mein Lob nicht schreiben.

JAGO: Will's auch nicht.

DESDEMONA: Was schriebst du wohl von mir, sollt'st du mich

JAGO: O gnäd'ge Frau, nicht fordert so mich auf; [loben?
Denn ich bin nichts, wenn ich nicht lästern darf.

DESDEMONA: So fang' nur an! – Ging einer hin zum Hafen?

JAGO: Ja, edle Frau.

DESDEMONA: Ich bin nicht fröhlich, doch verhüll' ich gern
Den innern Zustand durch erborgten Schein. –
Nun sag, wie lobst du mich?

JAGO: Ich sinne schon; doch leider, mein Erfinden
Geht mir vom Kopf, wie Vogelleim vom Fries,
Reißt Hirn und alles mit. Doch kreißt die Muse,
Und wird also entbunden:
  Gelt' ich für schön und klug – weiß von Gesicht und
      witzig –,
  Die Schönheit nützt den andern, durch Witz die
      Schönheit nütz' ich.

DESDEMONA:
Gut gelobt! Wenn sie nun aber braun und witzig ist? –

JAGO: Nun: bin ich braun und sonst nur leidlich witzig,
Find' ich den weißen Freund, und was mir fehlt, besitz' ich.

DESDEMONA: Schlimm und schlimmer! –

EMILIA: Wenn aber eine hübsch weiß und rot und dumm ist?

JAGO: Hat sie ein weiß Gesicht, so ist sie dumm mit nichten;
Denn auf ein Kind weiß sich die Dümmste selbst zu
      richten.

DESDEMONA: Das sind abgeschmackte, alte Reime, um die Narren im Bierhause zum Lachen zu bringen. Was für ein erbärm-

liches Lob hast du denn für eine, die häßlich und dumm ist?
JAGO: Kein Mädchen ist so dumm und häßlich auch zugleich,
Trotz Hübschen und Gescheiten macht sie 'nen dummen Streich.
DESDEMONA: O grober Unverstand! Du preisest die Schlechtste am besten. Aber welches Lob bleibt dir für eine wirklich verdienstvolle Frau; für eine, die in dem Adel ihres Werts mit Recht den Ausspruch der Bosheit selbst herausfordern darf? –
JAGO: Die immer schön, doch nicht dem Stolz vertraut,
Von Zunge flink, doch niemals sprach zu laut;
Nicht arm an Gold, nie bunten Schmuck sich gönnte,
Den Wunsch erstickt und dennoch weiß: »*ich könnte!*«;
Die selbst im Zorn, wenn Rache nah zur Hand,
Die Kränkung trägt und ihren Groll verbannt;
Die nie von Überwitz sich läßt berauschen,
Für derben Salm den Gründling einzutauschen;
Sie, die viel denkt, die Neigung doch verschweigt,
Und keinen Blick dem Schwarm der Werber zeigt;
Die nennt' ich gut, – wär' sie nur aufzutreiben, –
DESDEMONA: Nun sag, wozu?
JAGO: Narr'n aufzuziehn und Dünnbier anzuschreiben.
DESDEMONA: O über solchen lahmen, hinkenden Schluß! – Lerne nichts von ihm, Emilie, wenn er gleich dein Mann ist! – Was meint Ihr, Cassio? Ist er nicht ein recht heilloser, ausgelaßner Schwätzer?
CASSIO: Er redet derb, gnäd'ge Frau; der Soldat wird Euch besser an ihm gefallen als der Gelehrte.
JAGO *(beiseit)*: Er faßt sie bei der Hand: so recht! Flüstert nur! Mit solchem kleinen Gewebe will ich eine so große Fliege umgarnen, als Cassio. – Ja, lächle du sie an! Nur zu! Deine eignen Scharrfüße sollen dir Beinschellen werden. – Ganz recht! In der Tat, so ist's, – wenn solche Manieren dich um deine Leutnantschaft bringen, so wär's besser gewesen, du hättest deine drei Finger nicht so oft geküßt, mit denen du jetzt wieder so stattlich den Kavalier spielst. – Sehr gut! Wohl geküßt! Eine

herrliche Verbeugung! Ja, ja, so ist's! – Schon wieder die Finger an den Mund? So wollt' ich doch, es wären Klistierspritzen um deinetwillen! *(Trompetenstoß)*
Der Mohr! Ich kenne sein Signal. –
CASSIO: Er ist's!
DESDEMONA: Wir wollen ihm entgegen, ihn empfangen.
CASSIO: Da kommt er schon.
(Othello kommt mit Gefolge)
OTHELLO: O meine holde Krieg'rin!
DESDEMONA: Mein Othello!
OTHELLO: Ein Wunder dünkt mich's, groß wie meine Freude,
Dich hier zu sehn vor mir. O mein Entzücken!
Wenn jedem Sturm so heitre Stille folgt,
Dann blast, Orkane, bis den Tod ihr weckt!
Dann klimme, Schiff, die Wogenberg' hinan,
Hoch, wie Olymp, und tauch' hinunter tief
Zum Grund der Hölle! Gölt' es, jetzt zu sterben,
Jetzt wär' mir's höchste Wonne; denn ich fürchte,
So volles Maß der Freude füllt mein Herz,
Daß nie ein andres Glück mir, diesem gleich,
Im Schoß der Zukunft harrt.
DESDEMONA: Verhüte Gott,
Daß unsre Lieb' und Glück nicht sollten wachsen,
Wie unsrer Tage Zahl!
OTHELLO: Amen, ihr holden Mächte! –
Nicht auszusprechen weiß ich diese Wonne,
Hier stockt es; oh, es ist zu viel der Freude: *(Er umarmt sie)*
Und dies, und dies, der größte Mißklang sei's,
Den unser Herz je tönt.
JAGO *(beiseit)*: Noch seid ihr wohlgestimmt!
Doch dieses Einklangs Wirbel spann' ich ab,
So wahr ich ehrlich bin.
OTHELLO: Gehn wir aufs Schloß! –
Wißt ihr's? Der Krieg ist aus, der Türk' ertrank.
Wie geht's den alten Freunden hier auf Cypern? –

Liebchen, dich wird man hoch in Ehren halten,
Ich fand hier große Gunst. O süßes Herz,
Ich schwatze alles durch einander, schwärme
Im neuen Glück. – Ich bitt' dich, guter Jago,
Geh nach der Bucht, und schaff' ans Land die Kisten;
Bring' auch den Schiffsherrn mir zur Zitadelle;
Es ist ein wackrer Seemann, des Verdienst
Ich hoch belohnen muß. Komm, Desdemona,
Nochmals begrüßt in Cypern!
(Othello, Desdemona und Gefolge ab)
JAGO *(zu einem Diener)*: Geh du sogleich zum Hafen und erwarte mich dort! *(Zu Rodrigo)* Komm näher! Wenn du ein Mann bist – denn man sagt, daß auch Feige, wenn sie verliebt sind, sich zu höherer Gesinnung erheben, als ihnen angeboren war –, so höre mich an: Der Leutnant hat diese Nacht die Wache auf dem Schloßhof – vorerst aber muß ich dir sagen: Desdemona ist richtig in ihn verliebt.
RODRIGO: In ihn? unmöglich!
JAGO: Leg' deinen Finger – so; und laß dich belehren, Freund: besinne dich nur, wie heftig sie zuerst den Mohren liebte, nur, weil er prahlte und ihr unerhörte Lügen auftischte. Wird sie ihn immer für sein Schwatzen lieben? Das kann deine verständige Seele nicht glauben wollen. Ihr Auge verlangt Nahrung, und welches Wohlgefallen kann ihr's gewähren, den Teufel anzusehn? Wenn das Blut durch den Genuß abgekühlt ist, dann bedarf es – um sich aufs neue zu entflammen und der Sättigung neue Begier zu wecken – Anmut der Gestalt, Übereinstimmung in Jahren, Gesittung und Schönheit; und an dem allen fehlt's dem Mohren. Nun, beim Mangel aller dieser ersehnten Annehmlichkeiten wird ihr feiner Sinn sich getäuscht fühlen; sie wird des Mohren erst satt, dann überdrüssig werden und endlich ihn verabscheuen; die Natur selbst wird sie anleiten und sie zu einer neuen Wahl treiben. Nun, Freund, dieses eingeräumt – wie es denn eine ganz erwiesene und ungezwungne Voraussetzung ist –, wer steht wohl so gewiß auf der Stufe die-

ses Glücks, als Cassio? Der Bube ist sehr gewandt, gewissenhaft nur so weit, als er die äußere Form eines sittsamen und gebildeten Betragens annimmt, um seine lockern, geheimen, wilden Neigungen um so leichter zu befriedigen. – Nein, keiner, keiner! ein glatter geschmeidiger Bube; ein Gelegenheitshascher, dessen Blick Vorteile prägt und falschmünzt, wenn selbst kein wirklicher Vorteil sich ihm darbietet: ein Teufelsbube! Überdem ist der Bube hübsch, jung und hat alle die Erfordernisse, wonach Torheit und grüner Verstand hinschielen: ein verdammter, ausgemachter Bube! und sie hat ihn schon ausgefunden.

RODRIGO: Das kann ich von ihr nicht glauben, sie ist von höchst sittsamer Gesinnung.

JAGO: Schade was ums Sittsame! Der Wein, den sie trinkt, ist aus Trauben gepreßt; wäre sie so sittsam, dann hätte sie nie den Mohren lieben können: sittsam, hin und her! Sahst du nicht, wie sie mit seiner flachen Hand tätschelte? Hast du das nicht bemerkt? –

RODRIGO: O ja; aber das war nur Höflichkeit.

JAGO: Verbuhltheit, bei dieser Hand! – Eine Einleitung und dunkler Prologus zum Schauspiel der Lust und der schnöden Gedanken. Sie kamen sich so nah mit ihren Lippen, daß ihr Hauch sich liebkoste. Bübische Gedanken, Rodrigo! Wenn diese Vertraulichkeiten so den Weg bahnen, so kommt gleich hinterdrein der Zweck und die Ausübung, der fleischliche Beschluß: He? – Aber, Freund, laß dir raten – ich habe dich von Venedig hergeführt. Steh heut nacht mit Wache; ich nehme es auf mich, dir deinen Posten anzuweisen: Cassio kennt dich nicht; ich werde nicht weit sein; finde nur eine Gelegenheit, Cassio zum Zorn zu reizen, sei's durch lautes Reden, oder durch Spott über seine Mannszucht, oder welchen andern Anlaß du sonst wahrnimmst, den die günstige Zeit dir eben darbietet.

RODRIGO: Gut.

JAGO: Er ist heftig und sehr jähzornig, und schlägt vielleicht mit

seinem Stabe nach dir; reize ihn nur, daß er's tue, denn das genügt mir schon, um die Cyprier zum Aufruhr zu bringen, der nicht wieder beschwichtigt werden kann, als durch Cassios Absetzung. So findest du einen kürzern Weg zu deinem Ziel, durch die Mittel, die ich dann habe, dir Vorschub zu tun, und wir schaffen das Hindernis aus dem Wege, ohne dessen Besiegung kein Erfolg erwartet werden darf.
RODRIGO: Das will ich tun, wenn du mir Gelegenheit gibst.
JAGO: Dafür steh' ich dir. Komm nur sogleich auf die Zitadelle, ich muß jetzt sein Gepäck ans Land schaffen. Leb wohl!
RODRIGO: Gott befohlen! – *(Ab)*
JAGO: Daß Cassio sie liebt, das glaub' ich wohl;
Daß sie ihn liebt, ist denkbar und natürlich.
Der Mohr (obschon ich ihm von Herzen gram)
Ist liebevoller, treuer, edler Art,
Und wird für Desdemona, denk' ich, sicher
Ein wackrer Eh'mann. Jetzt lieb' ich sie auch;
Nicht zwar aus Lüsternheit – wiewohl vielleicht
Nicht kleinre Sünde mir zu schulden kommt –,
Nein, mehr um meine Rach' an ihm zu weiden,
Weil ich vermute, daß der üpp'ge Mohr
Mir ins Gehege kam, und der Gedanke
Nagt wie ein fressend Gift an meinem Innern;
Nichts kann und soll mein Herz beruhigen,
Bis ich ihm wett geworden, Weib um Weib;
Oder, schlägt dies mir fehl, bring' ich den Mohren
In Eifersucht so wilder Art, daß nie
Vernunft sie heilen kann. Dies zu vollbringen –
Hält nur mein Köder von Venedig stand,
Den ich mir ködre zu der schnellen Jagd –
Pack' ich den Michael Cassio bei der Hüfte,
Verschwärz' ihn dann dem Mohren als gefährlich;
Denn Cassio fürcht' ich auch für mein Gespons.
So dankt Othello mir's, liebt mich, belohnt mich,
Daß ich so stattlich ihn zum Esel machte

Und seine Ruh' und Freud' ihm untergrub,
Zum Wahnsinn. – Ja, hier liegt's, noch nicht entfaltet;
Die Bosheit wird durch Tat erst ganz gestaltet. *(Ab)*

Zweite Szene
STRASSE
Ein Herold tritt auf

HEROLD: »Es ist Othellos, unsres edeln und tapfern Generals, Wunsch, daß auf die zuverlässige, jetzt eingegangene Nachricht von der gänzlichen Vernichtung der türkischen Flotte jedermann seine Freude kund tue; sei es durch Tanz oder Lustfeuer, oder wie ihn sonst seine Neigung zu Spiel und Kurzweil treibt; denn außer jenem erfreulichen Ereignis feiert er heut seine Hochzeit: solches wird auf seinen Befehl ausgerufen. Alle Säle des Palastes sind geöffnet, und volle Freiheit zu Schmaus und Fest von jetzt fünf Uhr an, bis die elfte Stunde geschlagen. Der Himmel segne die Insel Cypern und unsern edlen General Othello!« *(Ab)*

Dritte Szene
SCHLOSS
Othello, Desdemona, Cassio und Gefolge treten auf

OTHELLO: Mein lieber Michael,
 Halt' ja genaue Wache diese Nacht:
 Wir müssen selbst auf ehrbar Maß bedacht sein,
 Daß nicht die Lust unbändig werde!
CASSIO: Jago ward schon befehligt, was zu tun;
 Doch außerdem noch soll mein eignes Auge
 Auf alles sehn.
OTHELLO: Jago ist treu bewährt.
 Gut' Nacht! Auf morgen mit dem Frühesten

Hab' ich mit dir zu reden. – Komm, Geliebte:
Den Preis erringt sich, wer den Handel schloß;
Wir teilen ihn, mein holder Mitgenoß.
Gut' Nacht! *(Othello und Desdemona ab)*
(Jago tritt auf)
CASSIO: Willkommen, Jago! Wir müssen auf die Wache.
JAGO: Jetzt noch nicht, Leutnant, es ist noch nicht zehn Uhr. Unser General schickt uns so früh fort aus Liebe zu seiner Desdemona, und wir dürfen ihn drum nicht tadeln; es ist seine erste glückliche Nacht, und sie ist Jupiters würdig.
CASSIO: Sie ist eine unvergleichliche Frau.
JAGO: Und dafür steh' ich, sie hat Feuer.
CASSIO: Gewiß, sie ist ein blühendes, süßes Geschöpf.
JAGO: Welch ein Auge! Mir scheint es wie ein Aufruf zur Verführung.
CASSIO: Ein einladendes Auge; und doch, wie mir scheint, ein höchst sittsames.
JAGO: Und wenn sie spricht, ist's nicht eine Herausforderung zur Liebe?
CASSIO: Sie ist in der Tat die Vollkommenheit selbst.
JAGO: Nun, Heil ihrem Bette! Komm, Leutnant, ich habe ein Stübchen Wein, und hier draußen sind ein paar muntre Jungen aus Cypern, die gern eine Flasche auf die Gesundheit des schwarzen Othello ausstechen möchten.
CASSIO: Nicht heut abend, lieber Jago; ich habe einen sehr schwachen, unglücklichen Kopf zum Trinken. Mir wär's lieb, wenn die Höflichkeit eine andre Sitte der Unterhaltung erfände.
JAGO: Oh, es sind gute Freunde; nur *einen* Becher: ich will für dich trinken.
CASSIO: Ich habe heut abend nur *einen* Becher getrunken, der noch dazu stark mit Wasser gemischt war, und sieh nur, wie es mich verändert hat: Ich habe leider diese Schwachheit, und darf meinen Kräften nicht mehr zumuten.
JAGO: Ei, Lieber, es ist ja Fastnacht heut. Die jungen Leute wünschen es.

Cassio: Wo sind sie?
Jago: Hier vor der Tür; ich bitte dich, rufe sie herein!
Cassio: Ich will's tun, aber es geschieht ungern. *(Geht ab)*
Jago: Wenn ich ihm nur *ein* Glas aufdrängen kann,
  Zu dem, was er an diesem Abend trank,
  Wird er so voller Zank und Ärger sein
  Als einer Dame Schoßhund. – Rodrigo nun, mein Gimpel,
  Den Liebe wie 'nen Handschuh umgewendet,
  Hat Desdemonen manchen tiefen Humpen
  Heut jubelnd schon geleert, und muß zur Wache.
  Drei jungen Cyprern, hochgesinnt und rasch,
  Im Punkt der Ehre keck und leicht gereizt,
  Dem wahren Ausbund hier der mut'gen Jugend,
  Hab' ich mit vollen Flaschen zugesetzt;
  Die wachen auch. – Nun, in der trunknen Schar
  Reiz' ich Herrn Cassio wohl zu solcher Tat,
  Die alles hier empört. – Doch still, sie kommen. –
  Hat nur Erfolg, was jetzt mein Kopf ersinnt,
  Dann fährt mein Schiff mit vollem Strom und Wind.
  (Es kommen Cassio, Montano und mehrere Edelleute)
Cassio: Auf Ehre, haben sie mir nicht schon einen Hieb beigebracht.
Montano: Ei, der wäre klein! Kaum *eine* Flasche, so wahr ich ein Soldat bin!
Jago: Wein her!
  (Singt) Stoßt an mit dem Gläselein, klingt! klingt! –
    Stoßt an mit dem Gläselein, klingt!
    Der Soldat ist ein Mann,
    Das Leben ein' Spann',
    Drum lustig, Soldaten, und trinkt!
  Wein her, Burschen! –
Cassio: Auf Ehre, ein allerliebstes Lied.
Jago: Ich hab's in England gelernt, wo sie, das muß man sagen, sich gewaltig auf das Bechern verstehn. Euer Däne, euer Deutscher, euer dickbäuchiger Holländer, – zu trinken, he! – sind alle nichts gegen den Engländer.

CASSIO: Ist denn der Engländer so sehr ausbündig im Trinken?
JAGO: Ei wohl! den Dänen trinkt er euch mit Gemächlichkeit untern Tisch; es wird ihn wenig angreifen, den Deutschen kapott zumachen; und den Holländer zwingt er zur Übergabe, eh' der nächste Humpen gefüllt werden kann.
CASSIO: Auf unsers Gouverneurs Gesundheit!
MONTANO: Die trink' ich mit, Leutnant, und ich will Euch Bescheid tun.
JAGO: O das liebe England! –

(Singt) König Stephan war ein wackrer Held,
Eine Krone kostet ihm sein Rock:
Das fand er um sechs Grot geprellt,
Und schalt den Schneider einen Bock.

Und war ein Fürst von großer Macht,
Und du bist solch geringer Mann:
Stolz hat manch Haus zu Fall gebracht,
Drum zieh' den alten Kittel an!

Wein her, sag' ich! –

CASSIO: Ei, das Lied ist noch viel herrlicher als das erste.
JAGO: Wollt Ihr's nochmals hören?
CASSIO: Nein, denn ich glaube, der ist seiner Stelle unwürdig, der so was tut. – Wie gesagt, – der Himmel ist über uns allen; – und es sind Seelen, die müssen selig werden, – und andre, die müssen nicht selig werden.
JAGO: Sehr wahr, lieber Leutnant.
CASSIO: Ich meines Teils – ohne dem General oder sonst einer hohen Person vorzugreifen – ich hoffe, selig zu werden.
JAGO: Und ich auch, Leutnant.
CASSIO: Aber, mit Eurer Erlaubnis, nicht vor mir – der Leutnant muß vor dem Fähndrich selig werden. Nun genug hievon; wir wollen auf unsre Posten. – Vergib uns unsre Sünden! – Meine Herrn, wir wollen nach unserm Dienst sehn. – Ihr müßt nicht glauben, meine Herrn, daß ich betrunken sei: – dies ist mein Fähndrich, – dies ist meine rechte Hand – dies meine linke

Hand – ich bin also nicht betrunken; ich stehe noch ziemlich
gut, und spreche noch ziemlich gut.
ALLE: Außerordentlich gut.
CASSIO: Nun, recht gut also; ihr müßt also nicht meinen, daß ich
betrunken sei. *(Er geht ab)*
MONTANO: Jetzt zur Terrasse; laßt die Wachen stellen.
JAGO: Da seht den jungen Mann, der eben ging:
Ein Krieger, wert, beim Cäsar selbst zu stehn
Und zu befehlen; doch ihr seht sein Laster:
Es ist das Äquinoktium seiner Tugend,
Eins ganz dem andern gleich. 'S ist schad' um ihn!
Das Zutraun, fürcht' ich, das der Mohr ihm schenkt,
Bringt Cypern Unglück, trifft die Schwachheit ihn
Zu ungelegner Stunde.
MONTANO: Ist er oft so?
JAGO: So ist er immer vor dem Schlafengehn:
Er wacht des Zeigers Umkreis zwei Mal durch,
Wiegt ihn der Trunk nicht ein.
MONTANO: Dann wär' es gut,
Man meldete den Fall dem General:
Vielleicht, daß er's nicht sieht; vielleicht gewahrt
Sein gutes Herz die Tugend nur am Cassio,
Und ihm entgehn die Fehler; ist's nicht so?
(Rodrigo tritt auf)
JAGO: Was soll's, Rodrigo?
Ich bitt' Euch, folgt dem Leutnant nach – so geht!
(Rodrigo ab)
MONTANO: Und wahrlich schade, daß der edle Mohr
So wicht'gen Platz als seinem zweiten Selbst
Dem Mann vertraut, in dem die Schwachheit wuchert.
Der tät' ein gutes Werk, wer dies dem Mohren
Entdeckte.
JAGO: Ich nimmermehr, nicht für ganz Cypern.
Ich liebe Cassio sehr und gäbe viel,
Könnt' ich ihn heilen. Horch! Was für ein Lärm?

(Man ruft hinter der Szene: »Hülfe! Hülfe!«)
(Cassio kommt zurück und verfolgt den Rodrigo)
Cassio: Du Lump! Du Tölpel!
Montano: Nun, was ist Euch, Leutnant?
Cassio: Der Schurke! Pflicht mich lehren? Wart', in eine Kork-
flasche prügle ich ihn hinein, den Wicht! –
Rodrigo: Mich prügeln?
Cassio: Muckst du, Kerl?
Montano: Still, lieber Leutnant!
(Er hält den Cassio zurück)
Ich bitt' Euch, haltet ein!
Cassio: Herr, laßt mich gehn,
Sonst zeichn' ich Eure Fratze, –
Montano: Geht, Ihr seid trunken! –
Cassio: Trunken? *(Sie fechten)*
Jago: Fort, sag' ich! *(Leise zu Rodrigo)* Eil' und rufe Meuterei!
(Rodrigo ab)
Still doch, Herr Leutnant! Still doch, liebe Herrn!
He, Hülfe! Leutnant, – Herr, – Montano, – Herr! –
Helft, Nachbarn! – Nun, das ist 'ne saubre Wache!
Wer zieht die Glocke denn? Oh, Diavolo!
Die Stadt wird wach – Pfui, pfui doch, Leutnant! Halt!
Ihr macht Euch ew'ge Schande.
(Othello kommt mit Gefolge)
Othello: Was gibt es hier? –
Montano: Ich blute! Er traf mich tödlich! Sterben soll er!
Othello: Bei Euerm Leben, halt! –
Jago: Halt, Leutnant! Herr! Montano, – liebe Herrn, –
Vergaßt ihr allen Sinn für Rang und Pflicht? –
Halt! Hört den General! O schämt euch! Halt!
Othello: Was gibt es hier? Woher entspann sich dies?
Sind wir denn Türken? Tun uns selber das,
Was dem Ungläubigen der Himmel wehrt?
Schämt euch als Christen! Laßt eu'r heidnisch Raufen:
Wer sich noch rührt und zäumt nicht seine Wut,

Der wagt sein Leben dran; ein Schritt ist Tod.
Still mit dem Sturmgeläut'! Es schreckt die Insel
Aus ihrer Fassung. Was geschah, ihr Herrn?
Ehrlicher Jago, du siehst bleich vor Gram,
Sprich, wer hub an? Bei deiner Lieb', ich will's.

JAGO: Ich weiß nicht. Freunde jetzt noch, jetzt im Nu,
Liebreich und gut wie Bräutigam und Braut,
Wenn sie zu Bette gehn: und drauf im Nu
(Als ob sie plötzlich ein Planet verwirrt)
Das Schwert heraus, und auf einander stechend
Im blut'gen Widerstreit! Ich kann nicht sagen,
Wie dieser wunderliche Kampf begann,
Und hätt' in guter Schlacht die Beine lieber
Verloren, die dazu hieher mich trugen.

OTHELLO: Wie, Cassio, kam's, daß du dich so vergaßest?

CASSIO: Ich bitt' Euch, Herr, verzeiht, ich kann nicht reden.

OTHELLO: Würd'ger Montan, Ihr schient mir sonst gesittet;
Die Ruh' und edle Haltung Eurer Jugend
Pries alle Welt, und Euer Name prangte
Im Lob der Weisen: sagt mir denn, wie kam's,
Daß Ihr so abgestreift den guten Ruf,
Und Eures Leumunds Reichtum für den Namen
Des nächt'gen Raufers hinwerft? Gebt mir Antwort!

MONTANO: Würd'ger Othello, ich bin schwer verwundet;
Eu'r Fähndrich Jago kann Euch Meldung tun –
Mir fällt das Reden schwer, ich spart' es gern –
Von allem, was ich weiß – doch wüßt' ich nicht,
Worin ich mich in Wort noch Tat versündigt,
Wenn Selbsterhaltung nicht ein Frevel ist
Und unser Leben schützen ein Vergehn,
Wann uns Gewalt bedrohte.

OTHELLO: Nun, beim Himmel,
Mein Blut beginnt zu meistern die Vernunft;
Und Leidenschaft, mein helles Urteil trübend,
Maßt sich der Führung an; reg' ich mich erst,

Erheb' ich nur den Arm, dann soll der Beste
Vor meinem Streiche fallen. Tut mir kund,
Wie kam der schnöde Zank? Wer bracht' ihn auf?
Wer immer hier verschuldet dies Vergehn –
Wär' er mir blutsverwandt, mein Zwillingsbruder –
Verliert mich. – ... Was! In der Festung selbst –
Das Volk, noch ungewiß, von Angst betäubt –
Privatgezänk und Händel anzustiften,
Bei Nacht, und auf des Schlosses höchster Wache! –
'S ist ungeheuer. – Jago, wer begann?

MONTANO: Wer hier parteiisch oder dienstbefreundet
Mehr oder minder als die Wahrheit spricht,
Ist kein Soldat.

JAGO: Ha, leg' mir's nicht so nah! –
Ich büßte ja die Zunge lieber ein,
Als daß sie gegen Michael Cassio zeugte;
Doch glaub' ich fest, die Wahrheit reden bringt
Ihm keinen Nachteil. – So geschah's, mein Feldherr:
Ich und Montano waren im Gespräch,
Da kommt ein Mensch, der laut um Hülfe schreit;
Und Cassio folgt ihm mit gezücktem Schwert,
Ihn zu verwunden; drauf trat dieser Herr
Cassio entgegen, bat ihn, still zu sein;
Und ich derweil verfolgte jenen Schreier,
Damit sein Ruf nicht (wie es doch geschah)
Die Stadt erschrecke; jener, leicht zu Fuß,
Entlief mir; und ich kehrte um so schneller,
Weil ich Geklirr und Waffenlärm vernahm
Und Cassios lautes Fluchen, was bis heut
Ich nie von ihm gehört; als ich zurück kam –
Und dies war gleich –, fand ich sie hart zusammen,
Auf Hieb und Stoß: ganz, wie das zweite Mal,
Als Ihr sie selber trenntet.
Mehr von dem Vorfall ist mir nicht bekannt; –
Doch Mensch ist Mensch, der Beste fehlt einmal;

Und ob ihm Cassio gleich zu nah getan –
Wie man in Wut den besten Freund ja schlägt –,
Doch, denk' ich, ward von dem, der floh, an Cassio
So große Kränkung wohl geübt, als kaum
Geduld ertragen mag.
OTHELLO: Ich weiß, Jago,
Aus Lieb' und Bravheit schmückst du diese Sache,
Und milderst sie für Cassio. – Cassio, ich liebe dich;
Allein mein Leutnant bist du länger nicht. –
(Desdemona kommt mit Gefolge)
Seht, ward mein liebes Weib nicht auch geweckt! –
– Du sollst ein Beispiel sein!
DESDEMONA: Was ging hier vor, mein Teurer?
OTHELLO: 'S ist alles gut schon, Liebchen – komm zu Bett.
Ich selbst will Arzt sein, Herr, für Eure Wunden. –
Führt ihn nach Haus. *(Montano wird weggeführt)*
Du, Jago, sieh mit Sorgfalt auf die Stadt,
Und schwicht'ge, wen der schnöde Lärm geängstet!
Komm, Desdemona: oft im Kriegerleben
Wird süßer Schlaf der Störung preis gegeben.
(Alle ab; es bleiben Jago und Cassio)
JAGO: Seid Ihr verwundet, Leutnant?
CASSIO: O ja! so, daß kein Arzt mir hilft! –
JAGO: Ei, das verhüte der Himmel! -
CASSIO: Guter Name! Guter Name! Guter Name! Oh, ich habe meinen guten Namen verloren! Ich habe das unsterbliche Teil von mir selbst verloren, und was übrig bleibt, ist tierisch. – Mein guter Name, Jago, mein guter Name! –
JAGO: So wahr ich ein ehrlicher Mann bin, ich dachte, du hättest eine körperliche Wunde empfangen, und das bedeutet mehr, als mit dem guten Namen. Der gute Name ist eine nichtige und höchst trügliche Einbildung, oft ohne Verdienst erlangt, und ohne Schuld verloren. Du hast überall gar keinen guten Namen verloren, wenn du nicht an diesen Verlust glaubst. Mut, Freund! es gibt ja Mittel, den General wieder

zu gewinnen: du bist jetzt nur in seiner Heftigkeit kassiert; er straft mehr aus Klugheit, als aus böser Absicht, just als wenn einer seinen harmlosen Hund schlüge, um einen dräuenden Löwen zu schrecken; gib ihm wieder ein gutes Wort, und er ist dein.

CASSIO: Lieber will ich ein gutes Wort einlegen, daß er mich ganz verstoße, als einen so guten Feldherrn noch länger hintergehn mit einem so leichtsinnigen, trunkenen und unbesonnenen Offizier. Trunken sein? und wie ein Papagei plappern? und renommieren und toben, fluchen und Bombast schwatzen mit unserm eignen Schatten? O du unsichtbarer Geist des Weins, wenn du noch keinen Namen hast, an dem man dich kennt: so heiße Teufel!

JAGO: Wer war's, den du mit dem Degen verfolgtest? Was hatte er dir getan?

CASSIO: Ich weiß nicht.

JAGO: Ist's möglich?

CASSIO: Ich besinne mich auf einen Haufen Dinge, aber auf nichts deutlich; auf einen Zank, aber nicht weswegen. – O daß wir einen bösen Feind in den Mund nehmen, damit er unser Gehirn stehle! – Daß wir durch Frohlocken, Schwärmen, Vergnügen und Aufregung uns in Vieh verwandeln! –

JAGO: Nun, aber du scheinst mir jetzt recht wohl; wie hast du dich so schnell erholt? –

CASSIO: Es hat dem Teufel *Trunkenheit* gefallen, dem Teufel *Zorn* Platz zu machen. Eine Schwachheit erzeugt mir die andre, damit ich mich recht von Herzen verachten möge.

JAGO: Geh, du bist ein zu strenger Moralist. Wie Zeit, Art und die Umstände des Lebens beschaffen sind, wünschte ich von Herzen, dies wäre nicht geschehn; da es aber nun einmal so ist, so richte es wieder ein zu deinem Besten!

CASSIO: Ich will wieder um meine Stelle bei ihm nachsuchen; er wird mir antworten, ich sei ein Trunkenbold! Hätte ich so viel Mäuler als die Hydra, solch eine Antwort würde sie alle stopfen. Jetzt ein vernünftiges Wesen sein, bald darauf ein Narr, und plötzlich ein Vieh, – o furchtbar! – Jedes Glas zu viel ist verflucht, und sein Inhalt ist ein Teufel! –

JAGO: Geh, geh; guter Wein ist ein gutes, geselliges Ding, wenn man mit ihm umzugehn weiß. Scheltet mir nicht mehr auf ihn – und, lieber Leutnant, ich denke, du denkst, ich liebe dich.

CASSIO: Ich habe Beweise davon, Freund. – Ich betrunken! –

JAGO: Du oder jeder andre Erdensohn kann sich wohl einmal betrinken, Freund. Ich will dir sagen, was du zu tun hast. Unsers Generals Frau ist jetzt General – das darf ich insofern sagen, als er sich ganz dem Anschauen, der Bewund'rung und Auffassung ihrer Reize und Vollkommenheiten hingegeben und geweiht hat. Nun, beichte ihr alles frei heraus; bestürme sie, sie wird dir schon wieder zu deinem Amt verhelfen. Sie ist von so offener, gütiger, fügsamer und gnadenreicher Gesinnung, daß sie's für einen Flecken in ihrer Güte halten würde, nicht noch mehr zu tun, als um was sie gebeten wird. Dies zerbrochne Glied zwischen dir und ihrem Manne bitte sie zu schienen; und, mein Vermögen gegen irgend etwas, das Namen hat, dieser Freundschaftsbruch wird die Liebe fester machen als zuvor.

CASSIO: Du rätst mir gut.

JAGO: Ich beteure es mit aufrichtiger Liebe und redlichem Wohlwollen.

CASSIO: Das glaube ich zuversichtlich, und gleich morgen früh will ich die tugendhafte Desdemona ersuchen, sich für mich zu verwenden. Ich verzweifle an meinem Glück, wenn's mich hier zurück stößt.

JAGO: Ganz recht. Gute Nacht, Leutnant! Ich muß auf die Wache.

CASSIO: Gute Nacht, ehrlicher Jago! *(Er geht ab)*

JAGO: Und wer ist nun, der sagt, ich sei ein Schurke?
Da dieser Rat aufrichtig ist und redlich,
Geprüft erscheint, und in der Tat der Weg,
Den Mohren umzustimmen? Denn sehr leicht
Wird Desdemonas mildes Herz bewegt

Für eine gute Sache; sie ist spendend
Wie Segen selbst; und ihr, wie leicht alsdann
Den Mohren zu gewinnen; – gölt's der Taufe
Und der Erlösung Siegel zu entsagen. –
Sein Herz ist so verstrickt von ihrer Liebe,
Daß sie ihn formt, umformt, tut, was sie will,
Wie's ihr gelüsten mag, den Gott zu spielen
Mit seiner Schwachheit. Bin ich denn ein Schurke?
Rat' ich dem Cassio solchen Richtweg an
Zu seinem Glück? – Theologie der Hölle! –
Wenn Teufel ärgste Sünde fördern wollen,
So locken sie zuerst durch frommen Schein,
Wie ich anjetzt. Derweil der gute Tropf
In Desdemona dringt, ihm beizustehn,
Und sie mit Nachdruck sein Gesuch begünstigt,
Träuf' ich den Gifttrank in Othellos Ohr:
Daß sie zu eigner Lust zurück ihn ruft;
Und um so mehr sie strebt, ihm wohlzutun,
Vernichtet sie beim Mohren das Vertraun.
So wandl' ich ihre Tugend selbst zum Laster,
Und strick' ein Netz aus ihrer eignen Güte,
Das alle soll umgarnen. –
            (Rodrigo kommt) Nun, Rodrigo?
RODRIGO: Ich folge hier der Meute, nicht wie ein Hund, der jagt, sondern wie einer, der nur anschlägt. Mein Geld ist fast vertan; ich bin heut nacht tüchtig durchgeprügelt, und ich denke, das Ende wird sein, daß ich für meine Mühe doch etwas Erfahrung gewinne, und so, ganz ohne Geld und mit etwas mehr Verstand, nach Venedig heimkehre.
JAGO: Wie arm sind die, die nicht Geduld besitzen! –
Wie heilten Wunden, als nur nach und nach?
Du weißt, man wirkt durch Witz und nicht durch Zauber;
Und Witz beruht auf Stund' und günst'ger Zeit.
Geht's denn nicht gut? Cassio hat dich geschlagen,
Und du, mit wenig Schmerz, kassierst den Cassio:

Gedeiht auch schlechtes Unkraut ohne Sonne,
Von Früchten reift zuerst, die erst geblüht: –
Beruh'ge dich! – Beim Kreuz! Der Morgen graut,
Vergnügen und Geschäft verkürzt die Zeit. –
Entferne dich; geh jetzt in dein Quartier:
Fort, sag' ich, du erfährst in kurzem mehr. –
Nein, geh doch nur! *(Rodrigo ab)*
                        Zwei Dinge sind zu tun:
Mein Weib muß ihre Frau für Cassio bitten,
Ich stimme sie dazu;
Indes nehm' ich den Mohren auf die Seite
Und führ' ihn just hinein, wenn Cassio dringend
Sein Weib ersucht. Nun helfe mir der Trug!
So muß es gehn: fort Lauheit und Verzug! –   *(Er geht ab)*

Dritter Aufzug

Erste Szene
VOR DEM SCHLOSSE
Cassio tritt auf mit Musikanten

CASSIO: Ihr Herrn, spielt auf, ich zahl' euch eure Müh':
Ein kurzes Stück, als Morgengruß dem Feldherrn.
(Musik. Der Narr tritt auf)
NARR: Nun, ihr Herren? Sind eure Pfeifen in Neapel gewesen, daß sie so durch die Nase schnarren? – Aber hier ist Geld für euch, ihr Herren, und dem General gefällt eure Musik so ausnehmend, daß er euch um alles in der Welt bitten läßt, keinen Lärm mehr damit zu machen.
MUSIKANTEN: 'S ist gut, Herr, das wollen wir auch nicht.
NARR: Wenn ihr eine Musik habt, die gar nicht zu hören ist, in Gottes Namen; aber was man sagt, Musik *hören*: da nach fragt der General nicht viel.
MUSIKANTEN: Solche haben wir nicht, Herr.
NARR: Dann steckt eure Pfeifen wieder in den Sack, denn ich will fort. Geht! – Verschwindet in die Lüfte! Husch!
(Die Musikanten gehn ab)
CASSIO: Hörst du, mein ehrliches Gemüt? –
NARR: Nein, Eu'r ehrliches Gemüt hör' ich nicht; ich höre Euch.
CASSIO: Ich bitt' dich, laß deine Witze! Hier hast du ein kleines Goldstückchen; wenn die Gesellschafts-Dame deiner Gebieterin schon munter ist, sag' ihr, hier sei ein gewisser Cassio, der sie um die Vergünstigung eines kurzen Gesprächs bitte. Willst du das tun? –
NARR: Munter ist sie, Herr; wenn sie sich hierher ermuntern will, so werd' ich's ihr insinuieren.
(Narr ab. Jago tritt auf)

Cassio: Dank, lieber Freund! Ei, Jago, grade recht! –
Jago: So gingt Ihr nicht zu Bett?
Cassio: Ich? Nein, der Morgen graute,
Eh' wir uns trennten. Eben jetzt, mein Jago,
Schickt' ich zu deiner Frau, und ließ sie bitten,
Sie wolle bei der edlen Desdemona
Mir Zutritt schaffen.
Jago: Ich will gleich sie rufen;
Und auf ein Mittel sinn' ich, wie der Mohr
Entfernt wird, daß Ihr um so freier Euch
Besprechen mögt. *(Ab)*
Cassio: Von Herzen dank' ich dir's. – Ich kannte nie
'Nen Florentiner, der so brav und freundlich.
(Emilia tritt auf)
Emilia: Guten Morgen, werter Leutnant: Euer Unfall
Betrübt mich sehr, doch wird noch alles gut.
Der General und seine Frau besprechen's,
Und warm vertritt sie Euch; er wendet ein,
Der junge Mann sei hochgeschätzt in Cypern,
Von großem Anhang; und nach bestem Rat
Könn' er Euch nicht verteid'gen. Doch er liebt Euch,
Und keines Fürworts braucht's, als seine Freundschaft,
Euch wieder einzusetzen.
Cassio: Dennoch bitt' ich –
Wenn Ihr's für ratsam haltet oder tunlich –,
Schafft mir die Wohltat einer Unterredung
Allein mit Desdemona!
Emilia: Kommt mit mir:
Ich richt' es ein, daß Ihr in günst'ger Muße
Euch frei erklären mögt.
Cassio: Wie dank' ich Euch!   *(Sie gehn ab)*

Zweite Szene
Ebendaselbst
Othello, Jago und Edelleute treten auf

Othello: Die Briefe, Jago, gib dem Schiffspatron,
 Und meinen Gruß entbiet' er dem Senat;
 Ich will hernach die Außenwerke sehn,
 Dort triffst du mich.
Jago: Sehr wohl, mein General.
Othello: Beliebt's, ihr Herrn, zur Festung mir zu folgen? –
Edelleute: Wir sind bereit, mein gnäd'ger Herr. *(Sie gehn ab)*

Dritte Szene
Ebendaselbst
Desdemona, Cassio und Emilia treten auf

Desdemona: Nein, zweifle nicht, mein guter Cassio, alles,
 Was mir nur möglich, biet' ich für dich auf.
Emilia: Tut's, edle Frau; ich weiß, mein Mann betrübt sich,
 Als wär' es seine Sache.
Desdemona: Er ist ein ehrlich Herz. Sei ruhig, Cassio,
 Ich mache meinen Herrn und dich aufs neue
 Zu Freunden, wie ihr wart.
Cassio: O güt'ge Frau,
 Was auch aus Michael Cassio werden mag,
 Auf immer bleibt er Eurem Dienst ergeben.
Desdemona:
 Ich dank' Euch, Cassio. – Ihr liebt ja meinen Herrn,
 Ihr kennt ihn lange schon; drum seid gewiß,
 Er wendet sich nicht ferner von Euch ab,
 Als ihn die Klugheit zwingt.
Cassio: Doch, gnäd'ge Frau,
 Die Klugheit währt vielleicht so lange Zeit,
 Lebt von so magrer, wassergleicher Kost,

    Erneut vielleicht sich aus dem Zufall so,
    Daß, wenn ich fern bin und mein Amt besetzt,
    Der Feldherr meine Lieb' und Treu' vergißt.
DESDEMONA: Das fürchte nimmer; vor Emilien hier
    Verbürg' ich dir dein Amt; und sei gewiß,
    Versprach ich jemand einen Dienst, den leist' ich
    Bis auf den letzten Punkt: ich lass' ihm keine Ruh',
    Ich wach' ihn zahm, schwätz' ihn aus der Geduld;
    Sein Tisch und Bett soll Beicht' und Schule sein,
    In alles, was er vornimmt, meng' ich ihm
    Cassios Gesuch: deshalb sei fröhlich, Cassio!
    Denn deine Mittlerin wird lieber sterben,
    Als dich versäumen.

    (Othello und Jago treten in einiger Entfernung auf)

EMILIA: Gnäd'ge Frau, hier kommt
    Der General.
CASSIO: Ich nehme meinen Abschied.
DESDEMONA: Ei, bleibt und hört mich reden!
CASSIO: Gnäd'ge Frau,
    Jetzt nicht, ich bin nicht unbefangen, wenig
    Geschickt für meine Absicht.
DESDEMONA: Meinethalb,
    Tut nach Belieben! *(Cassio geht)*
JAGO: Ha! – Das gefällt mir nicht!
OTHELLO: Was sagst du da?
JAGO:
    Nichts, gnäd'ger Herr; doch wenn, – – – ich weiß nicht, was.
OTHELLO: War das nicht Cassio, der mein Weib verließ?
JAGO: Cassio, Gen'ral? Gewiß, ich dächt' es nicht,
    Daß er wie schuldbewußt wegschleichen würde,
    Da er Euch kommen sieht.
OTHELLO: Ich glaub', er war's.
DESDEMONA: Ei sieh, mein lieber Herr! –
    So eben sprach ein Bittender mit mir,
    Ein Mann, durch dein Mißfallen ganz entmutigt.

OTHELLO: Wer ist es, den du meinst?
DESDEMONA: Nun, deinen Leutnant Cassio. Teurer Freund,
Hat meine Liebe Kraft, dich zu bewegen,
Dann augenblicks versöhne dich mit ihm! –
Ist er nicht einer, der dich wahrhaft liebt,
Aus Übereilung fehlt', und nicht aus Vorsatz,
Versteh' ich schlecht mich auf ein ehrlich Auge: –
Bitt' dich, ruf' ihn zurück!
OTHELLO: Ging er jetzt fort?
DESDEMONA: Ja wahrlich, so gebeugt,
Daß er ein Teil von seinem Gram mir ließ,
Mit ihm zu leiden. Liebster, ruf' ihn wieder!
OTHELLO: Jetzt nicht, geliebtes Herz, ein andermal.
DESDEMONA: Doch bald?
OTHELLO: Sobald als möglich, deinethalb.
DESDEMONA: Zum Abendessen denn.
OTHELLO: Nein, heute nicht.
DESDEMONA: Dann morgen mittag?
OTHELLO: Ich speise nicht zu Haus;
Die Offiziere luden mich zur Festung.
DESDEMONA: Nun, morgen abend? oder Dienstag morgen,
Zu Mittag oder Abend – Mittwoch früh? –
O nenne mir die Zeit, doch laß es höchstens
Drei Tage sein: Gewiß, es reut ihn sehr;
Und sein Vergehn, nach unsrer schlichten Einsicht –
Wiewohl der Krieg ein Beispiel fordert, sagt man,
Am Besten selbst – ist nur ein Fehl, geeignet
Für heimlichen Verweis. – Wann darf er kommen?
Sprich doch, Othello: ich begreife nicht,
Was ich dir weigerte, das du verlangtest,
Oder so schaudernd schwieg. Ei, Michael Cassio,
Der für dich warb, und manches liebe Mal,
Wenn ich von dir nicht immer günstig sprach,
Dich treu verfocht – den kostet's so viel Müh'
Dir zu versöhnen? Traun, ich täte viel –

OTHELLO: Ich bitt' dich, laß – er komme, wann er will;
   Ich will dir nichts versagen.
DESDEMONA: Es ist ja nicht für mich:
   Es ist, als bät' ich dich, Handschuh' zu tragen,
   Dich warm zu halten, kräft'ge Kost zu nehmen,
   Oder als riet' ich dir besondre Sorgfalt
   Für deine Pflege – nein, hab' ich zu bitten,
   Was deine Liebe recht in Anspruch nimmt,
   Dann muß es schwierig sein und voll Gewicht,
   Und mißlich die Gewährung.
OTHELLO: Ich will dir nichts versagen;
   Dagegen bitt' ich dich, gewähr' mir dies: –
   Laß mich ein wenig nur mit mir allein!
DESDEMONA: Soll ich's versagen? Nein: leb wohl, mein Gatte!
OTHELLO: Leb wohl, mein Herz! Ich folge gleich dir nach.
DESDEMONA:
   Emilia, komm! *(Zu Othello)* Tu', wie dich Laune treibt;
   Was es auch sei, gehorsam bin ich dir.   *(Geht ab mit Emilien)*
OTHELLO: Holdselig Ding! Verdammnis meiner Seele,
   Lieb' ich dich nicht! Und wenn ich dich nicht liebe,
   Dann kehrt das Chaos wieder.
JAGO: Mein edler General –
OTHELLO: Was sagst du, Jago?
JAGO: Hat Cassio, als Ihr warbt um Eure Gattin,
   Gewußt um Eure Liebe?
OTHELLO: Vom Anfang bis zu Ende: warum fragst du?
JAGO: Um nichts, als meine Neugier zu befried'gen;
   Nichts Arges sonst.
OTHELLO: Warum die Neugier, Jago?
JAGO: Ich glaubte nicht, er habe sie gekannt.
OTHELLO: O ja, er ging von einem oft zum andern.
JAGO: Wirklich?
OTHELLO: Wirklich! ja, wirklich! – Find'st du was darin?
   Ist er nicht ehrlich?
JAGO: Ehrlich, gnäd'ger Herr?

OTHELLO: Ehrlich, ja ehrlich!
JAGO: So viel ich weiß, Gen'ral!
OTHELLO: Was denkst du, Jago?
JAGO: Denken, gnäd'ger Herr?
OTHELLO: Hm, denken, gnäd'ger Herr! Bei Gott, mein Echo!
Als läg' ein Ungeheu'r in seinem Sinn,
Zu gräßlich, es zu zeigen. – Etwas meinst du:
Jetzt eben riefst du: »*Das gefällt mir nicht!*« –
Als Cassio fortging. Was gefällt dir nicht? –
Und als ich sagt', ihm hab' ich mich vertraut
Im Fortgang meiner Werbung, riefst du: »*Wirklich?*«
Und zogst und faltetest die Stirn zusammen,
Als hielt'st du einen greulichen Gedanken
Verschlossen im Gehirn: – wenn du mich liebst,
Sprich, was du denkst!
JAGO: Ihr wißt, ich lieb' Euch, Herr!
OTHELLO: Das, denk' ich, tust du;
Und weil ich weiß, du bist mein Freund, und redlich,
Und wägst das Wort, eh' du ihm Atem leihst,
So ängstet mich dies Stocken um so mehr –
Denn derlei ist bei falsch treulosen Buben
Alltäglich Spiel; doch bei dem Biedermann
Heimlicher Wink, der aus dem Herzen dringt
Im Zorn des Edelmuts.
JAGO: Nun, Michael Cassio –
Ich darf wohl schwören, ehrlich halt' ich ihn.
OTHELLO: Ich auch.
JAGO: Man sollte sein das, was man scheint;
Und die es nicht sind, sollten's auch nicht scheinen.
OTHELLO: Ganz recht, man sollte sein das, was man scheint.
JAGO: Nun wohl, so halt' ich Cassio dann für ehrlich.
OTHELLO: Nein, damit meinst du mehr:
Ich bitt' dich, sprich mir ganz so, wie du denkst,
Ganz wie du sinnst; und gib dem schlimmsten Denken
Das schlimmste Wort!

Jago: Mein General, verzeiht:
Obgleich zu jeder Dienstpflicht Euch verbunden,
Nicht bin ich's da, wo Sklaven frei sich fühlen.
Aussprechen die Gedanken!
Gesetzt, sie wären niedrig und verkehrt –
Wo ist der Palast, wo nicht auch einmal
Schändliches eindringt? Wessen Herz so rein,
Daß der und jener schmutz'ge Zweifel nicht
Einmal zu Rat sitzt und Gerichtstag hält
Mit rechtsgemäßer Forschung?
Othello: Du übst Verrat an deinem Freunde, Jago,
Glaubst du, man kränk' ihn, und verhüllst ihm doch,
Was du nur irgend denken magst.
Jago: Ich bitt' Euch,
Wenn auch vielleicht falsch ist, was ich vermute
(Wie's, ich bekenn' es, stets mein Leben quält,
Fehltritten nachgehn; auch mein Argwohn oft
Aus Nichts die Sünde schafft), daß Eure Weisheit
Auf einen, der so unvollkommen wahrnimmt,
Nicht hören mag; noch Unruh' Euch erbaun
Aus seiner ungewiß zerstreuten Meinung; –
Nicht kann's bestehn mit Eurer Ruh' und Wohlfahrt,
Noch meiner Mannheit, Redlichkeit und Vorsicht,
Sag' ich Euch, was ich denke.
Othello: Sprich, was meinst du?
Jago: Der gute Name ist bei Mann und Frau,
Mein bester Herr,
Das eigentliche Kleinod ihrer Seelen.
Wer meinen Beutel stiehlt, nimmt Tand; 's ist etwas
Und nichts; mein war es, ward das Seine nun,
Und ist der Sklav' von Tausenden gewesen.
Doch wer den guten Namen mir entwendet,
Der raubt mir das, was ihn nicht reicher macht,
Mich aber bettelarm.
Othello: Beim Himmel! ich will wissen, was du denkst.

JAGO: Ihr könnt's nicht, läg' in Eurer Hand mein Herz,
  Noch sollt Ihr's, weil es meine Brust verschließt.
OTHELLO: Ha! –
JAGO: Oh, bewahrt Euch, Herr, vor Eifersucht,
  Dem grüngeaugten Scheusal, das besudelt
  Die Speise, die es nährt! – Heil dem Betrognen,
  Der, seiner Schmach bewußt, die Falsche haßt!
  Doch welche Qualminuten zählt der Mann,
  Der liebt, verzweifelt; argwohnt und vergöttert!
OTHELLO: O Jammer –
JAGO: Arm und vergnügt ist reich und überreich;
  Doch Krösus' Reichtum ist so arm als Winter
  Für den, der immer fürchtet, er verarme: –
  O Himmel, schütz' all meiner Freunde Herz
  Vor Eifersucht! –
OTHELLO: Wie? Was ist das? Denkst du,
  Mein Leben soll aus Eifersucht bestehn? –
  Und wechseln, wie der Mond, in ew'gem Schwanken
  Mit neuer Furcht? Nein, einmal Zweifeln macht
  Mit eins entschlossen. Vertausch' mich mit 'ner Geiß,
  Wenn ich das Wirken meiner Seele richte
  Auf solch verblasnes, nichtiges Phantom,
  Wahnspielend, so wie du. Nicht weckt mir's Eifersucht,
  Sagt man, mein Weib ist schön, gedeiht, spricht scherzend,
  Sie liebt Gesellschaft, singt, spielt, tanzt mit Reiz: –
  Wo Tugend ist, macht das noch tugendhafter. –
  Noch schöpf' ich je aus meinen eignen Mängeln
  Die kleinste Furcht, noch Zweifel ihres Abfalls;
  Sie war nicht blind, und wählte mich. Nein, Jago,
  Eh' ich zweifle, will ich sehn; zweifl' ich, Beweis:
  Und hab' ich den, so bleibt nichts anders übrig,
  Als fort auf eins mit Lieb' und Eifersucht!
JAGO: Das freut mich, denn nun darf ich ohne Scheu
  Euch offenbaren meine Lieb' und Pflicht,
  Mit freierm Herzen. Drum als Freundeswort

Hört so viel nur: noch schweig' ich von Beweisen. –
Beachtet Eure Frau; prüft sie mit Cassio,
Das Auge klar, nicht blind, nicht eifersüchtig;
Wie traurig, würd' Eu'r freies, edles Herz
Gekränkt durch innre Güte: drum gebt acht!
Venedigs Art und Sitte kenn' ich wohl:
Dort lassen sie den Himmel Dinge sehn,
Die sie dem Mann verbergen – gut Gewissen
Heißt dort nicht: »Unterlaß!«, nein: »Halt' geheim!«

OTHELLO: Meinst du? –

JAGO: Den Vater trog sie, da sie Euch geeh'licht –
Als sie vor Euerm Blick zu beben schien,
War sie in Euch verliebt.

OTHELLO: Ja wohl!

JAGO: Nun folglich:
Sie, die so jung sich so verstellen konnte,
Daß sie des Vaters Blick mit Nacht umhüllte,
Daß er's für Zauber hielt – doch scheltet mich: –
In Demut bitt' ich Euch, Ihr wollt verzeihn,
Wenn ich zu sehr Euch liebe.

OTHELLO: Ich bin dir ewig dankbar.

JAGO: Ich seh', dies bracht' Euch etwas aus der Fassung.

OTHELLO: O gar nicht! gar nicht! –

JAGO: Traun, ich fürcht' es doch.
Ich hoff', Ihr wollt bedenken: was ich sprach,
Geschah aus Liebe. – Doch Ihr seid bewegt: –
Ich bitt' Euch, Herr! dehnt meine Worte nicht
Zu größerm Raum und weitrer Richtung aus,
Als auf Vermutung!

OTHELLO: Nein.

JAGO: Denn tätet Ihr's,
So hätten meine Reden schlimmre Folgen,
Als ich jemals gedacht. Sehr lieb' ich Cassio –
Ich seh', Ihr seid bewegt. –

OTHELLO: O nein! nicht sehr! –

Ich glaube, Desdemona ist mir treu.
JAGO: Lang' bleibe sie's! Und lange mögt Ihr's glauben! –
OTHELLO: Und dennoch – ob Natur, wenn sie verirrt –
JAGO: Ja, darin liegt's: als – um es dreist zu sagen –
So manchem Heiratsantrag widerstehn,
Von gleicher Heimat, Wohlgestalt und Rang,
Wonach, wir sehn's, Natur doch immer strebt:
Hm, darin spürt man Willen, allzulüstern.
Maßlosen Sinn, Gedanken unnatürlich.
Jedoch verzeiht: ich hab' in diesem Fall
Nicht sie bestimmt gemeint: obschon ich fürchte,
Ihr Wille, rückgekehrt zu besserm Urteil,
Vergleicht Euch einst mit ihren Landsgenossen,
Und dann vielleicht bereut sie.
OTHELLO: Leb wohl! Leb wohl!
Wenn du mehr wahrnimmst, laß mich mehr erfahren;
Dein Weib geb' auf sie acht! – Verlaß mich, Jago! –
JAGO: Lebt wohl, mein gnäd'ger Herr! *(Abgehend)*
OTHELLO: Warum vermählt' ich mich? – Der brave Mensch
Sieht und weiß mehr, weit mehr, als er enthüllt! –
JAGO *(zurückkehrend)*: Mein General, ich möcht' Euch herzlich [bitten,
Nicht weiter grübelt; überlaßt's der Zeit:
Und ist's gleich recht, Cassio im Dienst zu lassen
(Denn allerdings steht er ihm trefflich vor),
Doch, wenn's Euch gut dünkt, haltet ihn noch hin:
Dadurch verrät er sich und seine Wege.
Habt acht, ob Eure Gattin seine Rückkehr
Mit dringend heft'gem Ungestüm begehrt;
Daraus ergibt sich manches. Unterdes
Denkt nur, ich war zu emsig in der Furcht
(Und wirklich muß ich fürchten, daß ich's war –),
Und haltet sie für treu, mein edler Feldherr!
OTHELLO: Sorg' nicht um meine Fassung!
JAGO: Noch einmal nehm' ich Abschied. *(Ab)*
OTHELLO: Das ist ein Mensch von höchster Redlichkeit,

Und kennt mit wohlerfahrnem Sinn das Treiben
Des Weltlaufs. Find' ich dich verwildert, Falk,
Und sei dein Fußriem mir ums Herz geschlungen,
Los geb' ich dich: fleuch hin in alle Lüfte,
Auf gutes Glück! – Vielleicht wohl, weil ich schwarz bin
Und mir des leichten Umgangs Gabe fehlt,
Der Stutzer ziert; auch weil sich meine Jahre
Schon abwärts senken; – doch das heißt nicht viel: –
Sie ist dahin! – Ich bin getäuscht! – Mein Trost
Sei bittrer Haß. Oh! Fluch des Ehestands,
Daß unser diese zarten Wesen sind,
Und nicht ihr Lüsten! Lieber Kröte sein
Und von den Dünsten eines Kerkers leben,
Als daß ein Winkel im geliebten Wesen
Für andre sei! – Das ist der Großen Qual,
Sie haben minder Vorrecht als der Niedre;
'S ist ihr Geschick, unwendbar wie der Tod;
Schon im Entstehn schwebt der gehörnte Fluch
Auf unsrer Scheitel. Siehe da, sie kommt: –
   (Desdemona und Emilia treten auf)
Ist diese falsch, so spottet sein der Himmel! –
Ich will's nicht glauben!
DESDEMONA: Nun, mein teurer Herr?
   Dein Gastmahl und die edlen Cyprier,
   Die du geladen, warten schon auf dich.
OTHELLO: Ich bin zu tadeln.
DESDEMONA: Was redest du so matt? Ist dir nicht wohl?
OTHELLO: Ich fühle Schmerz an meiner Stirne hier.
DESDEMONA: Ei ja, das kommt vom Wachen, es vergeht:
   Ich will sie fest dir binden, in 'ner Stunde
   Ist's wieder gut.
OTHELLO: Dein Schnupftuch ist zu klein.
   (Sie läßt ihr Schnupftuch fallen)
Laß nur: komm mit, ich geh' hinein mit dir.
DESDEMONA: Es quält mich sehr, daß du dich unwohl fühlst.
   (Desdemona und Othello ab)

EMILIA: Mich freut, daß ich das Tuch hier finde:
Dies war des Mohren erstes Liebespfand.
Mein wunderlicher Mann hieß mich schon zehn Mal
Das Tuch entwenden: doch sie liebt's so sehr
(Denn er beschwor sie's sorglich stets zu hüten),
Daß sie's beständig bei sich trägt, es küßt
Und spricht damit. Das Stickwerk zeichn' ich nach,
Und geb' es Jago:
Wozu er's will, der Himmel weiß: gleichviel,
Ich füge mich in seiner Launen Spiel.
(Jago tritt auf)
JAGO: Was gibt's? Was machst du hier allein?
EMILIA: Nun zank' nur nicht, ich habe was für dich.
JAGO: Hast was für mich? Das ist nun wohl nichts Neues –
EMILIA: Ei! seht mir doch!
JAGO: Ein närrisch Weib zu haben.
EMILIA: So! weiter nichts? – Nun, sprich! Was gibst du mir
Für dieses Taschentuch?
JAGO: Welch Taschentuch? –
EMILIA: Welch Taschentuch?
Ei nun, des Mohren erstes Brautgeschenk,
Das du so oft mir zu entwenden hießest.
JAGO: Hast du's gestohlen?
EMILIA: Das nicht: sie ließ es fallen aus Versehn;
Und ich zum Glück stand nah und hob es auf.
Sieh da, hier ist's.
JAGO: Ein braves Weib! Gib her! –
EMILIA: Was soll dir's nur, daß du so eifrig drängst,
Ihr's wegzumausen? –
JAGO *(reißt es ihr weg)*:   Ei! Was geht's dich an? –
EMILIA: Hat's keinen wicht'gen Zweck, so gib mir's wieder:
Die arme Frau! – Sie wird von Sinnen kommen,
Wenn sie's vermißt.
JAGO: Tu' du, als weißt du nichts: ich brauch's zu was;
Laß dir nichts merken: g'nug, daß ich's bedarf.

Geh, laß mich! *(Emilia ab)*
Ich will bei Cassio dieses Tuch verlieren,
Da soll er's finden; Dinge, leicht wie Luft,
Sind für die Eifersucht Beweis, so stark
Wie Bibelsprüche. Dies kann Wirkung tun.
Der Mohr ist schon im Kampf mit meinem Gift: –
Gefährliche Gedanken sind gleich Giften,
Die man zuerst kaum wahrnimmt am Geschmack,
Allein nach kurzer Wirkung auf das Blut
Gleich Schwefelminen glühn. Ich sagt' es wohl! –
(Othello tritt auf)
Da kommt er. Mohnsaft nicht, noch Mandragora,
Noch alle Schlummerkräfte der Natur,
Verhelfen je dir zu dem süßen Schlaf,
Den du noch gestern hattest.
OTHELLO: Ha! Ha! Mir treulos! Mir! –
JAGO: Nun, faßt Euch, General! Nichts mehr davon!
OTHELLO: Fort! Heb' dich weg! Du warfst mich auf die
Ich schwör', 's ist besser, sehr betrogen sein,   [Folter: –
Als nur ein wenig wissen.
JAGO: Wie, Gen'ral?
OTHELLO: Was ahnet' ich von ihren stillen Lüsten? –
Ich sah's nicht, dacht' es nicht, war ohne Harm;
Schlief wohl die nächste Nacht, aß gut, war frei und froh;
Ich fand nicht Cassios Küss' auf ihren Lippen:
Wenn der Bestohlne nicht vermißt den Raub,
Sagt ihr's ihm nicht, so ist er nicht bestohlen.
JAGO: Es schmerzt mich, dies zu hören.
OTHELLO: Noch wär' ich glücklich, wenn das ganze Lager,
Troßbub' und alles, ihren süßen Leib genoß,
Und ich erfuhr es nicht. O nun, auf immer
Fahr' wohl, des Herzens Ruh'! Fahr' wohl, mein Friede!
Fahr' wohl, du wall'nder Helmbusch, stolzer Krieg,
Der Ehrgeiz macht zur Tugend! Oh, fahr' wohl!
Fahr' wohl, mein wiehernd Roß und schmetternd Erz,

Mutschwell'nde Trommel, muntrer Pfeifenklang,
Du königlich Panier, und aller Glanz,
Pracht, Pomp und Rüstung des glorreichen Kriegs! –
Und o du Mordgeschoß, des rauher Schlund
Des ew'gen Jovis Donner widerhallt,
Fahr' wohl! Othellos Tagwerk ist getan! –
JAGO: Ist's möglich? – Gnäd'ger Herr –
OTHELLO: Beweise, Schurk', mir, daß mein Weib verbuhlt,
Tu's ja, schaff' mir den sichtlichen Beweis;
Sonst, bei dem Leben meiner ew'gen Seele,
Besser wär' dir's, ein Hund geboren sein,
Als meinem Grimm dich stellen!
JAGO: Dahin kam's?
OTHELLO: Sehn will ich, oder mindestens Beweis,
An dem kein Häkchen sei, den kleinsten Zweifel
Zu hängen dran, sonst wehe deiner Seele! –
JAGO: Mein edler Herr! –
OTHELLO: Wenn du sie frech verleumd'st und folterst mich,
Dann bete nie mehr; schließ' die Rechnung ab;
Auf höchsten Greuel häufe neuen Greuel;
Mach', daß der Himmel weint, die Erde bebt,
Denn nichts zum ew'gen Fluche kannst du fügen,
Das größer sei.
JAGO: O Gnad'! O Himmel! Schützt mich! –
Seid Ihr ein Mann? Habt Ihr Vernunft und Sinn? –
Fahrt wohl denn! Nehmt mein Amt! – Ich blöder Tor,
Des Lieb' und Redlichkeit als Laster gilt! –
O schnöde Welt! Merk' auf, merk' auf, o Welt!
Aufrichtig sein und redlich bringt Gefahr.
Dank für die Warnung: keinen Freund von jetzt
Lieb' ich hinfort, da Liebe so verletzt.
OTHELLO: Nein, bleib', du solltest doch wohl ehrlich sein.
JAGO: Klug sollt' ich sein, denn Gradheit ist 'ne Törin,
Die das verfehlt, wonach sie strebt.
OTHELLO: Bei Gott!

Ich denk', mein Weib ist treu, und ist es nicht;
Ich denke, du bist brav, und bist es nicht;
Ich will Beweis. Ihr Name, einst so hell
Wie Dianens Antlitz, ist nun wüst und schwarz
Wie mein Gesicht. – Wenn's Messer gibt und Stricke,
Gift, Feuer, oder Ströme zum Ersäufen,
Ich duld' es nicht. – O wär' ich überzeugt! –
JAGO: Ich sehe, wie Euch Leidenschaft verzehrt;
Mich reut, daß ich Euch Anlaß gab: so möchtet
Ihr überzeugt sein? –
OTHELLO: Möchte? Nein, ich will's!
JAGO: Und könnt. Doch wie? Wie überzeugt, o Herr?
Wollt Ihr mit offnem Blick die Frechheit schaun?
Sie sehn gepaart?
OTHELLO: Ha, Tod und Teufel! Oh! –
JAGO: Ein schwierig Unternehmen, denk' ich mir,
Sie so zur Schau zu bringen: 's wär' zu toll,
Wenn mehr noch als vier Augen Zutritt fänden
Bei solchem Lustspiel! Was denn also? Wie?
Was soll ich tun? Wo Überzeugung finden?
Unmöglich ist es, dies mit anzusehn,
Und wären sie wie Geiß' und Affen wild,
Hitzig wie brünst'ge Wölfe, plump und sinnlos
Wie trunkne Dummheit. Dennoch sag' ich Euch,
Wenn Schuldverdacht und Gründe trift'ger Art,
Die gradhin führen zu der Wahrheit Tor,
Euch Überzeugung schafften, solche hätt' ich.
OTHELLO: Gib sprechende Beweise, daß sie falsch!
JAGO: Ich hasse dies Geschäft:
Doch weil ich hierin schon so weit gegangen –
Verlockt durch Lieb' und dumme Redlichkeit –,
So fahr' ich fort. – Ich schlief mit Cassio jüngst,
Und da ein arger Schmerz im Zahn mich quälte,
Konnt' ich nicht ruhn.
Nun gibt es Menschen von so schlaffem Geist,

Daß sie im Traum ausschwatzen, was sie tun,
Und Cassio ist der Art.
Im Schlafe seufzt' er: »Süße Desdemona! –
Sei achtsam, unsre Liebe halt' geheim!« –
Und dann ergriff und drückt' er meine Hand,
Rief: »Süßes Kind!« – und küßte mich mit Inbrunst,
Als wollt' er Küsse mit der Wurzel reißen
Aus meinen Lippen, legte dann das Bein
Auf meines, seufzt' und küßte mich und rief:
»Verwünschtes Los, das dich dem Mohren gab!« –
OTHELLO: O greulich! greulich!
JAGO: Nun, dies war nur Traum.
OTHELLO: Doch er bewies vorhergegangne Tat.
JAGO: Ein schlimm Bedenken ist's, sei's auch nur Traum;
Und dient vielleicht zur Stütze andrer Proben,
Die schwach beweisen.
OTHELLO: In Stücke reiß' ich sie!
JAGO: Nein, mäßigt Euch: noch sehn wir nichts getan;
Noch kann sie schuldlos sein. Doch sagt dies eine:
Saht Ihr nie sonst in Eures Weibes Hand
Ein feines Tuch, mit Erdbeer'n bunt gestickt?
OTHELLO: So eines gab ich ihr, mein erst Geschenk.
JAGO: Das wußt' ich nicht. Allein mit solchem Tuch
(Gewiß war es das ihre) sah ich heut
Cassio den Bart sich wischen.
OTHELLO: Wär' es *das*, –
JAGO: Das, oder sonst eins, kam's von ihr, so zeugt
Es gegen sie nebst jenen andern Zeichen.
OTHELLO: Oh! daß der Sklav' zehntausend Leben hätte!
Eins ist zu arm, zu schwach für meine Rache!
Nun seh' ich, es ist wahr. Blick' her, o Jago,
So blas' ich meine Lieb' in alle Winde: –
Hin ist sie. –
Auf, schwarze Rach', aus deiner tiefen Hölle!
Gib, Liebe, deine Kron' und Herzensmacht

Tyrann'schem Haß! Dich sprenge deine Last,
   O Busen, angefüllt mit Natterzungen!
JAGO: Ich bitt' Euch, ruhig!
OTHELLO: Blut, o Jago, Blut!
JAGO: Geduld, vielleicht noch ändert Ihr den Sinn.
OTHELLO: Nie, Jago, nie! So wie des Pontus Meer,
   Des eis'ger Strom und fortgewälzte Flut
   Nie rückwärts ebben mag, nein, unaufhaltsam
   In den Propontis rollt und Hellespont:
   So soll mein blut'ger Sinn in wüt'gem Gang
   Nie umschaun, noch zur sanften Liebe ebben,
   Bis eine vollgenügend weite Rache   [Äther,
   Ihn ganz verschlang. *(Er knieet nieder)* Nun, beim krystallnen
   Mit schuld'ger Ehrfurcht vor dem heil'gen Eid
   Verpfänd' ich hier mein Wort.
JAGO *(knieet auch)*:   Steht noch nicht auf! –
   Bezeugt's, ihr ewig glüh'nden Lichter dort!
   Ihr Elemente, die ihr uns umschließt!
   Bezeugt, daß Jago hier sich weiht mit allem,
   Was sein Verstand, was Herz und Hand vermag,
   Othellos Schmach zu ahnden! Er gebiete,
   Und zu gehorchen sei mir Liebespflicht,
   Wie blutig auch die Tat! – –
OTHELLO: Ich grüße deine Liebe
   Mit eitlem Dank nicht, nein, mit freud'gem Ja,
   Und augenblicklich führ' ich dich ans Werk:
   Laß in drei Tagen mich von dir vernehmen,
   Daß Cassio nicht mehr lebt!
JAGO: Mein Freund ist tot; Ihr wollt's, es ist geschehn: –
   Sie aber schont!
OTHELLO: Verdammt, verdammt sei sie, die büb'sche Dirne!
   Komm, folge heimlich mir, ich will im stillen
   Ein schnelles Todesmittel mir verschaffen
   Für diesen schönen Teufel. – Nun bist du mein Leutnant!
JAGO: Ich bin auf ewig Euer!   *(Sie gehn ab)*

Vierte Szene
EBENDASELBST
Desdemona, Emilia, der Narr

DESDEMONA: He! Weißt du, in welcher Gegend Leutnant Cassio liegt?
NARR: Ich möchte nicht sagen, daß er irgendwo lüge.
DESDEMONA: Warum?
NARR: Er ist ein Soldat, und wollt' ich sagen, daß ein Soldat lüge, das ginge an Hals und Kragen.
DESDEMONA: Nicht doch, wo wohnt er?
NARR: Euch sagen, wo er wohnt, hieße Euch sagen, wo ich lüge.
DESDEMONA: Ist daraus wohl klug zu werden?
NARR: Ich weiß nicht, wo er wohnt, und sollt' ich eine Wohnung aus der Luft greifen und sagen, er liegt hier, oder liegt da, – das hieße in meinen Hals hineinlügen.
DESDEMONA: Kannst du ihn wohl ausfragen, und dich nach dem Bescheid mit Vernunft gebärden?
NARR: Ich will die Welt hindurch katechisieren, das heißt, Fragen stellen, und sie antworten lassen.
DESDEMONA: Suche ihn auf und schicke ihn her: sage ihm, ich habe meinen Gemahl für ihn gestimmt, ich hoffe, alles werde noch gut.
NARR: Dies auszurichten reicht nicht über das Vermögen des menschlichen Geistes, und darum will ich das Abenteuer bestehen. *(Ab)*
DESDEMONA: Wo hab' ich nur das Tuch verlegt, Emilia?
EMILIA: Ich weiß nicht, gnäd'ge Frau.
DESDEMONA: Glaub' mir, viel lieber mißt' ich meine Börse,
Voll von Crusados. Wär' mein edler Mohr
Nicht großgesinnt und frei vom niedern Stoff
Der Eifersucht, dies könnt' auf schlimme Meinung
Ihn führen.
EMILIA: Weiß er nichts von Eifersucht?
DESDEMONA: Wer? Er? – Die Sonn' in seinem Lande, glaub' ich,

Sog alle solche Dünst' ihm aus.
EMILIA: Da kommt er.
DESDEMONA: Ich will ihn jetzt nicht lassen, bis er Cassio
   Zurückberief. Wie geht dir's, mein Othello? –
(Othello tritt auf)
OTHELLO: Wohl, teure Frau!
                   (Beiseit) O Qual, sich zu verstellen!
(Laut) Wie geht dir's, Desdemona?
DESDEMONA: Gut, mein Teurer.
OTHELLO: Gib deine Hand mir: – Diese Hand ist warm.
DESDEMONA: Sie hat auch Alter nicht noch Gram gefühlt.
OTHELLO: Dies deutet Fruchtbarkeit, freigeb'gen Sinn; –
   Heiß, heiß, und feucht! Solch einer Hand geziemt
   Abtötung von der Welt, Gebet und Fasten,
   Viel Selbstkasteiung, Andacht, fromm geübt;
   Denn jung und brennend wohnt ein Teufel hier,
   Der leicht sich auflehnt. 'S ist 'ne milde Hand,
   Die gern verschenkt.
DESDEMONA: Du kannst sie wohl so nennen,
   Denn diese Hand war's, die mein Herz dir gab.
OTHELLO: Eine offne Hand: sonst gab das Herz die Hand;
   Die neue Wappenkunst ist Hand, nicht Herz.
DESDEMONA: Davon versteh' ich nichts. Nun, dein Versprechen!
OTHELLO: Welch ein Versprechen, Kind? –
DESDEMONA: Ich ließ den Cassio rufen, dich zu sprechen.
OTHELLO: Mich plagt ein widerwärt'ger, böser Schnupfen,
   Leih' mir dein Taschentuch!
DESDEMONA: Hier, mein Gemahl.
OTHELLO: Das, welches ich dir gab.
DESDEMONA: Ich hab's nicht bei mir.
OTHELLO: Nicht?
DESDEMONA: Wirklich nicht, mein Teurer.
OTHELLO: Das muß ich tadeln: dieses Tuch
   Gab meiner Mutter ein Zigeunerweib:
   'Ne Zaub'rin war's, die in den Herzen las.

Solange sie's bewahrte, sprach das Weib,
Würd' es ihr Reiz verleihn und meinen Vater
An ihre Liebe fesseln; doch verlöre
Oder verschenkte sie's, satt würde dann
Sein Blick sie scheun, sein lüstern Auge spähn
Nach neuem Reiz: sie, sterbend, gab es mir,
Und hieß mir's, wenn mein Schicksal mich vermählte,
Der Gattin geben. Dies geschah: nun hüt' es
Mit zarter Liebe, gleich dem Augenstern!
Verlörst du's, oder gäbst es fort, es wäre
Ein Unheil ohne Maß.
DESDEMONA: Wie, ist es möglich?
OTHELLO: Ja wohl; in dem Gewebe steckt Magie:
Eine Sibylle, die den Sonnenlauf
Zweihundert Mal die Bahn vollenden sah,
Hat im prophet'schen Wahnsinn es gewebt.
Geweihte Würmer spannen ihre Seide,
Sie färbt's in Mumiensaft, den sie mit Kunst
Aus Jungfrau'nherzen zog.
DESDEMONA: Wirklich? Ist's wahr?
OTHELLO: Höchst zuverlässig; drum bewahr' es wohl!
DESDEMONA: Dann wollte Gott, ich hätt' es nie gesehn.
OTHELLO: Ha! und weshalb?
DESDEMONA: Was sprichst du so auffahrend und so schnell?
OTHELLO: Ist's fort? Verloren? Sprich! Ist's nicht vorhanden?
DESDEMONA: Gott helf' mir!
OTHELLO: Nun?
DESDEMONA: 'S ist nicht verloren; wenn's nun aber wäre?
OTHELLO: Ha! –
DESDEMONA: Ich sag', es ist noch da.
OTHELLO: Dann hol' es, zeig' mir's!
DESDEMONA: Das könnt' ich, Herr, allein ich will es nicht.
Mit solchem Kunstgriff weichst du mir nicht aus: –
Ich bitt' dich, nimm den Cassio wieder an!
OTHELLO: So hole mir das Tuch: mir ahnet Schlimmes.

DESDEMONA: Sei gut;
   Du find'st nicht wieder solchen tücht'gen Mann.
OTHELLO: Das Tuch –
DESDEMONA: Er ist ein Mann, der all sein Glück
   Von je auf deine Freundschaft hat gebaut, –
OTHELLO: Das Tuch –
DESDEMONA: Fürwahr, du tust nicht recht!
OTHELLO: Hinweg! *(Ab)*
EMILIA: Ist der nicht eifersüchtig?
DESDEMONA: So sah ich ihn noch nie! –
   Gewiß, ein Zauber steckt in jenem Tuch:
   Ein wahres Unglück, daß ich es verlor!
EMILIA: Man lernt den Mann nicht aus in *einem* Jahr:
   Sie alle sind nur Magen, wir nur Kost;
   Sie schlingen uns hinab, und sind sie satt,
   Spein sie uns aus. Seht, Cassio und mein Mann!
       (Jago und Cassio treten auf)
JAGO: Da ist kein andrer Weg, sie muß es tun;
   Und sieh, wie glücklich! geh, bestürme sie!
DESDEMONA: Nun, lieber Cassio! sagt, wie geht es Euch?
CASSIO: Mein alt Gesuch: Ich bitt' Euch, gnäd'ge Frau,
   Laßt mich durch Euer kräftig Fürwort wieder
   Erstehn und Teil an seiner Freundschaft finden,
   Die ich mit ganzer Liebe meines Herzens
   Treulich verehre: – nicht verzögre sich's:
   Ist mein Vergehn so tödlich schwerer Art,
   Daß weder vor'ger Dienst noch jetz'ge Reu',
   Noch Vorsatz, künftig edlen Dienst zu tun,
   Mir seine Neigung wieder kann gewinnen,
   So wird mir's Wohltat sein, es nur zu wissen;
   Dann borg' ich mir erzwungne Freudigkeit
   Und such' auf einer neuen Lebensbahn
   Des Glücks Almosen.
DESDEMONA: Ach, mein edler Cassio,
   Diesmal ist meine Anwaltschaft umsonst;

Mein Herr ist nicht mein Herr, ich kennt' ihn nicht,
Wär' er im Antlitz wie im Geist verwandelt. –
So mag mir jeder fromme Engel helfen,
Wie ich für Euch nach besten Kräften sprach;
Und selbst auf seinen Zorn hab' ich's gewagt
Durch dreistes Wort! Ihr müßt Euch noch gedulden:
Was ich vermag, das tu' ich; tu' noch mehr,
Als ich für mich je wagte: dies genüg' Euch.
JAGO: Ist er erzürnt?
EMILIA: Er ging nur eben fort,
Und wirklich ungewöhnlich aufgeregt.
JAGO: Kann er in Zorn sein? Die Kanone sah ich
Ihm seine Schlachtreih'n sprengen in die Luft,
Und wie ein Teufel ihm den eignen Bruder
Von seiner Seite raffen; – er im Zorn? –
Dann muß es Großes sein; – ich geh' und such' ihn –
Gewiß, das hat was auf sich, wenn er zürnt.   *(Ab)*
DESDEMONA: Ich bitt' dich, tu's. – Vielleicht ein Staatsgeschäft
Sei's von Venedig, sei's geheime Bosheit,
Der er in Cypern auf die Spur geraten, –
Trübt seinen heitern Geist; in solchem Fall
Zanken die Männer leicht mit kleinen Wesen,
Sind größre auch der Grund. So ist es immer;
Denn, schmerzt uns nur der Finger, haben auch
Die übrigen gesunden Glieder etwas
Von Wehgefühl. Nein, Männer sind nicht Götter:
Wir müssen nicht des Bräut'gams zarte Rücksicht
Von ihnen fordern. Schilt mich nur, Emilie;
Ich dachte seiner Rauheit schon den Stab
Zu brechen, sieh, so kindisch war mein Kriegsrecht;
Den Zeugen, find' ich nun, bestach ich selbst,
Und er ist falsch verklagt.
EMILIA: Gott geb', es sei'n Staatssachen, wie Ihr glaubt,
Und nicht ein Wahn, noch eifersücht'ge Grille,
Die Euch betrifft.

DESDEMONA: O liebe Zeit! – ich gab ihm niemals Anlaß.
EMILIA: Das ist den Eifersücht'gen einerlei,
 Sie sind nicht stets aus Anlaß eifersüchtig,
 Sie eifern, weil sie eifern; 's ist ein Scheusal,
 Erzeugt von selbst, geboren aus sich selbst.
DESDEMONA: Gott schütz' Othello vor dem Scheusal!
EMILIA: Amen!
DESDEMONA: Ich will ihn suchen; Cassio, bleibt hier nah;
 Ist er gestimmt, betreib' ich Eure Bitte,
 Und will es bis zum Äußersten versuchen.
CASSIO: Ich dank' in Demut, gnäd'ge Frau!

(Desdemona und Emilia ab)
(Bianca tritt auf)

BIANCA: Gott grüß' dich, Cassio!
CASSIO: Wie kommst du hierher?
 Was treibst du, meine allerschönste Bianca?
 Just wollt' ich zu dir kommen, liebes Herz.
BIANCA: Und ich war eben unterwegs zu dir.
 Was? Eine Woche konnt'st du außen bleiben?
 Sieben Tag' und Nächte? – Acht Mal zwanzig Stunden,
 Und acht noch? Und einsame Liebesstunden,
 Langweil'ger als der Zeiger, hundert Mal?
 O läst'ge Rechnung!
CASSIO: Zürne nicht, mein Kind:
 Mich drückte schwere Sorg' in all den Tagen;
 Doch werd' ich dir zu ungestörter Zeit
 Die lange Rechnung tilgen. – Liebste Bianca,
 (Er gibt ihr Desdemonas Tuch)
 Zeichne dies Muster ab!
BIANCA: Ei, woher kam dies?
 Das ist ein Pfand von einer neuen Freundin.
 Dein Wegsein schmerzte, doch der Grund noch mehr:
 Kam es so weit? Nun gut, schon gut! –
CASSIO: Geh, Mädchen,
 Wirf den Verdacht dem Teufel ins Gesicht,

Von dem er kam! Nun, bist du eifersüchtig,
Dies sei von einer Liebsten mir geschenkt? –
Nein, glaub' mir's, Bianca! –
BIANCA: Nun, woher kam's?
CASSIO: Ich weiß nicht, Kind, ich fand's auf meinem Zimmer.
 Die Stickerei gefällt mir: eh' man's fordert
 (Was bald geschehn kann), wünscht' ich's nachgezeichnet:
 Da nimm's und tu's, und laß mich jetzt allein!
BIANCA: Allein dich lassen? und warum?
CASSIO: Ich muß hier warten auf den General;
 Und nicht empfehlend wär' mir's, noch erwünscht,
 Fänd' er mich so begleitet.
BIANCA: Und warum nicht?
CASSIO: Nicht, daß ich dich nicht liebte.
BIANCA: Nur, daß du mich nicht liebst.
 Ich bitt' dich, bring' mich etwas auf den Weg,
 Und sag mir, kommst du wohl heut abend zeitig?
CASSIO: Ich kann ein kurzes Stück nur mit dir gehn,
 Weil ich hier warte: doch ich seh' dich bald.
BIANCA: Schon gut; man muß sich fügen in die Zeit.

(Sie gehn ab)

Vierter Aufzug

Erste Szene
ZIMMER AUF DEM SCHLOSSE
Othello und Jago

JAGO: Wie dünkt Euch das?
OTHELLO: Was soll mich dünken?
JAGO: Was,
Sich heimlich küssen?
OTHELLO: Ein verbotner Kuß! –
JAGO: Oder nackt im Bett mit ihrem Freunde sein,
Wohl Stunden lang und mehr, in aller Unschuld? -
OTHELLO: Im Bette, Jago, und in aller Unschuld? –
Das hieße Heuchelei ja mit dem Teufel! ––
Wer keusch sein will und solches tut, des Tugend
Versucht der Teufel, und er selbst den Himmel.
JAGO: Wenn sie nichts taten, war der Fehl nicht groß;
Doch, wenn ich meiner Frau ein Tuch verehrt –
OTHELLO: Nun dann? –
JAGO: Nun, dann gehört's ihr, gnäd'ger Herr: und folglich
Darf sie's verschenken, mein' ich, wem sie will.
OTHELLO: Sie ist Gebieterin auch ihrer Ehre;
Darf sie die auch verschenken? –
JAGO: Die Ehr' ist nur ein unsichtbares Wesen,
Und oft besitzt sie der, der sie nicht hat:
Allein das Tuch – –
OTHELLO: Bei Gott! mit Freuden hätt' ich das vergessen: –
Du sagtest, – oh, es schwebt um mein Gedächtnis,
So wie der Rab' um ein verpestet Haus,
Verderben dräu'nd, – er habe jenes Tuch.
JAGO: Nun was denn?
OTHELLO: Das ist doch nicht gut, gewiß! –

JAGO: Sagt' ich noch gar, ich sah ihn Euch beschimpfen,
Oder hört' ihn sagen, – wie's denn Schurken gibt,
Die, wenn sie durch ihr ungestümes Werben,
Oder durch frei Vergaffen eines Weibes
Sie zwangen oder kirrten, nimmer ruhn,
Bis sie geschwatzt, –
OTHELLO: Hat er so was gesagt?
JAGO: Das hat er, gnäd'ger Herr! Doch seid versichert,
Nicht mehr, als er abschwören wird.
OTHELLO: Was sagt' er?
JAGO: Daß er bei ihr, – ich weiß nicht, wie er sagte, –
OTHELLO: Was? Was? –
JAGO: Gelegen –
OTHELLO: Bei ihr?
JAGO: Bei ihr, auf ihr, wie Ihr wollt.
OTHELLO: Bei ihr gelegen! auf ihr! Das Tuch – diese Geständnisse – das Tuch! – Eingestehn, und dann für die Mühe gehängt werden; zuerst gehängt, dann eingestehn. – Ich zittre davor! – Natur würde sich nicht in so verfinsternde Qualen verhüllen, wäre es nicht Vorbedeutung. Nicht Wahnbilder, die mich so erschüttern! – Hu! Nasen, Ohren und Lippen: ist es möglich? Eingestehn, – Tuch, – – o Teufel! – *(Er fällt in Ohnmacht)*
JAGO: Sei wirksam, Gift,
Sei wirksam! Also fängt man gläub'ge Narren:
Manch wackre, keusche Frau kommt grade so
Ganz schuldlos ins Geschrei. – Auf, gnäd'ger Herr! –
Othello! – Gnäd'ger Herr! – Was wollt Ihr, Cassio? –
(Cassio tritt auf)
CASSIO: Was gibt's?
JAGO: Der Feldherr stürzte jetzt in Krämpfen hin;
Dies ist seit gestern schon sein zweiter Anfall.
CASSIO: So reib' ihn um die Schläfe!
JAGO: Nein, laß ab:
Laß ihn in seiner Starrsucht ungestört;

Sonst schäumt er vor dem Mund und rast alsbald
In wilder Tobsucht. Sieh, er rührt sich wieder;
Entferne dich auf einen Augenblick,
Er wird sich schnell erholen; wenn er fort ist,
Hätt' ich mit dir ein wichtig Wort zu reden. –   *(Cassio ab)*
Wie ist Euch? Habt Ihr nicht den Kopf verletzt?
OTHELLO: Sprichst du mir Hohn? –
JAGO: Euch höhnen? Nein, bei Gott! –
Ich wollt', Ihr trügt Euer Schicksal wie ein Mann
OTHELLO: Gehörnter Mann ist nur ein Vieh, ein Untier.
JAGO: So gibt es manches Vieh in großen Städten,
Und manch vornehmes Untier.
OTHELLO: Gestand er's ein?
JAGO: Mein Feldherr! Seid ein Mann!
Denkt, jeder bärt'ge Mensch, ins Joch gespannt,
Zieht neben Euch. Millionen leben rings,
Die nächtlich ruhn auf preisgegebnem Lager,
Das sie ihr eigen wähnen: Ihr steht besser.
Oh, das ist Satansfest, Erzspaß der Hölle,
Ein üppig Weib im sichern Eh'bett küssen,
Und keusch sie glauben! Nein, Gewißheit will ich:
Und hab' ich die, weiß ich, sie ist verloren.
OTHELLO: Du sprichst verständig! Ja, gewiß! –
JAGO: Geht auf die Seite, Herr:
Begebt Euch in die Schranken der Geduld!
Indes Ihr ganz von Eurem Gram vernichtet
(Ein Ausbruch, wenig ziemend solchem Mann),
Kam Cassio her; ich wußt' ihn wegzuschaffen
Und Euren Anfall triftig zu entschuld'gen;
Dann lud ich ihn zurück auf ein Gespräch;
Was er verhieß. Nun bergt Euch irgendwo,
Und merkt den Hohn, den Spott, die Schadenfreude
In jeder Miene seines Angesichts;
Denn beichten soll er mir aufs neu' den Hergang,
Wo, wann, wie oft, wie lange schon und wie

Er Euer Weib geherzt und herzen wird;
Merkt, sag' ich, sein Gebärdenspiel! O still doch! –
Sonst denk' ich, Ihr seid ganz und gar nur Wut
Und nichts von einem Manne.
OTHELLO: Hörst du's, Jago?
Ich will höchst schlau jetzt den Geduld'gen spielen,
Doch, hörst du's? dann den Blut'gen.
JAGO: So ist's recht –
Jedes zu seiner Zeit. – Nun tretet seitwärts!
(Othello tritt bei Seite)
Jetzt will ich Cassio nach Bianca fragen,
Ein gutes Ding, das, ihre Gunst verkaufend,
Sich Brot und Kleider anschafft: dies Geschöpf
Läuft Cassio nach; und 's ist der Dirnen Fluch,
Nachdem sie zehn getäuscht, täuscht einer sie:
Er, wenn er von ihr hört, erwehrt sich kaum
Laut aufzulachen. Sieh, da kommt er her: –
(Cassio tritt auf)
Und wie er lächelt, soll Othello wüten;
Und seine ungelehr'ge Eifersucht
Wird Cassios Lächeln, Scherz und leichtes Wesen
Ganz mißverstehn. – Nun, Leutenant, wie geht's?
CASSIO: So schlimmer, weil du mir den Titel gibst,
Dessen Verlust mich tötet.
JAGO: Halt' Desdemona fest, so kann's nicht fehlen.
(Beiseit) Ja, läge dies Gesuch in Biancas Macht,
Wie schnell wärst du am Ziel!
CASSIO: Das arme Ding! –
OTHELLO *(beiseit)*: Seht nur, wie er schon lacht! –
JAGO: Nie hab' ich so verliebt ein Weib gesehn.
CASSIO: Das gute Närrchen! Ja, sie liebt mich wirklich.
OTHELLO *(beiseit)*:
Jetzt leugnet er's nur schwach und lacht's hinweg.
JAGO: Hör' einmal, Cassio, –
OTHELLO *(beiseit)*: Jetzt bestürmt er ihn,

Es zu gestehn; nur fort; – recht gut, recht gut! –

JAGO: Sie rühmt sich schon, du nimmst sie bald zur Frau;
Ist das dein Ernst?

CASSIO: Ha, ha, ha, ha!

OTHELLO *(beiseit)*: Triumphierst du, Römer? triumphierst du?

CASSIO: Ich sie zur Frau nehmen? – Was! Eine Buhlschwester? Ich bitt' dich, habe doch etwas Mitleid mit meinem Witz; halt' ihn doch nicht für so ganz ungesund! Ha, ha, ha! –

OTHELLO *(beiseit)*: So, so, so; wer gewinnt, der lacht.

JAGO: Wahrhaftig, die Rede geht, du würd'st sie heiraten.

CASSIO: Nein, sag mir die Wahrheit!

JAGO: Ich will ein Schelm sein! –

OTHELLO *(beiseit)*: Ich trage also dein Brandmal? – Gut! –

CASSIO: Das hat der Affe selbst unter die Leute gebracht. Aus Eitelkeit hat sie sich's in den Kopf gesetzt, ich werde sie heiraten; nicht weil ich's versprochen habe.

OTHELLO *(beiseit)*: Jago winkt mir, nun fängt er die Geschichte an.

CASSIO: Eben war sie hier; sie verfolgt mich überall. Neulich stand ich am Strande und sprach mit einigen Venetianern, da kommt wahrhaftig der Grasaffe hin und, so wahr ich lebe, fällt mir so um den Hals. –

OTHELLO *(beiseit)*: Und ruft: »O lieber Cassio!« oder etwas Ähnliches; denn das deutet seine Gebärde.

CASSIO: Und hängt, und küßt, und weint an mir, und zerrt und zupft mich. Ha, ha, ha! –

OTHELLO *(beiseit)*: Jetzt erzählt er, wie sie ihn in meine Kammer zog: Oh, ich sehe deine Nase, aber noch nicht den Hund, dem ich sie vorwerfen will.

CASSIO: In der Tat, ich muß sie aufgeben.

JAGO: Mein' Seel'! – Sieh, da kommt sie.   *(Bianca tritt auf)*

CASSIO: Das ist eine rechte Bisamkatze! Was willst du nur, daß du mir so nachläufst?

BIANCA: Mag der Teufel und seine Großmutter dir nachlaufen! – Was hast du mit dem Taschentuch vor, das du mir jetzt eben gabst? Ich war eine rechte Närrin, daß ich's nahm. Ich soll die ganze Arbeit abzeichnen? Recht wahrscheinlich, daß du's in deinem Zimmer sollst gefunden haben und nicht wissen, wer's daließ. 'S ist das Geschenk irgend eines Schätzchens, und ich soll die Arbeit abzeichnen? Da gib's deinem Steckenpferde: woher du's auch hast, ich werde die Stickerei nicht abzeichnen.

CASSIO: Still doch, meine süße Bianca! still doch, still! –

OTHELLO *(beiseit)*: Beim Himmel, ist das nicht mein Taschentuch?

BIANCA: Willst du heut abend zum Essen kommen, so tu's; willst du nicht, so komm ein ander Mal, wenn du Lust hast! *(Ab)*

JAGO: Geh ihr nach, geh ihr nach!

CASSIO: Das muß ich wohl, sonst zankt sie noch in der Straße.

JAGO: Willst du zu Abend bei ihr essen?

CASSIO: Ich denke, ja!

JAGO: Vielleicht treff' ich dich dort, denn ich hätte in der Tat notwendig mit dir zu reden.

CASSIO: Bitt' dich, komm! Willst du? –

JAGO: Gut, nichts mehr. *(Cassio ab)*

OTHELLO: Wie mord' ich ihn, Jago?

JAGO: Bemerktet Ihr's, wie er zu seiner Schandtat lachte?

OTHELLO: Oh, Jago!

JAGO: Und saht Ihr das Tuch? –

OTHELLO: War's meines?

JAGO: Eures, bei dieser Hand: und seht nur, wie er das törichte Weib, Eure Gattin achtet! Sie schenkte es ihm, und er schenkt es seiner Dirne. –

OTHELLO: O daß ich neun Jahre an ihm morden könnte! – Ein hübsches Weib, ein schönes Weib, ein süßes Weib! –

JAGO: Das müßt Ihr jetzt vergessen.

OTHELLO: Mag sie verfaulen und verderben und zur Hölle fahren zu Nacht; denn sie soll nicht leben. Nein, mein Herz ist zu Stein geworden; ich schlage daran, und die Hand schmerzt mich. Oh, die Welt besitzt kein süßeres Geschöpf; sie hätte an eines Kaisers Seite ruhen und ihm Sklavendienste gebieten können.

JAGO: Nein, daran müßt Ihr nicht denken.

OTHELLO: Sei sie verdammt! Ich sage nur, was sie ist: – So geschickt mit ihrer Nadel! – Eine wunderwürdige Tonkünstlerin! – Oh! sie würde die Wildheit eines Bären zahm singen! – Von so feinem, herrlichem Witz, so geistreich! –

JAGO: Und deshalb so schlimmer.

OTHELLO: O tausend, tausend Mal! – Und dann von so holder Gefälligkeit! –

JAGO: Freilich zu gefällig! –

OTHELLO: Ja, ganz gewiß: aber, wie schade dennoch, Jago! – Oh, Jago! wie schade, Jago! –

JAGO: Wenn Ihr verliebt in ihre Sünden seid, so gebt ihr einen Freibrief zu freveln; denn wenn's Euch nicht rührt, geht es keinen etwas an.

OTHELLO: Ich will sie in Stücke hacken. Mir Hörner aufsetzen! –

JAGO: Oh, es ist schändlich von ihr.

OTHELLO: Mit meinem Leutnant! –

JAGO: Das ist noch schändlicher.

OTHELLO: Schaff' mir Gift, Jago, diese Nacht: – Ich will sie nicht zur Rede stellen, damit ihre Gestalt und Schönheit meinen Zorn nicht wieder entwaffnen: – – Diese Nacht, Jago!

JAGO: Tut es nicht mit Gift; erdrosselt sie in ihrem Bett, demselben Bett, das sie entehrt hat!

OTHELLO: Gut! die Gerechtigkeit darin gefällt mir; sehr gut!

JAGO: Und Cassio, – diesen übernehm' ich selbst:
Um Mitternacht erfahrt Ihr mehr.
(Man hört eine Trompete)

OTHELLO: Vortrefflich! – Horch, was meldet die Trompete?

JAGO: Nachricht wohl von Venedig; 's ist Lodovico,
Gesandt vom Herzog: mit ihm kommt Eu'r Weib.
(Lodovico, Desdemona und Gefolge treten auf)

LODOVICO: Heil, würd'ger General!

OTHELLO: Willkommen, Herr!
LODOVICO: Euch grüßt Venedigs Herzog und Senat.
(Er übergibt ihm einen Brief)
OTHELLO: Ich küsse seines Willens Dokument.
DESDEMONA: Was bringt Ihr Neues, Vetter Lodovico?
JAGO: Es freut mich höchlich, Euch zu sehn, Signor!
 Willkommen hier in Cypern!
LODOVICO: Ich dank' Euch. Was macht Leutnant Cassio, Herr?
JAGO: Er lebt, Signor.
DESDEMONA: Mein Vetter, er ist schlimm mit meinem Gatten
 Zerfallen; doch Ihr werdet sie versöhnen.
OTHELLO: Seid Ihr des so gewiß?
DESDEMONA: Wie, Herr?
OTHELLO *(liest)*:
 »Dies zu vollbringen säumt nicht, wenn Ihr wollt – –«
LODOVICO: Er rief dich nicht; der Brief beschäft'get ihn.
 Ist eine Feindschaft zwischen deinem Herrn und Cassio?
DESDEMONA: Ja! recht betrübte. Ich gäbe viel darum,
 Sie auszusöhnen, denn ich liebe Cassio.
OTHELLO: Feuer und Schwefel!
DESDEMONA: Herr!
OTHELLO: Bist du bei Sinnen?
DESDEMONA: Wie? zürnst du?
LODOVICO: 'S ist der Brief, der ihn bewegt;
 Denn, wie ich glaube, ruft man ihn zurück,
 Und Cassio wird statt seiner Gouverneur.
DESDEMONA: Fürwahr! Das freut mich.
OTHELLO: In der Tat?
DESDEMONA: Wie, Herr?
OTHELLO: Mich freut's, dich toll zu sehn.
DESDEMONA: O mein Othello! –
OTHELLO: Teufel! *(Schlägt sie)*
DESDEMONA: Das hab' ich nicht verdient.
LODOVICO: Herr General,
 Das würde keiner in Venedig glauben,

Und schwür' ich auch, ich sah's. Das geht zu weit.
Bittet ihr's ab, sie weint.
OTHELLO: Oh, Teufel! könnte
Die Erde sich von Weibertränen schwängern,
Aus jedem Tropfen wüchs' ein Krokodil; –
Mir aus den Augen!
DESDEMONA: Ich geh', Euch nicht zu ärgern.   *(Will abgehn)*
LODOVICO: In Wahrheit, ein gehorsam Weib! –
Ich bitt' Euch, gnäd'ger Herr! ruft sie zurück!
OTHELLO: Frau – –
DESDEMONA: Mein Gemahl?
OTHELLO: Was wollt Ihr mit ihr, Herr?
LODOVICO: Wer? Ich, Herr?
OTHELLO: Ihr wünschtet ja, daß sie umkehren möchte:
Umkehren kann sie, und doch vorwärts gehn,
Und wieder drehn: und weinen kann sie, weinen, –
Und ist gehorsam, wie Ihr sagt – gehorsam,
Ja, sehr gehorsam. Immer fort geweint! –
Was dies betrifft, – o recht geschickt im Heucheln! –
Ich bin zurückberufen. – Geh du fort:
Ich schicke gleich nach dir. – Herr, dem Befehl gehorch' ich
Und kehre nach Venedig. – Fort! – hinaus! –
(Desdemona geht ab)
Cassio bekommt mein Amt. Und, Herr, heut abend
Ersuch' ich Euch mit mir zu Nacht zu speisen.
Willkommen hier in Cypern! – Ziegen und Affen! –   *(Ab)*
LODOVICO: Ist dies der edle Mohr, den der Senat
Sein eins und alles nennt? Der edle Geist,
Den Leidenschaft nicht regt? Des feste Tugend
Kein Pfeil des Zufalls, kein Geschoß des Glücks
Streift und durchbohrt? –
JAGO: Er hat sich sehr geändert.
LODOVICO: Ist er nicht wohl? Hat sein Verstand gelitten?
JAGO: Er ist so, wie er ist: ich darf nicht schelten.
Gott geb', er wäre, was er könnte sein;

Jetzt ist er's nicht.
LODOVICO: Was? seine Frau zu schlagen!
JAGO: Gewiß, das war nicht fein; doch wünscht' ich, wär'
Der Schlag sein ärgstes Tun!
LODOVICO: Ist er oft so?
Sagt, oder hat der Brief sein Blut erhitzt,
Daß er sich heut nur so verging?
JAGO: Ach leider!
Nicht wär's gewissenhaft von mir, erzählt' ich,
Was ich erfuhr und sah. Habt acht auf ihn:
Sein eigner Wandel wird ihn so bezeichnen,
Daß Ihr mein Wort entbehren könnt. Bemerkt ihn
Nur mehr, wenn Ihr mit ihm zusammen seid!
LODOVICO: Es schmerzt mich, daß ich mich in ihm getäuscht.

(Sie gehn ab)

Zweite Szene
EIN ANDRES ZIMMER AUF DEM SCHLOSSE
Othello und Emilia treten auf

OTHELLO: So habt Ihr nichts gesehn?
EMILIA: Auch nie gehört, noch Argwohn je geschöpft.
OTHELLO: Ja, du sahst Cassio und sie beisammen.
EMILIA: Doch sah ich dann kein Unrecht, und dann hört' ich
Jedwede Sylbe, die gewechselt ward.
OTHELLO: Was? flüsterten sie nie?
EMILIA: Nein, gnäd'ger Herr!
OTHELLO: Und schickten nie dich fort?
EMILIA: Niemals.
OTHELLO: Um Fächer, Maske, Handschuh' ihr zu holen?
EMILIA: Nein, gnäd'ger Herr!
OTHELLO: 'S ist seltsam.
EMILIA: Ich wollt' auf ihre Tugend meine Seele
Zum Pfande setzen: wenn Ihr anders denkt,

Gebt nicht dem Argwohn Raum, der Euch betört!
Wenn dies ein Schelm Euch in den Kopf gesetzt,
Dem lohn's der Himmel mit dem Fluch der Schlange!
Denn ist nicht diese redlich, keusch und treu,
Ist kein Mann glücklich, ist die reinste Frau
Schwarz wie Verleumdung.
OTHELLO: Laß sie kommen; geh! –   *(Emilia geht)*
Sie sagt genug; doch jede Kupplerin
Erzählt dasselbe. Schlau ist diese Metze,
Ein heimlich Schloß und Riegel schnöder Sünden:
Doch kniet und betet sie; ich sah es selbst! –
    (Emilia und Desdemona treten auf)
DESDEMONA: Was wollt Ihr, mein Gemahl? –
OTHELLO: Komm, Täubchen, komm!
DESDEMONA: Was ist Eu'r Wunsch?
OTHELLO: Laß dir ins Auge sehn:
Schau ins Gesicht mir!
DESDEMONA: Welch fürchterlicher Einfall!
OTHELLO: Nun deine Künste, Weibsbild;
Laß Buhlschaft nun allein und schließ' die Tür;
Hust' oder rufe »hem!« wenn jemand kommt:
Dein Handwerk, an dein Handwerk! Mach dich fort! –
                                  (Emilia geht ab)
DESDEMONA: Ich flehe knieend, sag mir, was du meinst?
Dein Wort versteh' ich nicht, doch aus dem Wort
Tönt wilde Furie!
OTHELLO: Ha, was bist du?   [Weib.
DESDEMONA: Dein Weib, mein Gatte, dein pflichtgetreues
OTHELLO:
Komm, schwör's, verdamm' dich selbst, daß nicht die Teufel,
Geschreckt von deiner Engelbildung, zittern,
Dich zu ergreifen: drum verdamm' dich doppelt,
Schwör', du seist treu!
DESDEMONA: Der Himmel weiß, ich bin's.
OTHELLO: Der Himmel weiß, falsch bist du, wie die Hölle.

DESDEMONA:
   Wem, mein Gemahl? mit wem? wie bin ich falsch? –
OTHELLO: O Desdemona! Hinweg, hinweg, hinweg! –
DESDEMONA: O Tag des Jammers! – Wehe! warum weinst du?
   Bin ich, mein Gatte, Ursach' dieser Tränen?
   Hast du vielleicht den Vater in Verdacht,
   Er sei das Werkzeug deiner Heimberufung,
   Gib mir die Schuld nicht: Hast du ihn verloren,
   Nun, ich verlor ihn auch.
OTHELLO: Gefiel' es Gott,
   Durch Trübsal mich zu prüfen, göss' er Schmach
   Und jede Kränkung auf mein nacktes Haupt,
   Versenkt' in Armut mich bis an die Lippen,
   Schlüg' samt der letzten Hoffnung mich in Fesseln,
   Doch fänd' ich wohl in einem Herzenswinkel
   Ein Tröpfchen von Geduld. Doch mich zu machen
   Zum festen Bilde für die Zeit des Hohns,
   Mit langsam dreh'ndem Finger drauf zu weisen, –
   Oh! oh! –
   Und dies auch könnt' ich tragen, sehr, sehr wohl:
   Doch da, wo ich mein Herz als Schatz verwahrt, –
   Wo ich muß leben oder gar nicht leben;
   Der Quell, aus dem mein Leben strömen muß,
   Sonst ganz versiegen, – da vertrieben sein,
   Oder ihn schaun als Sumpf für ekler Kröten
   Begehn und Brüten, – da verfinstre dich,
   Geduld, du junger, rosenwangiger Cherub!
   Ja, schau so grimmig als die Hölle!
DESDEMONA: Ich hoffe, mein Gemahl hält mich für treu.
OTHELLO: O ja, wie Sommerfliegen auf der Fleischbank,
   Die im Entstehn schon buhlen. O du Unkraut,
   So reizend lieblich und von Duft so süß,
   Daß du den Sinn betäubst, – o wärst du nie geboren! –
DESDEMONA: Welch unbewußten Fehl konnt' ich begehen?
OTHELLO: Dies reine Blatt, dies schöne Buch nur dazu,

Um »Metze« drauf zu schreiben? Was begehn!
Begehn? O du ganz freche Buhlerin! –
Schmelzöfen müßt' ich machen aus den Wangen
Und meine Sittsamkeit zu Asche brennen,
Nennt' ich nur deine Taten. Was begehn?
Dem Himmel ekelt's, und der Mond verbirgt sich:
Der Buhler Wind, der küßt, was ihm begegnet,
Versteckt sich in den Höhlungen der Erde
Und will nichts davon hören: was begehn?
Schamlose Metze! –
DESDEMONA: Bei Gott, Ihr tut mir Unrecht!
OTHELLO: Du keine Metze?
DESDEMONA: Nein, so wahr ich Christin:
Wenn meinem Herrn bewahren dies Gefäß
Vor jeder schnöden, sträflichen Berührung
Heißt keine Metze sein, so bin ich keine.
OTHELLO: Du keine Hure?
DESDEMONA: Nein, so helfe Gott mir!
OTHELLO: Ist's möglich?
DESDEMONA: O Himmel, sei mir gnädig!
OTHELLO: Dann verzeiht mir!
Ich nahm Euch für die Dirne von Venedig,
Die den Othello freite. –
(Emilia kommt zurück)
Und du Weib,
Die, von Sankt Peter just das Gegenteil,
Der Hölle Pforten sperrt: du, du, ja du! –
Wir sind zu Ende: nimm! Da ist dein Geld!
Nun schließ' die Tür und halte reinen Mund! *(Ab)*
EMILIA: O Gott! was hat doch unser Herr im Sinn?
Wie geht's Euch, teure Frau? Wie geht's Euch, Gnäd'ge?
DESDEMONA: Mir ist, als träumt' ich.
EMILIA: Sagt, werte Frau! Was fehlt dem gnäd'gen Herrn?
DESDEMONA: Wem?
EMILIA: Meinem gnäd'gen Herrn.

DESDEMONA: Wer ist dein Herr?
EMILIA: Der auch der Eure, liebste, gnäd'ge Frau.
DESDEMONA: Ich habe keinen. Sag mir nichts, Emilia!
Ich kann nicht weinen, hab' auch keine Antwort,
Die nicht zu Wasser würde. Bitt' dich, diese Nacht
Leg' auf mein Bett mein Brauttuch – denke dran
Und ruf' mir deinen Mann!
EMILIA: Wie hat sich's hier geändert! – *(Ab)*
DESDEMONA:
'S ist billig, daß mir so begegnet wird! sehr billig!
Wie war ich nur, daß auch sein kleinster Argwohn
Mein mindestes Versehn mißdeuten konnte?
(Jago und Emilia treten auf)
JAGO: Was wünscht Ihr, gnäd'ge Frau? Wie geht es Euch?
DESDEMONA: Ich weiß es nicht. Wer Kinder unterrichtet,
Gibt ihnen freundlich leichte Arbeit auf;
So konnt' er mich ja schmälen, denn fürwahr,
Ich bin ein Kind fürs Schmälen.
JAGO: Was ist denn, gnäd'ge Frau?
EMILIA: Ach, Jago! Metze schimpfte sie der Herr.
Wie schändlich und verachtend er sie nannte,
Das trägt kein treues Herz.
DESDEMONA: Jago, bin ich das Wort?
JAGO: Welch Wort, Verehrte?
DESDEMONA: Das, wie sie sagt, mein Herr mir hat gegeben?
EMILIA: Er schalt sie Metze: nein, kein Bettler könnte
Im Rausch solch Wort von seiner Dirne brauchen.
JAGO: Warum denn das? –
DESDEMONA: Ich weiß es nicht; gewiß, ich bin es nicht.
JAGO: O weint nicht, weint nur nicht; du liebe Zeit!
EMILIA: Wies sie so manchen edlen Antrag ab,
Verließ den Vater, Freunde, Vaterland,
Daß man sie Metze schimpfe? Ist's nicht zum Weinen?
DESDEMONA: Das ist mein traurig Schicksal.
JAGO: Nun, Gott beßr' ihn!

Wie kommt ihm solcher Einfall?

DESDEMONA: Weiß der Himmel!

EMILIA: Nein, hängt mich, wenn ein Erzverleumder nicht,
Irgend ein schmeichelnder, geschäft'ger Schuft,
Ein glatter Schurk', um sich ein Amt zu fischen,
Die Lügen ausgedacht; ja, darauf sterb' ich.

JAGO: Pfui, solchen Menschen gibt's nicht; 's ist unmöglich.

DESDEMONA: Und gibt es einen, so vergeb' ihm Gott!

EMILIA: Ein Strick vergeb' ihm! Nag' an ihm die Hölle!
Sie Metze schimpfen! – Wer besucht sie je? –
Wo? Wann? Und wie? – Wo ist auch nur ein Schein?
Ein recht ausbünd'ger Schurk' belog den Mohren,
Ein niederträcht'ger Schurk', ein schäb'ger Bube.
O Himmel! Möcht'st du solch Gezücht entlarven
Und jeder wackren Hand 'ne Geißel geben,
Den Schurken nackt durch alle Welt zu peitschen,
Vom Ost zum fernen West!

JAGO: Schrei doch nicht so! –

EMILIA: Pfui über ihn! – Solch ein Geselle war's,
Der eh'mals dir auch den Verstand verwirrte,
Mich mit dem Mohren in Verdacht zu haben! –

JAGO: Du bist nicht klug, sei still!

DESDEMONA: O guter Jago!
Was soll ich tun, ihn wieder zu gewinnen? –
Geh zu ihm, Freund; denn, bei der Sonne Licht,
Ich weiß nicht, wie ich ihn verlor. – Hier knie' ich: –
Wenn je mein Herz sich seiner Lieb' empört,
In Worten, in Gedanken oder Tat;
Wenn je mein Aug', mein Ohr und sonst ein Sinn
An andrer Wohlgestalt Gefallen fand;
Wenn ich nicht jetzt ihn lieb', ihn stets geliebt,
Ihn immerdar – auch wenn er mich verstieße
Als Bettlerin – von Herzen lieben werde, –
Dann, Trost, verlaß mich! – Kaltsinn bringt es weit;
Und rauben kann sein Kaltsinn mir das Leben,

Doch nie die Liebe mindern. Ich kann nicht sagen: »Metze«,
Mir schaudert schon, da ich das Wort gesprochen;
Doch nun, was die Beschimpfung nach sich zieht –
Nicht um die ganze Eitelkeit der Welt! –

JAGO: Ich bitte, faßt Euch, 's ist nur seine Laune.
Die Staatsgeschäfte machten ihm Verdruß;
Da zankt er nun mit Euch.

DESDEMONA: Wär' es nur das –

JAGO: Glaubt mir, es ist nichts anders.

(Man hört Trompeten)

Horcht, die Trompete ruft zur Abendtafel!
Und die Gesandtschaft von Venedig wartet;
Geht hin, und weint nicht, alles wird noch gut.

(Desdemona und Emilia ab)
(Rodrigo tritt auf)

Was gibt's, Rodrigo? –

RODRIGO: Ich finde nicht, daß du es redlich mit mir meinst.

JAGO: Und warum das Gegenteil?

RODRIGO: Jeden Tag fertigst du mich mit einer Ausrede ab, Jago, und hältst mich vielmehr (wie mir's vorkommt) von aller guten Gelegenheit fern, als daß du meiner Hoffnung den geringsten Vorteil verschaffst. Ich ertrage das wahrhaftig nicht länger, und du sollst mich nicht dazu bringen, ruhig einzustecken, was ich bisher, wie ein Tor, mir habe gefallen lassen.

JAGO: Wollt Ihr mich anhören, Rodrigo?

RODRIGO: Auf Ehre, ich habe schon zu viel gehört, denn Euer Versprechen und Tun halten nicht gleichen Schritt mit einander.

JAGO: Ihr beschuldigt mich höchst ungerecht! –

RODRIGO: 'S ist lauter Wahrheit. Ich habe mein ganzes Vermögen zugesetzt. Die Juwelen, die Ihr von mir empfingt, um sie Desdemona einzuhändigen, – die Hälfte hätte eine Nonne verführt. Ihr sagtet mir, sie habe sie angenommen, und gabt mir Hoffnung und Aussicht auf baldige Gunst und Erwiderung, aber dabei bleibt's.

Jago: Gut, nur weiter, recht gut! –

Rodrigo: Recht gut, weiter! Ich kann nicht weiter, Freund! und hier ist nichts recht gut. Bei dieser Hand, ich sage, es ist spitzbübisch; und ich fange an zu merken, daß man mich foppt.

Jago: Recht gut!

Rodrigo: Ich sage dir, es ist nicht recht gut. Ich will mich Desdemona selbst entdecken; gibt sie mir meine Juwelen wieder zurück, so lass' ich ab von meiner Bewerbung, und bereue mein unerlaubtes Zumuten; wo nicht, seid gewiß, daß ich Genugtuung von Euch fordern werde.

Jago: Habt Ihr jetzt gesprochen?

Rodrigo: Ja, und habe nichts gesprochen, als was ich ernstlich zu tun gesonnen bin.

Jago: Schön! Nun sehe ich doch, daß du Haare auf den Zähnen hast, und seit diesem Moment fasse ich eine beßre Meinung von dir, als je zuvor. Gib mir deine Hand, Rodrigo: du hast sehr gegründete Einwendungen gegen mich vorgebracht, und dennoch, schwöre ich dir, bin ich in deiner Sache sehr grade zu Werke gegangen.

Rodrigo: Das hat sich wenig gezeigt.

Jago: Ich gebe zu, daß sich's nicht gezeigt hat, und dein Argwohn ist nicht ohne Verstand und Scharfsinn. Aber, Rodrigo, wenn das wirklich in dir steckt, was ich dir jetzt mehr zutraue als je – ich meine Willenskraft, Mut und Herz –, so zeig' es diese Nacht! Wenn du in der nächsten Nacht nicht zu Desdemonas Besitz gelangst, so schaff' mich hinterlistig aus der Welt und stelle meinem Leben Fallstricke!

Rodrigo: Gut, was ist's? Liegt's im Gebiet der Vernunft und der Möglichkeit? –

Jago: Freund, es ist ein ausdrücklicher Befehl von Venedig da, daß Cassio in Othellos Stelle treten soll.

Rodrigo: Ist das wahr? Nun, so gehen Othello und Desdemona nach Venedig zurück.

Jago: O nein, er geht ins Mohrenland, und nimmt die schöne

Desdemona mit sich, wenn nicht sein Aufenthalt hier durch einen Zufall verlängert wird, und darin kann nichts so entscheidend sein, als wenn Cassio bei Seite geschafft wird.

RODRIGO: Wie meinst du das – ihn bei Seite schaffen?

JAGO: Nun, ihn für Othellos Amt untauglich machen, ihm das Gehirn ausschlagen.

RODRIGO: Und das, meinst du, soll ich tun? –

JAGO: Ja, wenn du das Herz hast, dir Vorteil und Recht zu verschaffen. Er ist heute zum Abendessen bei einer Dirne, und dort will ich ihn treffen; noch weiß er nichts von seiner ehrenvollen Beförderung. Wenn du nun auf sein Weggehn lauern willst (und ich werde es einrichten, daß dies zwischen zwölf und eins geschehe), – so kannst du nach deiner Bequemlichkeit über ihn herfallen; ich will in der Nähe sein, um deinen Angriff zu unterstützen, und er soll zwischen uns beiden fallen. Komm, steh nicht so verwundert, sondern folge mir; ich will dich so von der Notwendigkeit seines Todes überzeugen, daß du's für Pflicht halten sollst, ihn aus der Welt zu schaffen. Es ist hohe Zeit zum Abendessen, und die Nacht geht hin. Frisch daran!

RODRIGO: Ich muß noch mehr Gründe hören.

JAGO: Das sollst du zur Genüge. *(Sie gehn ab)*

Dritte Szene
VORSAAL IM SCHLOSSE
Othello, Lodovico, Desdemona, Emilia und Gefolge treten auf

LODOVICO: Ich bitt' Euch, Herr, bemüht Euch nun nicht weiter!

OTHELLO: O nein, erlaubt, das Ausgehn tut mir wohl.

LODOVICO:
Schlaft, Gnäd'ge, wohl! Ich sag' Euch meinen Dank.

DESDEMONA: Ihr wart uns sehr willkommen, Herr!

OTHELLO: Wollen wir gehn, Signor? – O Desdemona! –

DESDEMONA: Mein Gemahl? –
OTHELLO: Geh sogleich zu Bett, ich werde augenblicklich wieder da sein. Entlaß deine Gesellschafterin: tu', wie ich dir sage! *(Ab)*
DESDEMONA: Das werd' ich, mein Gemahl.
EMILIA: Wie geht's nun? Er scheint milder als zuvor.
DESDEMONA: Er sagt, er werde hier sein ungesäumt;
Er gab mir den Befehl, zu Bett zu gehen,
Und hieß mir, dich entlassen.
EMILIA: Mich entlassen? –
DESDEMONA: Er will es also; darum, gutes Kind,
Gib mir mein Nachtgewand und lebe wohl! –
Wir dürfen jetzt ihn nicht erzürnen.
EMILIA: Hättet Ihr ihn doch nie gesehnt!
DESDEMONA: Das wollt' ich nicht: mein Herz hängt so an ihm,
Daß selbst sein Zorn, sein Trotz, sein Eigensinn –
Komm, steck' mich los – mir lieb und reizend dünkt.
EMILIA: Die Tücher legt' ich auf, wie Ihr's befahlt.
DESDEMONA: 'S ist alles eins. – Ach! was wir töricht sind! –
Sterb' ich vor dir, so bitt' dich, hülle mich
In eins von diesen Tüchern!
EMILIA: Kommt, Ihr schwatzt! –
DESDEMONA:
Meine Mutter hatt' ein Mädchen – Bärbel hieß sie –,
Die war verliebt, und treulos ward ihr Schatz
Und lief davon. Sie hatt' ein Lied von Weide,
Ein altes Ding, doch paßt' es für ihr Leid;
Sie starb, indem sie's sang. Das Lied heut nacht
Kommt mir nicht aus dem Sinn; ich hab' zu schaffen,
Daß ich nicht auch den Kopf so häng' und singe
Wie's arme Bärbel. Bitt' dich, mach' geschwind!
EMILIA: Soll ich Eu'r Nachtkleid holen? –
DESDEMONA: Nein, steck' mich hier nur los! –
Der Lodovico ist ein feiner Mann.
EMILIA: Ein recht hübscher Mann.

DESDEMONA: Er spricht gut.
EMILIA: Ich weiß eine Dame in Venedig, die wäre barfuß nach
Palästina gegangen um einen Druck von seiner Unterlippe.
DESDEMONA *(singt)*:
>Das Mägdlein saß singend am Feigenbaum früh,
>>Singt Weide, grüne Weide!
>Die Hand auf dem Busen, das Haupt auf dem Knie,
>>Singt Weide, Weide, Weide!
>Das Bächlein, es murmelt und stimmet mit ein;
>>Singt Weide, grüne Weide!
>Heiß rollt ihr die Trän' und erweicht das Gestein;
>
>Leg' dies bei Seite –
>>Singt Weide, Weide, Weide!
>
>Bitt' dich, mach' schnell, er kommt sogleich –
>Von Weiden all flecht' ich mir nun den Kranz –
>O scheltet ihn nicht, sein Zorn ist mir recht. –
>Nein, das kommt später, – horch! wer klopft da? –

EMILIA: Es ist der Wind.
DESDEMONA:
>Ich nannt' ihn du Falscher! Was sagt' er dazu?
>>Singt Weide, grüne Weide!
>Seh' ich nach den Mädeln, nach den Buben siehst du.

So geh nun fort; gute Nacht! Mein Auge jückt,
Bedeutet das wohl Tränen?
EMILIA: Ei, mit nichten!
DESDEMONA: Ich hört' es so. – Die Männer, o die Männer!
Glaubst du, auf dein Gewissen, sprich, Emilia,
Daß wirklich Weiber sind, die ihre Männer
So gröblich täuschen?
EMILIA: Solche gibt's, kein Zweifel.
DESDEMONA: Tät'st du dergleichen um die ganze Welt?
EMILIA: Nun, tätet Ihr's nicht?
DESDEMONA: Nein, beim Licht des Himmels! –
EMILIA: Ich tät' es auch nicht bei des Himmels Licht,
Ich könnt' es ja im Dunkeln.

DESDEMONA: Tät'st du dergleichen um die ganze Welt? –
EMILIA: Die Welt ist mächtig weit; der Lohn wär' groß,
Klein der Verstoß.
DESDEMONA: Gewiß, du tät'st es nicht! -
EMILIA: Gewiß, ich täte es, und machte es wieder ungetan, wenn ich's getan hätte. Nun freilich täte ich so etwas nicht für einen Fingerring, noch für einige Ellen Batist, noch für Mäntel, Röcke und Hauben oder solchen armsel'gen Kram; aber für die ganze Welt, – ei, wer hätte da nicht Lust, dem Manne Hörner aufzusetzen und ihn zum Weltkaiser zu machen? Dafür wagte ich das Fegefeuer! –
DESDEMONA: Ich will des Todes sein, tät' ich solch Unrecht
Auch um die ganze Welt!
EMILIA: Ei nun, das Unrecht ist doch nur ein Unrecht in der Welt, und wenn Euch die Welt für Eure Mühe zu Teil wird, so ist's ein Unrecht in Eurer eignen Welt. Ihr könnt es geschwind zu Recht machen.
DESDEMONA: Ich glaube doch, es gibt kein solches Weib.
EMILIA: Ei, zehn für eins, und noch so viel in Kauf,
Die Welt, um die sie spielten, gleich zu füllen.
Allein mich dünkt, es ist der Männer Schuld,
Daß Weiber fallen. Wenn sie pflichtvergessen
In fremdem Schoß vergeuden unsern Schatz;
Wenn sie, verkehrt in laun'scher Eifersucht,
Ans Haus uns fesseln; wenn sie gar uns schlagen,
Wenn sie in Leichtsinn unser Gut vertun,
Dann schwillt auch uns die Galle; wir sind fromm,
Doch nicht von Rachsucht frei. Sie sollen's wissen,
Wir haben Sinne auch: wir sehn und riechen,
Und haben einen Gaum für süß und herbe,
Wie unsre Männer. Was bezwecken sie,
Wenn sie uns andre vorziehn? Ist es Lust?
Ich denke, ja; treibt sie die Leidenschaft?
Ich denke, ja; ist's Schwachheit, die sie tört?
Gewiß; und haben wir nicht Leidenschaft?

Nicht Hang zur Lust? Und Schwachheit gleich den Män-
Drum, wenn der Mann sich treulos von uns kehrte, [nern?
War's seine Bosheit, die uns Böses lehrte.

DESDEMONA:
Gut' Nacht! – Und laß mich, Herr, in fremden Sünden
Nicht eigne Sünde, laß mich Beßrung finden! –

(Sie gehn ab)

Fünfter Aufzug

Erste Szene
STRASSE
Jago und Rodrigo treten auf

JAGO: Hier steh am Pfeiler, gleich wird Cassio kommen:
 Halt' deine Klinge blank und führ' sie gut!
 Frisch, sei getrost; ich steh' dir nah zur Hand;
 Dies hebt uns oder stürzt uns, daran denke,
 Und bleibe fest und standhaft beim Entschluß!
RODRIGO: So steh hier nah, es könnte mir mißlingen.
JAGO: Hier neben dir; sei kühn und nimm dein Schwert!
RODRIGO: Ich bin nicht sehr im Eifer für die Tat,
 Und doch sind's trift'ge Gründe, die er gab.
 Ein Mann, – was liegt dran? – Komm, mein Schwert! Er
 sterbe! *(Tritt beiseit)*
JAGO: Ich rieb die junge Beule, bis sie brennt,
 Nun macht er Ernst. Jetzt, ob er Cassio mordet,
 Ob Cassio ihn, – ob sie sich beide morden, –
 Mir ist das gleich gelegen. Lebt Rodrigo,
 So dringt er auf den völligen Ersatz
 Des Gelds und Schmucks, um die ich ihn geprellt
 Für Desdemona:
 Das darf nicht sein! Wenn Cassio übrig bleibt,
 So zeigt sein Leben täglich eine Schönheit,
 Die mich verhäßlicht; und der Mohr auch möchte
 Mich ihm verraten; das wär' sehr bedenklich.
 Nein, nein, er sterbe! – Still, ich hör' ihn kommen.
 (Cassio tritt auf)
RODRIGO: Es ist sein Gang, er kommt.– So stirb, du Schurk'! –
 (Er läuft auf Cassio zu und verwundet ihn)
CASSIO: Der Degenstoß war feindlich mir gemeint,

Doch ist mein Rock stichfester, als du glaubst;
Nun prüf' ich deinen!
RODRIGO: Weh! ich bin des Todes!
*(Sie fechten; Cassio verwundet den Rodrigo,
Jago sticht dem Cassio von hinten ins Bein und geht ab)*
CASSIO: Gelähmt auf immer! Hülfe! Mörder! Mörder!
(Othello zeigt sich oben)
OTHELLO: 'S ist Cassios Stimme; Jago hält sein Wort!
RODRIGO: O ich Verruchter!
OTHELLO: Horch! – Ja wohl, so ist's.
CASSIO: O Hülfe! Licht! Ein Wundarzt! –
OTHELLO: Er ist's! O wackrer Jago, brav und treu!
Der du so edel fühlst des Freundes Schmach!
Du lehrst mich: – Püppchen, dein Geliebter fiel,
Und deine Stunde naht. Ich komme, Dirne!
Dein Blick, dein Reiz soll mir im Herzen sterben,
Dein sündig Bett das Blut der Sünde färben! *(Er geht ab)*
(Lodovico und Gratiano treten in einiger Entfernung auf)
CASSIO: Kein Wächter da? Kommt niemand? Hülfe! Mord!
GRATIANO:
Ein Unglück ganz gewiß, der Schrei war furchtbar.
CASSIO: O Hülfe!
LODOVICO: Horch!
RODRIGO: O niederträcht'ger Bube! –
LODOVICO: Zwei-, dreimal hört' ich ächzen. Grause Nacht!
Das kann Verstellung sein; ich halt's nicht sicher,
Dem Schrei zu folgen, eh' uns Beistand wird.
RODRIGO: Kommt niemand, so muß ich zu Tode bluten.
(Jago kommt mit einem Lichte)
LODOVICO: Ein Mann hier ohne Wams mit Licht und Degen.
JAGO: Wer da? Was für ein Lärm? Wer rief hier Mord?
LODOVICO: Wir wissen's nicht.
JAGO: Habt ihr nicht schrein gehört?
CASSIO: Hier, hier; um Gottes willen, helft!
JAGO: Was gibt's?

GRATIANO: Das ist Othellos Fähndrich, wie ich glaube.
LODOVICO: Ganz recht, er ist's; ein sehr beherzter Mann.
JAGO: Wer seid Ihr da, der so erbärmlich ruft?
CASSIO: Jago, von Schurken tödlich hier gelähmt! –
 Ach, schaff mir Hülfe! -
JAGO: Um Gott! Sagt, Leutnant, welche Buben taten's?
CASSIO: Der eine, denk' ich, liegt hier in der Nähe,
 Und kann nicht fort.
JAGO: O die arglist'gen Schurken!
 (Zu Lodovico und Gratiano)
 Wer seid ihr da? Kommt doch heran und helft!
RODRIGO: Oh, helft mir hier!
CASSIO: Der war dabei.
JAGO: O Schurk'! O Meuchelmörder!
 (Jago ersticht den Rodrigo)
RODRIGO: Verdammter Jago! Bluthund! Oh! Oh! Oh!
JAGO: Im Dunkeln morden? Wo sind die blut'gen Diebe?
 Wie still sind diese Straßen! Mord! Mord! Mord!
 Wer seid denn ihr? Schlimm' oder Gute?
LODOVICO: Rühmt uns, wie Ihr uns findet!
JAGO: Signor Lodovico?
LODOVICO: Ja, Herr!
JAGO: Verzeihung; hier liegt Cassio, schwer verwundet
 Von Schurken.
GRATIANO: Cassio?
JAGO: Sag, wie geht dir's, Bruder?
CASSIO: Ich bin durchs Bein gestochen.
JAGO: Gott verhüt' es!
 Bringt Licht, Herrn! Mit dem Hemd will ich's verbinden.
 (Bianca tritt auf)
BIANCA: Was ist geschehn? Wer war es, der so schrie?
JAGO: Wer war's, der schrie?
BIANCA: O liebster Cassio! O mein süßer Cassio!
 O Cassio! Cassio! Cassio!
JAGO: O du ausbünd'ge Metze! Cassio, wißt Ihr,

Wer jene waren, die Euch so gelähmt?
CASSIO: Nein.
GRATIANO:
Mich schmerzt, Euch so zu sehn, ich sucht' Euch eben.
JAGO:
Leiht mir ein Strumpfband! So. – Oh, eine Sänfte,
Ihn leise hinzutragen!
BIANCA: Er fällt in Ohnmacht. Cassio! Cassio! Cassio!
JAGO: Ihr Herrn, mir ahnet's, die Verworfne hier
Sei mit verstrickt in dieser Greueltat. –
Geduld ein wenig, lieber Cassio! Kommt,
Ein Licht her, – kenn' ich den da, oder nicht? –
Ach Gott! ist das mein Freund und werter Landsmann,
Rodrigo? – Nein; und doch: – o Gott! Rodrigo!
GRATIANO: Rodrigo von Venedig?
JAGO: Derselbe; kennt Ihr ihn?
GRATIANO: Ja, allerdings!
JAGO: Signor Gratiano? O Herr, ich bin beschämt;
Der blut'ge Fall entschuld'ge meine Rauheit,
Die Euch mißkannt.
GRATIANO: Es freut mich, Euch zu sehn.
JAGO: Cassio, wie geht's? Die Sänfte! He, die Sänfte!
GRATIANO: Rodrigo!
JAGO: Ja, ja, er ist's. – O schön, da kommt die Sänfte. –
Tragt ihn mit Sorgfalt heim, ihr guten Leute;
Ich hol' Othellos Wundarzt. *(Zu Bianca)* Ihr da, Jungfer,
Spart Eure Müh'! – Cassio, der hier gelähmt ward,
Ist sehr mein Freund; was hattet ihr für Streit?
CASSIO: Nichts in der Welt, ich kenn' ihn nicht einmal.
JAGO *(zu Bianca)*:
Wie, seht Ihr blaß? – Oh, tragt ihn aus der Luft! –
(Cassio und Rodrigo werden weggetragen)
Bleibt, werte Herrn! Ihr, Jungfer, seht so blaß?
Bemerkt ihr, wie verstört ihr Auge starrt? –
Nun, bebt Ihr gar, erfahren wir wohl mehr: –

Betrachtet sie, ich bitt' euch, seht sie an:
Nicht wahr, ihr Herrn? Ihr schlecht Gewissen spricht,
Wenn auch die Zungen gar nicht reden könnten.
(Emilia tritt auf)
EMILIA: Was ist geschehn? Ach, Mann, was ist geschehn?
JAGO: Cassio ward hier im Dunkeln angefallen,
Rodrigo war's und andre, die entflohn:
Er ist halb tot, und Roderigo starb.
EMILIA: Ach Gott, der arme Herr! Ach, guter Cassio!
JAGO: Das ist der Unzucht Strafe. – Hör', Emilia,
Frag' doch den Cassio, wo er nachts gespeist;
(Zu Bianca) Was? Zittert Ihr davor?
BIANCA: Er aß bei mir. Doch davor zittr' ich nicht.
JAGO: Ha, tat er das? Kommt, sag' ich, folgt mir nach!
EMILIA: Pfui, schlechtes Weib! –
BIANCA: Ich bin kein schlechtes Weib; ich bin so ehrlich
Als Ihr, die so mich schimpft.
EMILIA: Als ich? O pfui!
JAGO: Kommt, Herrn, zu sehn, wie Cassio wird verbunden; –
Ihr, Jungfer, geht, Euch zeigt man's bald noch anders. –
Emilie, lauf' zur Zitadell', und melde
Dem Herrn und seiner Frau, was hier geschah. –
Ich bitte, geht voran! *(Für sich)* Dies ist die Nacht,
Die mich vernichtet oder glücklich macht. *(Sie gehn ab)*

Zweite Szene
SCHLAFZIMMER
Desdemona schlafend, im Bett. Ein Licht brennt neben ihr.
Othello tritt herein

OTHELLO: Die Sache will's, die Sache will's, mein Herz!
Laßt sie mich euch nicht nennen, keusche Sterne! –
Die Sache will's. – Doch nicht ihr Blut vergieß' ich;
Noch ritz' ich diese Haut, so weiß wie Schnee

Und sanft wie eines Denkmals Alabaster. –
        (Er legt seinen Degen ab)
Doch sterben muß sie, sonst betrügt sie andre.
Tu' aus das Licht und dann – Tu' aus das Licht; –
Ja, lösch' ich dich, du flammenheller Diener –
Kann ich dein vorig Licht dir wiedergeben,
Sollt' ich's bereun; – doch *dein* Licht ausgetan,
Du reizend Muster herrlichster Natur,
Nie find' ich den Prometheusfunken wieder,
Dein Licht zu zünden. Pflückt' ich deine Rose,
Nie kann ich ihr den Lebenswuchs erneun,
Sie muß, muß welken; dufte mir vom Stamm! – *(Küßt sie)*
O würz'ger Hauch, der selbst Gerechtigkeit
Ihr Schwert zu brechen zwingt! – Noch einen! einen!
Sei, wann du tot bist, so: dann töt' ich dich,
Und liebe dich nachher – noch einen und den letzten!
So süß war nie so tödlich. Ich muß weinen.
Doch sind's grausame Tränen: dieser Schmerz
Ist wie des Himmels, strafend, wo er liebt. –
Sie wacht. –

DESDEMONA: Wer da? Othello?
OTHELLO: Ja, Desdemona.
DESDEMONA: Wollt Ihr zu Bett gehn, mein Gemahl?
OTHELLO: Hast du zu Nacht gebetet, Desdemona?
DESDEMONA: Ja, mein Gemahl!
OTHELLO: Kannst du dich einer Sünde noch erinnern,
    Nicht ausgesöhnt dem Himmel und der Gnade,
    So flehe jetzt alsbald!
DESDEMONA: Ach, mein Gemahl! Was willst du damit sagen?
OTHELLO: Wohl, tu' es und sei kurz; ich geh' bei Seite;
    Nicht möcht' ich deinen Geist in Sünden töten,
    Nein, Gott verhüt's! nicht deine Seele töten.
DESDEMONA: Sprichst du vom Töten?
OTHELLO: Ja!
DESDEMONA: Dann, güt'ger Himmel,

Erbarm' dich mein!
OTHELLO: Amen von ganzem Herzen!
DESDEMONA:
Wenn du so sprichst, dann wirst du mich nicht töten!
OTHELLO: Hum! –
DESDEMONA:
Und dennoch fürcht' ich dich, denn du bist schrecklich,
Wenn so dein Auge rollt.
Warum ich fürchten sollte, weiß ich nicht, [fürchte.
Da ich von Schuld nichts weiß; doch fühl' ich, daß ich
OTHELLO: Denk' deiner Sünde!
DESDEMONA: Das ist zu dir die Herzensliebe.
OTHELLO: Und dafür stirbst du.
DESDEMONA: Grausamer Tod, der nur um Liebe tötet! –
Ach, warum nagst du so die Unterlippe?
Dein ganzer Bau erbebt in blut'ger Wut.
Das sind Vorzeichen; doch ich hoff', ich hoffe,
Sie deuten nicht auf mich.
OTHELLO: Schweig' und sei still! –
DESDEMONA: Ich schweige; was begehrst du? –
OTHELLO: Das Tuch, das ich so wert hielt und dir schenkte,
Du gabst es Cassio.
DESDEMONA: Nein, bei Seel' und Leben!
Ruf' ihn herbei und frag' ihn!
OTHELLO: Behüte, Kind, behüte dich vor Meineid,
Du liegst auf deinem Sterbebette!
DESDEMONA: Ja, doch nicht jetzt zu sterben.
OTHELLO: Ja, alsbald.
Darum bekenn' aufrichtig deine Sünde;
Denn jeden Punkt mit einem Eid verleugnen,
Nicht wälzt es ab, noch beugt's der Überzeugung Last,
Die mich zu Boden drückt. Du bist am Sterben!
DESDEMONA: Dann, Gott, erbarm' dich mein!
OTHELLO: Ich sage Amen!
DESDEMONA: Auch du erbarm' dich mein! Nie hab' ich dich

Jemals beleidigt, Cassio nie geliebt,
Als mit der Liebe, die der Himmel selbst
Gestattet: niemals gab ich ihm ein Pfand.
OTHELLO: Bei Gott, ich sah mein Tuch in seinen Händen;
Meineidig Weib! Ha! du versteinst mein Herz
Und machst zum Mord, was ich beginnen will,
Was ich als Opfer meinte.
Ich sah das Tuch.
DESDEMONA: So hat er's denn gefunden;
Nie hab' ich's ihm gegeben: ruf' ihn her,
Daß er bekennt, wie's ist.
OTHELLO: Er hat bekannt.
DESDEMONA: Was, teurer Herr?
OTHELLO: Daß er dein Freund gewesen –
DESDEMONA: Wie? unerlaubt?
OTHELLO: Ja!
DESDEMONA: Das kann er nicht sagen.
OTHELLO: O nein, sein Mund ist stumm;
Der treue Jago hat dafür gesorgt.
DESDEMONA: Oh! meine Furcht erklärt mir's. Wie? Er tot?
OTHELLO: Ob jedes Haar ein Leben war, mein Grimm
Verschlang sie alle!
DESDEMONA: O Gott! Er ist verraten, ich verloren!
OTHELLO: Ha, Metze! Weinst um ihn vor meinen Augen? –
DESDEMONA: Verstoße mich! Oh, töte mich nur nicht! –
OTHELLO: Nieder mit dir, Metze!
DESDEMONA: Töte mich morgen, laß mich heut noch leben!
OTHELLO: Kein Sträuben!
DESDEMONA: Nur ein Stündchen!
OTHELLO: Ist's getan,
Braucht's keines Zögerns.
DESDEMONA: Nur, bis ich noch gebetet!
OTHELLO: 'S ist zu spät. *(Er erstickt sie)*
EMILIA *(draußen)*:
Mein gnäd'ger Herr! He! Holla! Gnäd'ger Herr!

OTHELLO:
Was für ein Lärm? Nicht tot? Noch nicht ganz tot? –
Ich bin zwar grausam, aber doch barmherzig;
Nicht möcht' ich dir verlängern deine Qual. –
(Ersticht sie mit dem Dolch)
So, so.
EMILIA: He, holla! Gnäd'ger Herr!
OTHELLO: Wer da?
EMILIA: O bester Herr, nur auf ein Wort mit Euch! –
OTHELLO: Ja! 'S ist Emilia. Gleich! – Jetzt ist sie tot. –
Gewiß, sie kommt und meldet Cassios Tod;
Der Lärm war groß. – Ha! Regst du dich nicht mehr?
Still, wie das Grab. – Darf sie herein? – Wär's gut? –
Mir deucht, sie rührt sich. – Nein. – Was ist das beste?
Kommt sie, wird sie nach meinem Weibe fragen –
Mein Weib! Mein Weib! – Welch Weib? Ich hab' kein Weib.
Oh, unerträglich! Oh, furchtbare Stunde!
Nun, dächt' ich, müßt' ein groß Verfinstern sein
An Sonn' und Mond, und die erschreckte Erde
Sich auftun vor Entsetzen.
EMILIA: Ich bitt' Euch dringend, gönnt mir nur ein Wort,
O bester Herr!
OTHELLO: O ich vergaß dich. – Komm herein, Emilia!
Sacht, – gleich! Sogleich! – Ich zieh' den Vorhang zu.
Wo kommst du her? Was hast du mir zu sagen?
(Er schließt die Tür auf, Emilia tritt herein)
EMILIA: Oh, lieber Herr! Ein sünd'ger Mord geschah.
OTHELLO: Wie, jetzt?
EMILIA: Jetzt eben, Herr!
OTHELLO: Das hat wahrhaftig nur der Mond verschuldet;
Er kommt der Erde näher, als er pflegt,
Und macht die Menschen rasend.
EMILIA: Cassio, Herr,
Bracht' einen jungen Venetianer um,
Genannt Rodrigo.

OTHELLO: Was! Rodrigo tot?
Und Cassio tot?
EMILIA: Nein, Cassio ist nicht tot.
OTHELLO: Cassio nicht tot? Dann klingt der Mord verstimmt,
Und rauh die süße Rache.
DESDEMONA: O ungerechter Mord!
EMILIA: Gott! Welch ein Schrei war das? –
OTHELLO: Das? Was?
EMILIA: O heil'ger Gott! Die Stimme meiner Frau!
Helft, helft, o helft! O Teure, sprecht noch einmal!
O Desdemona! Süße Herrin, sprecht! –
DESDEMONA: Ich sterbe schuldlos.
EMILIA: Oh! Wer hat die Tat vollbracht?
DESDEMONA: Niemand – ich selbst, – leb wohl!
Empfiehl mich meinem güt'gen Herrn, – leb wohl! –
OTHELLO: Wie wär' sie denn ermordet?
EMILIA: Gott! wer weiß es?
OTHELLO: Du hört'st es von ihr selbst, ich tat es nicht.
EMILIA: So sagte sie: so muß ich's treu berichten.
OTHELLO: Sie fuhr als Lügnerin zur Flammenhölle:
Ich war ihr Mörder.
EMILIA: So mehr Engel sie,
Und du so schwärzrer Teufel!
OTHELLO: Sie fiel der Sünd' anheim und ward zur Hure.
EMILIA: Nein, du belügst sie, und du bist ein Teufel!
OTHELLO: Sie war wie Wasser falsch.
EMILIA: Und du bist wild wie Feuer, wenn du sie
Der Falschheit zeihst: oh, sie war himmlischtreu! –
OTHELLO: Cassio verführte sie: frag' deinen Mann:
Verdammt wär' ich zum tiefsten Höllenabgrund,
Wenn ich nicht vorschritt auf gerechtem Grund
Zu diesem Äußersten; – dein Mann weiß alles.
EMILIA: Mein Mann?
OTHELLO: Dein Mann.
EMILIA: Daß sie die Ehe brach? –

OTHELLO: Ja doch, mit Cassio. Wär' sie treu gewesen, –
Und schuf mir eine zweite Welt der Himmel
Aus einem fehllos reinen Chrysolith,
Ich gab sie nicht dafür.
EMILIA: Mein Mann! –
OTHELLO: Ja wohl, er war's, der mich zuerst gewarnt:
Er ist ein Ehrenmann und haßt den Schlamm
Schandbarer Greueltat.
EMILIA: Mein Mann?
OTHELLO: Wozu die Wiederholung, Weib?
Ich sage dir, dein Mann.
EMILIA: O teure Frau, Bosheit treibt Spott mit Liebe!
Mein Mann sagt, daß sie falsch ist?
OTHELLO: Weib! er sagt's,
Dein Mann, dein Mann, verstehst du?
Mein Freund, dein Mann, der wackre, wackre Jago.
EMILIA: Sagt' er's, mag ihm die gift'ge Seele täglich
Verfaulen um 'nen Gran! Er lügt als Schelm:
Sie liebte nur zu sehr ihr kläglich Bündnis.
OTHELLO: Ha!
EMILIA: Tu' dein Ärgstes;
So wert ist diese deine Tat des Himmels
Als ihrer du.
OTHELLO: Am besten wohl, du schwiegst.
EMILIA: Du hast nicht halb die Kraft, mir weh zu tun,
Als ich's zu tragen. Dummkopf! blöder Tor! –
Hirnlos, wie Kot: die Tat, die du getan –
Was kümmert mich dein Schwert? Ich mach' es kund,
Und gölt' es zwanzig Leben. Helft, helft, helft!
Der Mohr hat meine Frau erwürgt: Mord! Mord!
   (Montano, Gratiano und Jago treten auf)
MONTANO: Was geht hier vor? Was gibt es, General?
EMILIA: Oh, kommst du, Jago? – Ei, du machst es schön,
Daß andre ihre Mordtat auf dich schieben.
GRATIANO: Was geht hier vor?

EMILIA: Straf' diesen Bös'wicht Lügen, wenn du Mann bist:
    Er spricht: Du sagtest ihm, sein Weib sei falsch;
    Ich weiß, das tatst du nicht, du bist kein Schelm: –
    Sprich, denn mein Herz ist voll.
JAGO: Ich sagt' ihm, was ich dachte; sagt' auch nichts,
    Als was er selbst glaubwürdig fand und wahr.
EMILIA: So hast du je gesagt, sie sei nicht treu?
JAGO: Ich tat's.
EMILIA: Das war 'ne Lüge; schnöde, höllische Lüge:
    Bei Gott, 'ne Lüge, recht verdammte Lüge!
    Sie falsch mit Cassio? Sagtest du, mit Cassio?
JAGO: Mit Cassio, Weib: Still! Bänd'ge deine Zunge!
EMILIA: Die Zunge bänd'gen? Reden will ich laut: –
    In ihrem Bett liegt meine Frau ermordet.
ALLE: Oh, Gott verhüt' es!
EMILIA: Und dein Verhetzen stiftete den Mord.
OTHELLO:
    Nein, starrt nicht so, ihr Herrn, 's ist wirklich wahr.
GRATIANO: Unsel'ge Wahrheit!
MONTANO: Ungeheure Tat! –
EMILIA: O Büberei, verruchte Büberei! –
    Ich denke dran – ich denk' – ich merk's – o Büberei!
    Ich dacht' es gleich – vor Gram möcht' ich mich töten!
    O Büberei! –
JAGO: Was, bist du toll? Geh gleich nach Haus, befehl' ich!
EMILIA: Ihr edlen Herrn! Vergönnt mir, daß ich rede:
    Ihm zu gehorchen ziemt mir, doch nicht jetzt.
    Vielleicht geh' ich nie mehr nach Hause, Jago.
OTHELLO *(blickt auf Desdemona)*: Oh, oh, oh, oh!
EMILIA: Ja, wirf dich hin und brülle,
    Weil du gemordet hast die holdste Unschuld,
    Die je den Blick erhob!
OTHELLO: Oh, sie war schlecht! –
    Ich sah Euch jetzt erst, Ohm: ja, diese Hand
    Hat wirklich Eure Nichte jetzt ermordet.

Ich weiß, die Tat sieht greulich aus und schwarz.
GRATIANO: Du armes Kind! – Gut, daß dein Vater starb;
Dein Bündnis ward ihm tödlich; – Gram allein
Zerschnitt den alten Faden; lebt' er jetzt,
Der Anblick würd' ihn in Verzweiflung stürzen,
Daß er den guten Engel von sich fluchte,
Sein Seelenheil gefährdend.
OTHELLO: Ja, es ist jammervoll! Doch Jago weiß,
Daß sie die schnöde Tat mit diesem Cassio
Wohl hundert Mal beging: Cassio gestand's,
Und sie vergalt ihm seine Liebesglut
Mit dem Gedächtnispfand und Brautgeschenk,
Das ich ihr gab; ich sah's in seiner Hand:
Es war ein Tuch, ein altes Angedenken,
Das einst mein Vater meiner Mutter gab.
EMILIA: O all ihr Himmelsmächte!
JAGO: Willst du schweigen?
EMILIA: Es muß heraus, heraus! Jetzt schweigen? Nein,
Nein, ich will reden, ungehemmt, wie Nordwind:
Laß Himmel, Menschen, Teufel, alle, alle,
Schmach rufen über mich, ich rede doch! –
JAGO: Sei klug und geh nach Haus'.
EMILIA: Ich will nicht.
(Jago macht Miene, sie zu erstechen)
GRATIANO: Pfui!
Den Degen auf ein Weib? –
EMILIA: O dummer Mohr! Das Tuch, von dem du sagst,
Fand ich durch Zufall und gab's meinem Manne;
Denn oft mit feierlichem Ernst und Nachdruck
(Mehr, als für solche Kleinigkeit sich ziemte)
Hieß er's mich stehlen.
JAGO: Du verdammte Metze!
EMILIA: Sie gab es Cassio? – Nein, ach nein! Ich fand's
Und gab es meinem Mann.
JAGO: Ausbund, du lügst!

EMILIA: Bei Gott, ich log nicht, nein, ihr edlen Herrn!
Blutdürst'ger Narr! Was sollt' auch dieser Tropf
Mit solcher guten Frau? –
(Jago ersticht seine Frau und läuft fort)
OTHELLO: Gibt's keinen Keil im Himmel
Als nur zum Donner? – Auserlesner Schurke!
GRATIANO: Sie sinkt, wahrhaftig, er erstach sein Weib! –
EMILIA: Ja, ja: o legt mich neben meine Herrin! –
GRATIANO: Er lief davon, doch seine Frau ist hin.
MONTANO: 'S ist ein Erzbösewicht. – Bewahrt dies Schwert,
Das ich jetzt hier dem Mohren weggenommen:
Besetzt die äußere Tür, laßt ihn nicht durch;
Erstecht ihn eh'! – Ich will dem Buben nach,
Denn der ist ein verdammter Hund.
OTHELLO: Ich bin auch nicht mehr tapfer:
Nein, jeder winz'ge Knab' entführt mein Schwert.
Was soll auch Ehre Tugend überleben? –
Fahr' alles hin!
EMILIA: Was deutete dein Lied?
Hörst du mich noch? Ich will dem Schwane gleich
In Wohllaut sterben. Weide, Weide, Weide! –
Mohr, sie war keusch; sie liebte dich, Barbar!
So werde Heil mir, als ich Wahrheit zeuge;
Und redend, wie ich denke, sterb' ich – sterb' ich.
(Sie stirbt)
OTHELLO: Ich hab' noch einen Degen hier im Zimmer,
Es ist ein spanisch Schwert, in Eis gehärtet.
Aha, hier ist's! – Oheim, ich muß hinaus.
GRATIANO *(draußen)*:
Wenn du's versuchst, wirst du es teuer büßen,
Du bist wehrlos und mußt dich unterwerfen.
OTHELLO: So komm denn hier herein und sprich mit mir,
Sonst mit der nackten Faust fall' ich dich an.
GRATIANO *(im Hereintreten)*:
Was willst du mir?

OTHELLO: Sieh her, ich hab' ein Schwert!
Ein beßres hat noch nie geschmückt die Hüfte
Eines Soldaten. Wohl war einst der Tag,
Wo mir der kleine Arm, dies gute Schwert
Den Ausgang schaffte durch mehr Hindernis,
Als zwanzig Mal dein Zwang. Doch eitles Prahlen!
Wer lenkt sein Schicksal? Das ist jetzt vorbei. –
Seid nicht erschreckt, ob Ihr bewehrt mich seht;
Hier ist mein Reiseziel, mein Ankerplatz,
Die fernste Seemark für mein ruhend Schiff.
Trittst du zurück in Furcht? Du bangst umsonst:
Zück' nur ein Schilfrohr auf Othellos Brust,
Er weicht ihm. Wohin sollt' Othello gehn? –
Ach, wie siehst du nun aus, o Kind des Jammers,
Bleich, wie dein Tuch! Wenn wir am Thron erscheinen,
Wird dies dein Bild mich fort vom Himmel schleudern,
Wo Furien mich ergreifen. Kalt, mein Mädchen?
Wie deine Keuschheit!
O du verfluchter Sklav'! Peitscht mich, ihr Teufel,
Weg von dem Anblick dieser Himmelsschönheit!
Stürmt mich in Wirbeln! Röstet mich in Schwefel,
Wascht mich in tiefen Schlünden flüss'ger Glut!
O Desdemona, Desdemona, tot? –
Tot? Oh! Oh! Oh!
(Lodovico, Cassio, der geführt wird, Montano,
Jago als Gefangener und Offiziere)
LODOVICO: Wo ist der rasche, höchst unsel'ge Mann? –
OTHELLO: Hier steht, der einst Othello war: hier bin ich.
LODOVICO: Wo ist die Natter? Führt den Buben vor!
OTHELLO: Ich seh' ihm auf den Fuß; doch das ist Fabel –
Bist du ein Teufel, kann ich dich nicht töten.
(Othello verwundet den Jago)
LODOVICO: Nehmt ihm sein Schwert!
JAGO: Ich blute, doch ich lebe.
OTHELLO: Sonst tät' es mir auch leid. Du sollst noch leben;

Denn wie ich fühl', ist Tod Glückseligkeit.
Lodovico: O du, Othello! sonst so groß und gut,
Umgarnt von Schlingen eines Bösewichts!
Was soll man von dir sagen?
Othello: Was man will:
Daß ich ein ehrenvoller Mörder sei;
Denn nichts tat ich aus Haß, für Ehre alles.
Lodovico: Halb hat der Sklav' sein Bubenstück bekannt.
Habt Ihr mit ihm in Cassios Tod gewilligt?
Othello: Ja.
Cassio: Teurer Herr, ich gab Euch niemals Grund.
Othello: Ich glaub' es, und ich bitt' um dein Verzeihn.
Wollt Ihr von diesem Teufel wohl erfragen,
Warum er Seel' und Leib mir so verstrickt? –
Jago:
Fragt mich um nichts mehr: was ihr wißt, das wißt ihr.
Von dieser Stund' an rede ich kein Wort.
Lodovico: Was? Nicht zum Beten?
Gratiano: Folter wird dich's lehren.
Othello: Gut, du tust so am besten.
Lodovico: Ihr sollt erfahren, Herr, was sich begab:
Noch, glaub' ich, wißt Ihr's nicht: Hier ist ein Brief,
Der sich in Roderigos Tasche fand,
Und hier ein zweiter. Jener dort enthält,
Wie Roderigo aufgefordert ward
Zu Cassios Tod.
Othello: Nichtswürdiger!
Cassio: Höchst heidnisch, höchst verrucht!
Lodovico: Ein andrer Brief, verstimmt und voller Zweifel,
Gefunden auch bei ihm; und diesen, scheint's,
Wollt' Roderigo an den Schurken senden,
Doch kam indes wohl Jago selbst zu ihm,
Ihn zu beruhigen.
Othello: Meuchlerischer Hund! –
Wie kamst du, Cassio, denn zu jenem Tuch

Von meiner Frau? –
CASSIO: Ich fand's auf meinem Zimmer;
Und er gestand in diesem Augenblick,
Daß er's dort fallen ließ aus eigner Absicht,
Zu schlechtem Zweck.
OTHELLO: O Tor! O blöder Tor!
CASSIO: Dann ferner steht in Roderigos Brief
Der Vorwurf, wie ihn Jago aufgehetzt,
Mir auf der Wacht zu trotzen, was bewirkte,
Daß ich entsetzt ward, und noch sagt' er eben
(Erwacht vom Scheintod), daß ihn Jago reizte,
Mich anzufallen, und ihn dann erstach.
LODOVICO: Ihr müßt jetzt mit uns dieses Haus verlassen:
Gewalt und Vollmacht sind Euch abgenommen;
Cassio befiehlt in Cypern. Dieser Bube –
Gibt's irgend eine recht geschärfte Marter,
Die lang' ihn hinhält und erfind'risch quält,
Die sei für ihn. Ihr bleibt in strenger Haft,
Bis über Eure Tat berichtet ward
Dem Staat Venedigs. Geht und führt ihn weg!
OTHELLO: Gemach! – Nur noch zwei Worte, eh' Ihr geht!
Ich tat Venedig manchen Dienst, man weiß es:
Nichts mehr davon! – In Euren Briefen, bitt' ich,
Wenn Ihr von diesem Unheil Kunde gebt,
Sprecht von mir, wie ich bin – verkleinert nichts,
Noch setzt in Bosheit zu: Dann müßt Ihr melden
Von einem, der nicht klug, doch zu sehr liebte;
Nicht leicht argwöhnte, doch, einmal erregt,
Unendlich raste: von einem, dessen Hand,
Dem niedern Juden gleich, die Perle wegwarf,
Mehr wert als all sein Volk; des überwundnes Auge,
Sonst nicht gewöhnt zu schmelzen, sich ergeußt
In Tränen, wie Arabiens Bäume taun
Von heilungskräft'gem Balsam – schreibt das alles;
Und fügt hinzu: daß in Aleppo, wo

Ein gift'ger Türk' in hohem Turban einst
'Nen Venetianer schlug und schalt den Staat, –
Ich den beschnittnen Hund am Hals ergriff
Und traf ihn – so! *(Er ersticht sich)*
LODOVICO: O blut'ges Ende!
GRATIANO: Umsonst nun unser Wort.
OTHELLO: Ich küßte dich,
Eh' ich dir Tod gab – nun sei dies der Schluß:
Mich selber tötend sterb' ich so im Kuß.
CASSIO: Dies fürchtet' ich – doch glaubt' ihn ohne Waffen –:
Denn er war hochgesinnt.
LODOVICO: Spartan'scher Hund,
Verderblicher als Hunger, Pest und Meer!
Schau dort die trag'sche Bürde dieses Betts:
Das ist dein Werk. Das Aug' erliegt dem Anblick;
Verhüllt ihn! Ihr, Gratiano, bleibt im Schloß,
Und nehmt des Mohren Güter in Beschlag,
Denn Ihr beerbt ihn. *(Zu Cassio)* Euch, Herr Gouverneur,
Liegt ob das Urteil dieses höll'schen Buben;
Die Zeit, der Ort, die Marter – schärft, o schärft sie ihm! –
Ich will sogleich an Bord, und dem Senat
Mit schwerem Herzen künden schwere Tat. *(Alle gehn ab)*

ANHANG

Editorische Notiz

Die vorliegenden Texte sind folgender Ausgabe entnommen: William Shakespeare: Sämtliche Werke. Übersetzt von August Wilhelm Schlegel, Ludwig Tieck u. a. Band 3. Hrsg. von Erich Löwenthal. [Heidelberg 1953].

Den Texten liegt die dritte Gesamtausgabe der Shakespeare-Übersetzungen von Ludwig Tieck und August Wilhelm Schlegel (unter Mitarbeit von Dorothea Tieck und Wolf Graf von Baudissin) zugrunde, die 1843/44 in Berlin erschien. Diese zu Schlegels Lebzeiten erschienene und von ihm autorisierte Ausgabe weist gegenüber den früheren Ausgaben wichtige Verbesserungen auf.

Verse, die aus Schlegels Handschriften übernommen wurden, sind durch spitze Klammern, Ergänzungen von Tieck durch eckige Klammern gekennzeichnet. Eindeutige Druck- und Satzfehler wurden korrigiert.

Daten zu Leben und Werk

1564
23. April: wird traditionell als Geburtstag von William Shakespeare angenommen. 26. April: Eintrag in das Taufregister von Stratford-upon-Avon. Eltern sind der geachtete Stadtbürger und Bürgermeister John Shakespeare und Mary Arden, Tochter eines wohlhabenden Landadeligen. Neben zwei älteren Schwestern, die sehr früh starben, werden die Geschwister Gilbert (geb. 1566), Joan (geb. 1569), Anne (geb. 1571), Richard (geb. 1574) und Edmund (geb. 1580) geboren.

1569
Besuch der Lateinschule von Stratford-upon-Avon, der King's Grammar School.

1582
November/Dezember: Heirat mit der acht Jahre älteren Anne Hathaway.

1583
26. Mai: Taufe der Tochter Susanna.

1585
2. Februar: Taufe der Zwillinge Hamnet und Judith.

1590–1594
Entstehung und Aufführung der ersten Bühnenstücke – zunächst neben der Tragödie *Titus Andronicus* vor allem Komödien (*The Comedy of Errors, The Taming of the Shrew, The Two Gentlemen of Verona, Love's Labour's Lost*). Außerdem die York-Tetralogie, vier Historiendramen über das Zeitalter der Rosenkriege im 15. Jahrhundert (das dreiteilige *King Henry VI* sowie *King Richard III*).

1593/94
Mehrfach Schließung der Theater wegen Pestepidemien. Während dieser Zeit Entstehung und Druck der Verserzählungen *Venus and Adonis* (1593) und *The Rape of Lucrece* (1594).

1594
Erste Erwähnung Shakespeares als Mitglied der »Lord Chamberlain's Men«, einer der führenden Schauspieltruppen, die auch am Hof der Königin spielte. Das Historiendrama *The Life and Death of King John* entsteht.

1595–1600
Entstehung und Aufführung romantischer Komödien (*A Midsummer Night's Dream*, *The Merchant of Venice*, *The Merry Wives of Windsor*, *Much Ado About Nothing*, *As You Like It*). Außerdem entsteht die Lancaster-Tetralogie, die Vorgeschichte der York-Tetralogie: *King Richard II*, das zweiteilige *King Henry IV* sowie *King Henry V*.

1596
11. August: Begräbnis des Sohns Hamnet. *Romeo and Juliet* wird uraufgeführt.

1597
Shakespeare erwirbt das zweitgrößte Haus in Stratford-upon-Avon.

1599
Eröffnung des Globetheaters durch die »Lord Chamberlain's Men« mit Shakespeare als Teilhaber.

1600–1607
Entstehung und Aufführung der großen Tragödien *Hamlet, Prince of Denmark; Othello, the Moor of Venice; King Lear* und *Macbeth*. Außerdem die Komödie *Twelfth Night* und die soge-

nannten »Problemstücke« *Troilus and Cressida, All's Well That Ends Well, Measure for Measure.*

1603
Durch ein königliches Patent Jakobs I. Aufwertung und Umbenennung der Schauspieltruppe zu »King's Men«.

1607–1609
Die Römerdramen *Antony and Cleopatra* und *Coriolanus* sowie die Tragödie *The Life of Timon of Athens* entstehen.

1609
Zusätzlicher Kauf des Blackfriarstheaters durch die »King's Men«. Veröffentlichung des Gedichtbandes *Shakespeares Sonnets*, der auch *A Lover's Complaint* enthält, durch Thomas Thorpe.

1609–1613
Entstehung und Aufführung der späten Stücke, der Romanzen *Pericles, Prince of Tyre; Cymbeline; The Winter's Tale* und *The Tempest* sowie des Historiendramas *All Is True (King Henry VIII)*.

1613
März: Erwerb des Torhauses von Blackfriars. 26. Juni: Brand und Zerstörung des Globetheaters bei einer Aufführung von *All Is True*. Shakespeare zieht sich aus dem Londoner Theaterleben zurück.

1616
Januar: Niederlegung eines Testaments. 23. April: Shakespeare stirbt in Stratford-upon-Avon. 25. April: Beisetzung in der Holy Trinity Church.

Aus Kindlers Literatur Lexikon:
William Shakespeare, ›Romeo und Julia‹

Die nach *Titus Andronicus* (1594) zweite Tragödie des berühmten Renaissance-Dramatikers erschien 1597 im Druck und dürfte um 1595/96 auf dem Höhepunkt der elisabethanischen Liebesdichtung entstanden und uraufgeführt worden sein. Dies spiegelt sich im lyrischen Reichtum der Sprache, in der stilisierten petrarkistischen Metaphorik und in den auffälligen Sonettstrukturen des Textes. Der Stoff von dem Veroneser Liebespaar, das zwei miteinander verfeindeten Häusern angehört, entstammt der italienischen Novellenliteratur. Als Hauptvorlage diente Shakespeare Arthur Brookes episches Gedicht *The Tragicall History of Romeus and Juliet* (1562), dem er stellenweise in wörtlicher Anlehnung folgte. Während Brooke das Ende seiner Titelhelden als warnendes Exempel für deren Ungehorsam und Zügellosigkeit präsentiert, lässt Shakespeare jedoch schon im Prolog erkennen, dass er die mitfühlende Anteilnahme am Schicksal seiner Liebenden wecken möchte.

Für Zeitgenossen bedeutete es ein ziemliches Novum, dass nicht politische Ränkespiele oder Racheintrigen die Handlung eines Trauerspiels bestimmten, sondern die leidenschaftliche Liebe zweier gesellschaftlich unbedeutender junger Leute. Die Schwierigkeiten der Liebe wurden zumeist im komischen Genre abgehandelt, und an Komödienmuster scheint Shakespeare zu Beginn des Stückes auch anzuknüpfen – etwa in der Figurenkonstellation, zu der meist ein junges Paar gehört, das gegen den Widerstand der älteren Generation zueinander strebt. Mit den Nebenfiguren des frivolen Freundes Romeos, Mercutio, und Julias geschwätziger Amme wird besonders im ersten Teil des Stücks ein vitales Gegengewicht zur todgeweihten Welt der Liebenden als ein neues Element eingeführt. Entsprechend reich ist das Spektrum divergierender Liebesauffassungen. Es umfasst die konventionsverhaftete Einstellung zur Standesheirat ebenso wie

Reminiszenzen an die physischen Freuden der Liebe, die bisweilen an drastischer Zweideutigkeit kaum zu überbieten sind. Erst durch diesen Hintergrund erhält die Beziehung der Liebenden in ihrer Verbindung von Spiritualität und Sensualität ihre eigentümliche Leuchtkraft.

Im Auftakt des Stücks wird die Atmosphäre einer italienischen Stadt suggeriert, in deren engen, heißen Gassen ein hitziges Wort unversehens Konsequenzen hat. So flackert die alte Familienfehde zwischen den Häusern Montague und Capulet zunächst auf der Ebene der Dienerschaft wieder auf. Mit dem Auftritt des streit- und ehrsüchtigen Tybalt aus dem Capulet-Clan kommt ein bedrohliches Moment ins Spiel. Sein tödlicher Hass auf das gegnerische Lager führt zu einer Ausweitung des Handgemenges auf die Bürgerschaft. Der nun ernstlich gefährdete Frieden des Gemeinwesens wird erst durch das Machtwort des Fürsten wiederhergestellt.

Der zweite Teil der Szene exponiert den am Streit weder beteiligten noch interessierten Sohn Montagues, Romeo, in der Pose eines melancholischen Liebhabers in der Tradition Petrarcas. Trotz der als Modetorheit ironisierten Attitüde wird Romeos Empfänglichkeit für eine tiefere Liebeserfahrung signalisiert, wodurch er sich von seinem Freundeskreis unterscheidet. Hass und Liebe als Movens der Handlung erfahren schon bald ihre Steigerung ins Unkontrollierbare. Denn Romeo, der an einem Maskenball im Hause Capulet teilnimmt, verliebt sich dort auf den ersten Blick in Julia, die 14-jährige Tochter des Todfeindes seiner Familie. Die Begegnung der beiden vollzieht sich in einem Zustand der Entrücktheit, des Vergessens von Zeit und Raum. Dies wird auch sprachlich betont, indem sie sich in Rede und Antwort die Strophen eines Sonetts teilen. Romeos preziöses Spiel mit der Metapher des Pilgers, der sich anbetend einer Heiligen naht, wird durch die Berührung der Hände und den von Julia gewährten Kuss sinnlich aufgeladen. An die Stelle hoffnungslosen Schmachtens in der Sonettkonvention tritt nun erwiderte Zuneigung.

Es ist eine jäh entflammte Leidenschaft, die mit Bildvorstellungen des aufzuckenden und wieder verlöschenden Blitzstrahls, mit Mond- und Sonnenlicht, mit explodierendem Pulver und nächtlichem Fackelschein assoziiert wird. Auch die stete Bedrohung durch die Außenwelt kommt zu Bewusstsein in den Rufen der Amme, die das kurze, von Entdeckung gefährdete Zusammensein stören. Der in der Leidenschaft spontan gefasste Entschluss zur Heirat wird gleich am nächsten Tag in die Tat umgesetzt. Der Franziskanermönch Bruder Lorenzo, der die beiden heimlich traut, ist neben Julias Amme als Einziger in die Liebesbeziehung eingeweiht und erhofft sich davon eine spätere Aussöhnung der Familien. Doch dem jubelnden Hochgefühl folgt genau in der Mitte des Stücks die Peripetie, in der sich das komische Potenzial des Stücks ins Tragische wendet. Ein oberflächliches Wortgeplänkel verkehrt sich unversehens in blutigen Ernst. Romeo versucht, die beiden Kampfhähne Mercutio und Tybalt zu trennen und verursacht versehentlich die tödliche Verwundung seines Freundes. Der Mechanismus des Ehrenkodex zwingt ihn, zum Rächer und Mörder an Julias Vetter Tybalt zu werden. Wieder tritt der Fürst den kämpfenden Bürgerscharen entgegen, doch nun lautet sein Schiedsspruch auf Verbannung für Romeo.

Die Liebenden verbringen eine kurze, von Abschiedsschmerz überschattete Hochzeitsnacht, während zur gleichen Zeit auf der unteren Ebene des Hauses Julias Vater die Vermählung seiner Tochter mit dem Grafen Paris vorantreibt, in der Absicht, Julia von ihrer vermeintlichen Trauer um Tybalt abzulenken. Während sich die Handlung in der Quellenvorlage über Monate erstreckt, komprimiert Shakespeare das Geschehen in eine Zeitspanne von vier Tagen und Nächten. So wird, zusammen mit der drängenden Ungeduld der Protagonisten, der Eindruck eines irreversiblen, schicksalhaften Ablaufs betont. Ebenso gedrängt vollzieht sich der innere Reifeprozess der beiden Jugendlichen. Besonders auffällig ist dies bei Julia, die zu Beginn des Stücks noch ein Kind ist. In völliger Isolation reift in ihr der Entschluss, alles zu wagen, um der Heirat mit Paris zu entgehen.

Bruder Lorenzo verschafft ihr einen Betäubungstrank, den sie am Vorabend der Hochzeit einnimmt. Er soll sie in einen todesähnlichen Schlaf versetzen, aus dem sie in Romeos Beisein zu erwachen hofft, der sie dann aus der Gruft entführen soll. Am nächsten Morgen entdecken die Angehörigen die leblose Braut und ergehen sich in stilisierten Lamentationen. Der Bote jedoch, der Romeo in Mantua von dem geheimen Plan in Kenntnis setzen sollte, wird als pestverdächtig festgehalten. Stattdessen überbringt Balthasar seinem Herrn die Nachricht von Julias Tod. Romeos Reaktion ist, im Gegensatz zur wortreichen Klage der Hochzeitsgesellschaft, von äußerster Knappheit und verzweifelter Entschlossenheit: Er will nicht länger Spielball Fortunas sein, sondern sein Geschick selbst bestimmen. Versehen mit einem hochwirksamen Gift begibt er sich zur Gruft der Capulets. Dort wird er abermals gegen seinen Willen in einen Zweikampf verwickelt, der nun zur endgültigen Initiation ins Totenreich wird. Er tötet Paris, der in dem Eindringling einen Grabschänder vermutet.

In der Gruft ist Romeo geblendet vom Anblick der unversehrten Schönheit Julias. An ihre erste Begegnung erinnert der Kuss, mit dem er von seiner Liebe Abschied nimmt. Er stirbt durch das Gift, nur wenige Augenblicke bevor Bruder Lorenzo eintritt und Julia zu Bewusstsein kommt. Sie begreift, was geschehen ist, und tötet sich mit Romeos Dolch – ihr Liebestod ist in Wort und Geste symbolischer Nachvollzug des Liebesakts.

Shakespeare verzichtete zwar auf übermäßige Rühreffekte, nicht jedoch auf eine Spannungstechnik, die manche Kritiker als zu melodramatisch empfanden. Immer wieder wird die Hoffnung des Publikums auf einen guten Ausgang genährt, doch alle Pläne scheitern an einer Verkettung unglücklicher Zufälle. Im Bericht des Bruder Lorenzo erkennt die herbeigeeilte Bevölkerung Veronas erst das Ausmaß ihrer Fehleinschätzung der Vorgänge. Es wird deutlich, wie in einer von Hass und Intoleranz bestimmten Gesellschaft der Zwang zu Heimlichkeit entsteht. Alle sind, wie der Fürst abschließend betont, durch ihre Gedankenlosigkeit mitschuldig am Tod der jungen Menschen, der der hohe Preis für die späte Versöhnung ihrer Familien ist.

Romeo und Julia ist nach *Hamlet* wohl das beliebteste Drama Shakespeares. Zu seiner besonderen Verbreitung hat maßgeblich beigetragen, dass der Stoff immer wieder neu bearbeitet wurde. In zahlreichen Nachdichtungen und Adaptationen wurde der Konflikt zwischen den Liebenden und der Gesellschaft aktualisiert und in ein anderes Milieu übertragen, sei es in die Schweizer Dorfwelt von Gottfried Kellers Novelle *Romeo und Julia auf dem Dorfe* (1856) oder in die Niederungen amerikanischer Bandenkriege wie im Musical *West Side Story* (1956) von Leonard Bernstein, sei es in die politischen Turbulenzen des Ost-West-Konflikts oder in die religiösen Spannungen unterschiedlicher Glaubensbekenntnisse. Darüber hinaus sichern die Verfilmungen von Franco Zeffirelli (1968) und Baz Luhrmann (1996), sowie die Integration des Stoffes in den Publikumserfolg *Shakespeare in Love* (Regie: J. Madden, 1998) das Fortleben des Veroneser Liebespaares.

Ingeborg Boltz

Aus: Kindlers Literatur Lexikon. 3., völlig neu bearbeitete Auflage. Herausgegeben von Heinz Ludwig Arnold (ISBN 978-3-476-04000-8). – © der deutschsprachigen Originalausgabe 2009 J. B. Metzler'sche Verlagsbuchhandlung und Carl Ernst Poeschel Verlag, Stuttgart (in Lizenz der Kindler Verlag GmbH).

Aus Kindlers Literatur Lexikon:
William Shakespeare, ›Othello‹

Die vermutlich 1603 bis 1604 für die King's Men geschriebene Tragödie wurde im November 1604 am Hof Jakobs I. gespielt und gehört zu den erfolgreichsten wie durchweg präsenten Stücken des gesamten Dramenrepertoires. Ihr Text liegt in zwei sehr unterschiedlichen, postum gedruckten Fassungen vor: 1622 erschien eine Quartausgabe, die wohl auf einer Abschrift des Autormanuskripts basiert. In der Folioausgabe (1623) erschien eine erweiterte Fassung, die insbesondere den Part der Titelfigur sowie die beiden Frauenrollen gegen Ende stärkt. Ihre Vorlage, obgleich wiederum durch Abschreiben verändert, kann als Ergebnis einer Bearbeitung durch den Autor gelten. Hauptquelle für die Fabel des leichtgläubigen ›Mohren‹ bildet eine Erzählung aus der Prosasammlung *De gli Hecatommithi* (1565) des Italieners Giraldi Cinthio, wo sich ebenfalls die Vorlage für Shakespeares *Measure for Measure*, etwa zeitgleich entstanden, findet. Der Name der Titelfigur könnte an die Erstfassung von Ben Jonsons Komödie *Every Man in His Humour* (1598) angelehnt sein, in der ein rasend eifersüchtiger Ehemann namens Thorello auftritt; Einzelheiten zur türkischen Seemacht sind offenbar Richard Knolles' *History of the Turks* (1603) entnommen. Aus derart disparaten Quellen formte Shakespeare allerdings – durch dramatische Komprimierung sowie Psychologisierung – eine schlüssige Tragödie der Passionen, deren Kräftespiel die kulturellen Grenzlinien durchbricht und daher vielfach zur Erkundung von gesellschaftlichen Grenzgängen genutzt wird.

Die Eröffnungsszene stellt mit Jago, Fähnrich in der venezianischen Armee, gleich die Schurkenfigur und ihre Machenschaften vor, die das gesamte Drama dominieren. Empört darüber, dass sein Feldherr Othello ihn bei der Beförderung zugunsten von Cassio übergangen hat, schlägt Jago Lärm und holt Brabantio aus dem Schlaf, um diesen angesehenen Senator gegen den schwarzen Feldherrn aufzuhetzen. Dazu lässt er Brabantio wissen, dass seine Tochter Desdemona sich mit dem »lüsternen Berberhengst«, wie er ihn nennt, eingelassen habe. Zur Nachtzeit seien sie wohl gerade im Begriff, »das Tier mit zwei Rücken zu machen«. Die Verleumdung bestätigt die düsteren Ahnungen des Vaters. Hastig lässt er Othello vor den Senat der Stadt zitieren und klagt ihn der Verführung an. Doch Othellos eigenes Auftreten entkräftet alle Hetze gegen ihn: Souverän und ganz im Vollbesitz der zivilisatorischen Merkmale berichtet er den Versammelten, wie er als angesehener Gast Brabantios die Tochter des Hauses allein durch die Erzählung seiner Lebensabenteuer in entfernten Ländern derart eingenommen habe, dass sie sich in ihn verliebt habe. Die als Zeugin vorgeladene Desdemona bestätigt dies und offenbart, dass sie mit ihm verheiratet sei. Von der Macht dieser Erzählung gleichermaßen eingenommen, gibt der Herzog der Verbindung seine Zustimmung und versucht vergeblich, auch den aufgebrachten Vater umzustimmen.

Ohnehin drängt Wichtigeres jetzt zur Tat. Eine türkische Flotte hält Kurs auf Zypern, Venedigs kolonialen Vorposten und christliches Bollwerk im Kampf gegen die ›Barbarei‹, zu dessen Verteidigung Othello eilig entsandt wird. Sein Fähnrich, dem er blindlings traut, begleitet ihn bei dieser Mission ebenso wie die junge Braut. Hier nun ergreift Jago die Gelegenheit, seinen Hass in einer mörderischen Intrige auszuspielen und das Glück der anderen zu zerstören. Dafür nutzt er die Unerfahrenheit Rodrigos, eines jungen Venezianers, der ebenfalls an Desdemona interessiert ist und sich, von Erfolgsversprechungen verführt, für Jagos Zwecke einspannen lässt. Weiterhin nötigt er seine eigene Frau Emilia, Desdemonas Kammerzofe, zur Mithilfe und weist sogar Cassio, seinem alten Rivalen, eine entscheidende Rolle zu. Vor allem aber weiß er Othello richtig einzuschätzen und ihn durch Munkelei und allerlei falsche Indizien in einen solchen Eifersuchtswahn zu treiben, dass der eigentlich so selbstgewisse General in seinen Händen zur bloßen Spielfigur wird. Dieser Plan lässt sich umso gezielter umsetzen, als sich bei der Ankunft auf Zypern zeigt, dass die türkische Seemacht durch einen Sturm bereits zerstört ist und statt der militärischen nunmehr häusliche Gefechte anstehen.

Durch einen inszenierten Streit sorgt Jago zunächst dafür, dass Cassio von Othello abgesetzt wird und bei Desdemona um Fürsprache nachsucht. Dies wiederum dient ihm als Vorwand, bei Othello Misstrauen an ihrer Tugendhaftigkeit zu wecken und als Beweis dafür das von Emilia entwendete Taschentuch zu präsentieren, das Othello einst von seiner Mutter erhalten und Desdemona als Liebespfand geschenkt hatte. Da Othello nun zu sehen glaubt, dass dieses bedeutende Objekt Cassio gegeben wurde, akzeptiert er es als untrüglichen Beleg für Desdemonas heimliche Beziehung zu diesem. Unterdessen wird Rodrigo erst von Jago angestiftet, Cassio zu töten, und, als dies misslingt, seinerseits von ihm erstochen. Othello aber, der den Rivalen nun beseitigt glaubt, stellt Desdemona ein letztes Mal zur Rede, bevor er sie im Bett erstickt. Emilia kommt zu spät, um dies zu verhindern, deckt aber die Machenschaften ihres Mannes auf, der hinzukommt und sie ersticht. Erst jetzt erkennt Othello seine furchtbare Verblendung, kann aber, da er überwältigt wird, den trotzig schweigenden Jago nur leicht verwunden. Statt sich der venezianischen Gerichtsbarkeit zu stellen, sieht Othello seinen letzten Dienst am Staat im Suizid, den er – in tiefer Reue um Desdemonas Tod und in Erinnerung daran, wie er einst einen Türken umbrachte – vollzieht. Jago soll von Cassio, dem neuen Gouverneur von Zypern, hart mit der Folter bestraft werden.

In bemerkenswerter Konzentration auf die Verstrickungen der Leidenschaften, die den engen Kreis der handelnden Figuren immer mörderischer aneinanderbinden, untersucht diese Tragödie im Kern die Frage, wie das Subjekt jemals Gewissheit über seine Wirklichkeit gewinnen kann. Othello dient Jago als Verführungs- und Versuchsobjekt in einem grandiosen Experiment der Weltwahrnehmung wie auch der Affekte, die sie steuern und sich dem distanzierten Publikum, das sie beobachtet, nur umso verhängnisvoller zeigen. Denn dass die Zuschauer/Leser von

Anfang an durch Jagos freizügige Monologe zu Mitwissern gemacht werden, erhöht mit der dramatischen Ironie in Othellos Missverständnissen auch den tragischen Wirkungsgrad zum Schluss. Dabei löst sich Jagos Bosheit immer mehr von den eingangs gebotenen Begründungen – neben dem verletzten Stolz über die versagte Beförderung angeblich auch Emilias Untreue – und nimmt archetypische Züge an: Der alten ›Vice‹-Figur des Moralitätenspiels verwandt, wird Jago zu einer Teufelsgestalt und regte als solche Miltons Satan in *Paradise Lost* an. Welche Rolle allerdings Othellos Hautfarbe und Herkunft – im Text sehr stark thematisiert – spielen, bleibt strittig. Einerseits zeigt das Stück seine Regression vom allseits geachteten und weitgehend assimilierten Kulturhelden zur rasenden Bestie, die sich im Kontrollverlust außerhalb der normgebenden Gemeinschaft stellt. Andererseits inszeniert Othello seinen Selbstmord kontrolliert als letztes gutes Werk an dieser Gemeinschaft, da er sich mit dem bedrohlich Fremden wie zugleich mit dessen Überwinder gleichsetzt. Auch wenn das Sinnzeichen der schwarzen Hautfarbe um 1600 ein weiteres Bedeutungsspektrum hatte, war es durch den anhebenden Sklavenhandel doch hinreichend konkretisiert, um auch politische Legitimierungen für Macht- und Ausgrenzungsgesten zu bieten.

Auf der Bühne wie in der Kritik hat die Tragödie daher immer wieder Anlass gegeben, Fragen kultureller Fremdheit zu verhandeln. Traditionell als ›blackface‹-Rolle eines weißen Charakterdarstellers genutzt, diente die Titelpartie ab dem 19. Jh. schwarzen Schauspielern zur Selbstpräsentation: so 1826 bis 1865 Ira Aldridge, der in England und Europa, jedoch nicht in seiner amerikanischen Heimat Triumphe feierte, ab 1943 Paul Robeson, der das erste schwarz-weiße Liebespaar auf die amerikanische Bühne brachte, oder ab 1987 John Kani, der am ›Market Theatre‹ in Johannesburg den Apartheid-Staat herausforderte. Auf der Grundlage von Arrigo Boitos Textfassung eröffnete Giuseppe Verdi mit *Otello* 1887 sein Opernspätwerk. Wichtige Filmversionen stammen von Orson Welles (1952), der es zur sinnreichen Inszenierung kinematographischer Schwarz-Weiß-Effekte nutzte, und von Oliver Parker (1995), der mit Laurence Fishburne die mediale Inszenierung einer schwarzen Leitfigur der amerikanischen Gesellschaft nach dem Muster O.J. Simpsons nachspielte.

Tobias Döring

Aus: Kindlers Literatur Lexikon. 3., völlig neu bearbeitete Auflage. Herausgegeben von Heinz Ludwig Arnold (ISBN 978-3-476-04000-8). – © der deutschsprachigen Originalausgabe 2009 J. B. Metzler'sche Verlagsbuchhandlung und Carl Ernst Poeschel Verlag, Stuttgart (in Lizenz der Kindler Verlag GmbH).